AF475173

LA SOCIÉTÉ FRANÇAISE

DU XVIe SIÈCLE AU XXe SIÈCLE

PAR

VICTOR DU BLED

VIIIe SÉRIE

XVIIIe & XIXe SIÈCLES

LA COMÉDIE DE SOCIÉTÉ — LE MONDE DE L'ÉMIGRATION

Librairie académique PERRIN et Cie

LA SOCIÉTÉ FRANÇAISE

DU XVIe SIÈCLE AU XXe SIÈCLE

XVIIIe ET XIXe SIÈCLES

OUVRAGES DU MÊME AUTEUR

ACADÉMIE FRANÇAISE : PRIX MONBINNE 1903

La Société française du XVIe au XXe siècle : La Société, Les Femmes du xvie siècle ; L'Académie de Charles IX et de Henri III ; Le Roman de l'*Astrée ;* La Cour de Henri IV ; L'Hotel de Rambouillet ; Les Amis du Cardinal de Richelieu ; La Société de Port-Royal. 1re série, 1 vol. in-12. Perrin.

La Société française du XVIe au XXe siècle : Les Prédicateurs ; Le Cardinal de Retz ; La Famille de Mazarin ; Le Salon de Mlle de Scudéry ; Les Amis de Mme de Sévigné ; Modes et Costumes. 2e série, 1 vol. in-12. Perrin.

La Société française du XVIe au XXe siècle : Les Diplomates ; Les Grandes dames de la Fronde ; La Cour, les Courtisans, les Favoris, 3e série, 1 vol. in-12. Perrin.

La Société française du XVIe au XXe siècle : La Société et les Sciences occultes ; Les Couvents de femmes avant 1789 ; Les Libertins et Saint-Evremond ; La Grande Mademoiselle ; L'Amour platonique au xviie siecle. 4e série, 1 vol. in-12. Perrin.

La Société française du XVIe au XXe siècle : Les Magistrats et la Société française ; Une Femme premier ministre ; Le Salon de la Marquise de Lambert ; Mme de Tencin ; La Cour sous Louis XV et Louis XVI. 5e série, 1 vol. in-12. Perrin.

La Société française du XVIe au XXe siècle : Les Médecins avant et après 1789 ; L'Amour au xviiie siècle, 6e série, 1 vol. in-12. Perrin.

La Société française du XVIe au XXe siècle : Amateurs et Artistes ; Manieurs d'argent et Fermiers généraux ; Femmes et salons du xviiie siecle ; La Société polie pendant le règne de Louis XVI ; Figures de Favorites ; La Vie mondaine a Paris de 1789 a 1793. 7e série, 1 vol. in-12. Perrin.

Histoire de la Monarchie de Juillet, 2 vol. in-8°. Calmann-Lévy, éditeur.
Couronné par l'Académie française : Prix Thérouanne.

Les Causeurs de la Révolution, 1 vol. in-12 Calmann-Lévy.
Couronné par l'Académie française : Prix Montyon.

Le Prince de Ligne et ses Contemporains, 1 vol. in-12. Calmann-Lévy.

Orateurs et Tribuns (1789-1794), 1 vol. in-12. Calmann-Lévy.

La Société française avant et après 1789, 1 vol. in-12. Calmann-Lévy.

La Comédie de Société au XVIIIe siècle, 1 vol. in-12. Calmann-Lévy.

LA
SOCIÉTÉ FRANÇAISE

DU XVIe SIÈCLE AU XXe SIÈCLE

PAR

VICTOR DU BLED

VIIIe SÉRIE

XVIIIe & XIXe SIÈCLES

LA COMÉDIE DE SOCIÉTÉ — LE MONDE DE L'ÉMIGRATION

PARIS
LIBRAIRIE ACADÉMIQUE
PERRIN ET Cie, LIBRAIRES-ÉDITEURS
35, Quai des Grands-Augustins, 35
1911

A MADAME ANNE BARRATIN

AU PROFOND ÉCRIVAIN MORALISTE, A L'AMIE FIDÈLE

HOMMAGE RECONNAISSANT DE SON DÉVOUÉ ADMIRATEUR

VICTOR DU BLED

LA COMÉDIE DE SOCIÉTÉ

I

On croit en général que la comédie d'amateurs est un produit spontané, une découverte du XVIIIe siècle : elle remonte beaucoup plus haut. On oublie les *Miracles* des XIIIe et XIVe siècles, ces divertissements, inaugurés en France par les Valois, développés par Catherine de Médicis, Henri IV, Louis XIII, parvenus à leur complet épanouissement avec Louis XIV ; ces ballets mêlés de comédies, composés par Benserade, Lulli, Molière, pour la plus grande gloire du roi et des princes, qui prenaient plaisir à y figurer avec leurs courtisans. Rabelais écrit des comédies et les joue avec ses amis. Qui sait même si l'on ne trouverait pas des ancêtres dans les jeux qui accompagnaient certaines cérémonies religieuses, chez les Hindous, les Chinois, les Égyptiens et les Grecs ? Sans parler de Néron, les grands seigneurs romains n'ont-ils pas cultivé ce déduit, puisqu'un sénatus-consulte de l'an 38 avant Jésus-Christ interdit aux sénateurs et chevaliers de jouer la comédie (mais il s'agissait ici de la jouer en public), cette pratique étant considérée comme dégradante ?

Léon Gautier décrit en ces termes les plaisirs qui accompagnaient un tournoi aux XIIe et XIIIe siècles : « C'est à la lueur des torches qu'on rentre au château et dans les tentes. Les blessés ont été délicatement placés sur des charrettes : les dames leur adressent de ces jolis compliments qui n'ont jamais guéri personne, et les jongleurs cherchent à les faire rire... Les barons bien portants s'empressent, eux, de se faire chauffer un bain, où ils se précipitent avidement ; mais le dîner va, plus sûrement encore, les remettre en vigueur et en joie. Ils auront même le courage d'assister à une longue, à une interminable soirée où l'on jouera une sorte de petite comédie de salon, ou, pour mieux parler, de pastorale en action. C'est ce qu'on appelle : *Le jeu du chapelet,* et il abonde en minauderies et agaceries de dames. »

Voilà, j'imagine, l'origine du théâtre de société, car, les mœurs sociales, pas plus que la nature, ne procèdent par bonds. Venant de si haut, l'exemple ne devait pas manquer d'imitateurs. Aussi bien un salon n'est-il pas une cour en miniature, avec son roi ou sa reine, les favoris, quelques amis dévoués, la masse des indifférents, avec les petites intrigues d'ambition ou d'amour, et ce mélange d'historiettes, de sentiments nobles et mesquins, de conversations élevées parfois, plus souvent oiseuses, qui partout forment la trame de la vie humaine ? Pourquoi les salons n'auraient-ils pas marché sur les traces de la cour, que l'on considérait comme la source de tout bien, le modèle des grâces et du goût ? Comment ces princes du sang, ces grands seigneurs n'auraient-ils pas été tentés de réaliser dans leurs palais et leurs châteaux ce qui se faisait devant eux, avec eux, à Versailles ?

Passe-temps délicieux, remède contre le désœuvrement et l'ennui ; instrument de domination féminine ; rapprochements piquants entre les situations scéniques et réelles, moyen assuré de faire briller les talents authentiques, de recueillir une ample moisson de compliments ; toutes les vanités de la vanité, tous les mobiles du cœur humain trouvent leur compte dans cet agrément. Sans aller jusqu'à répéter que les Français sont les comédiens ordinaires du bon Dieu et les tragédiens de la fatalité, ne peut-on soutenir que la vie mondaine semble une perpétuelle comédie, puisque les sociétés reposent sur un certain nombre de conventions ou d'habitudes, devenues naturelles, légitimes si l'on veut, par une espèce de prescription plusieurs fois séculaire, mais qui sont en divorce permanent avec la vérité toute nue ? Nous voilà donc comédiens, comédiens sans le savoir, forcés de transposer sans cesse nos sentiments, de nous incarner pour ainsi dire en des personnages de fiction. La plupart y parviennent lentement ; quelques-uns naissent acteurs, habitent sans effort les dehors de leur âme, jouent leur vie privée, leur vie publique et mondaine : on croirait qu'ils sont toujours en scène ; ils attendent ou méditent une réplique théâtrale, posent pour la galerie, et, dans la solitude même, enflent la voix, déclament, s'adressent à un parterre invisible.

De la comédie mondaine à la comédie d'amateurs il n'y a qu'un pas. Comment les femmes auraient-elles résisté à la tentation de faire des excursions hors d'elles-mêmes, et, reines, amoureuses, ingénues, paysannes, de vivre quelques instants d'une vie factice, en s'enivrant de la sensation si pénétrante de l'admiration collective ? Le véritable esprit, cette perle sociale, n'est ni incompatible avec le talent scénique, ni nécessaire à le former. Quelle revanche, pour un personnage, quelconque dans la vie privée, de se révéler passionné, incisif, éloquent sur les planches, tandis qu'un prince de Ligne y paraîtra gauche, insuffisant ! Et en vérité, nombre de gens du monde jouent fort bien, si bien, qu'au XVIIIe siècle les théâtres particuliers font une véritable concurrence aux vrais théâtres, qui finiront par s'en émouvoir. Collé, qui ne brille pas en général par la bienveillance, met au-dessus de Préville M. Coquely de Chaussepierre, avocat au Parlement de Paris. A défaut des avantages que retire d'un long exercice l'acteur de profession, les mondains ont le maintien, le ton, la noblesse des manières qu'apportent l'usage de la bonne compagnie et l'éducation ; toujours ils ont vécu dans un pays que les autres ont tardivement abordé, ou n'aperçoivent que de bas en haut.

Et puis, quelle merveilleuse ressource pour une maîtresse de maison ! La conversation languit parfois pendant les longues soirées d'automne, et, même entre beaux esprits, entre intimes, il est malaisé de planer toujours dans la région des pures idées, de ne pas verser dans la critique et son pseudonyme, la médisance. Amuser l'innombrable tribu des ennuyeux, les muets, les timides, les importants, les parents indispensables, ceux qui, *troublant la solitude, n'apportent point la compagnie,* et qu'il faut cependant *avoir,* varier les plaisirs de ses hôtes, frapper de temps en temps un grand coup qui éveille la curiosité, satisfaire en un mot tout le monde... et ses causeurs, n'est-ce pas le rêve de toute directrice de salon ? Et la comédie d'amateurs lui offre une mine inépuisable : des répétitions pendant des semaines, mille brigues pour obtenir une invitation ou un rôle, les élus affairés répétant aux échos d'alentour leurs tirades, et consultant mystérieusement les gens du métier, le choix d'une toilette traité comme une affaire d'État. N'est-ce pas de quoi justifier l'éclosion d'un tel goût, son succès, sa durée si persistante ? Sans compter qu'on pouvait éluder ainsi les prohibitions canoniques, donner des représentations théâtrales.

Les collèges des Jésuites, les couvents de l'aristocratie, peut-être même les Mystères qu'on représentait au moyen âge dans les églises, avaient commencé cette éducation. On donne chez les Jésuites des pièces allégoriques telles que *la Défaite du solécisme,* où l'on voit l'*Infinitif* exterminer le *Que retranché* et danser une gavotte autour de son ennemi expirant ; ils abordent aussi les sujets profanes, et leurs élèves représentent les œuvres de Plaute, Térence, Sénèque. Détail piquant, le public est admis librement et paye sa place comme au théâtre. Loret rapporte qu'on donna quinze sols, en août 1628, pour voir jouer au collège Saint-Ignace une tragédie et les quatre ballets qui l'accompagnaient.

On y dansa quatre ballets
Moitié graves, moitié follets,
Chacun ayant plusieurs entrées,
Dont plusieurs furent admirées.
Et vrai comme rimeur je suis,
La Vérité sortant du puits,
Par ses pas et ses pirouettes,
Ravit et prudes et coquettes.

En 1660, les écoliers des Jésuites de Bordeaux jouèrent devant le roi et la cour une comédie sur le sujet de la Paix, « avec toute la pompe et les agréments possibles, cette pièce étant mêlée de plusieurs entrées de ballets fort divertissantes. » Et, pendant la querelle des Jansénistes et des Jésuites, ceux-ci donnent des comédies théologiques où, par exemple, ils montraient Jansénius chargé de fers, traîné en triomphe par la *Grâce suffisante*. Enfin, le goût des ballets était devenu si vif dans la Compagnie, qu'un de ses membres, le P. Ménétrier, en écrivit l'histoire et la théorie; pour prouver de façon péremptoire la parfaite innocuité du genre, il mentionne qu'il a toujours été protégé par les papes. A Troyes, les Oratoriens (1789) convoquent le public à une séance littéraire donnée au collège, et où l'on joue deux pièces patriotiques, tout en l'honneur de la nation, de la cocarde tricolore, de la liberté reconquise; les pièces sont composées par des professeurs.

Comme les comédies entraînaient quelques frais, savez-vous ce qu'avait imaginé, pour y subvenir, le P. Talou? Il pressait les parents de consentir que ses écoliers fissent des ballets; chaque mère donnait son consentement, à condition que son fils serait roi : il le promit à toutes, et, pour leur tenir parole, il mit sur la scène tous les rois du Japon.

On sait les représentations de Saint-Cyr, où Mme de Caylus jouait, devant la cour, tous les rôles d'*Esther* qu'elle avait appris à force de les entendre répéter, et les jouait si bien, que d'aucuns la trouvèrent trop touchante, trop profane. Mme de Maintenon décida que les *petites filles* de Saint-Cyr ne représenteraient plus *Andromaque*, parce qu'elles y mettaient trop de sentiment ; et, quand Racine eut fait *Athalie*, les faux dévots et les mauvais poètes se liguèrent pour empêcher qu'elle ne fût jouée, car, glapissaient-ils, il était honteux de montrer sur le théâtre des demoiselles rassemblées de toutes les parties du royaume pour recevoir une éducation chrétienne.

Le 4 août 1611, Malherbe écrit à Peiresc : « Hier, je revins de Saint-Germain voir jouer la comédie. Je ne vous dirai autre chose, sinon que les personnages y firent des miracles. Madame, qui était habillée en amazone, comme représentant Bradamante, étonna tout le monde par sa bonne grâce ; Monsieur et Monsieur le duc y firent plus que l'on ne pouvait espérer de leur âge ; Monsieur, pour prologue, récita les six vers que vous trouverez en ce paquet ; il avait une pique en la main, qu'il mania en fils de maître.... »

En 1619, en l'honneur du mariage du prince de Savoie avec sa sœur, Louis XIII dansa, au Louvre, le grand ballet de l'*Aventure de Tancrède en la forêt enchantée ;* et, quelques jours après, il y eut le ballet de la reine

A la gloire de Psyché. Vénus et l'Amour récitaient un prologue ; Anne d'Autriche en Junon,

> Telle que l'Aube naissante
> Peint les fleurs en avril,

enchantait tous les yeux : Flore, Zéphir, les Grâces, formaient un chœur. Thémis faisait des allusions héroïques et galantes au mariage royal, célébré en 1615, consommé en janvier 1619.

> France, à qui tous les dieux amis
> Parlent aujourd'hui par Thémis,
> Écoute mes divins oracles !
> C'est un bruit commun dans les cieux
> Que ton roy fera des miracles,
> Et ta reine des demi-dieux !

Les demi-dieux se firent attendre dix-neuf ans !

Il faut remarquer avec Paul Lacroix, que, jusqu'à la mort de Louis XIV, de nombreux ballets furent étrangement libres, émaillés de licencieuses équivoques. Tels : *Les Chercheurs de midy à quatorze heures*, le *Ballet du Hazard* dansé en 1621 par Louis XIII, la *Vallée de misère*, le *Mariage de Pierre de Provence*, le *Ballet des Andouilles* (1628). Paul Lacroix cite des textes fort concluants, que je me garderai bien de reproduire.

Quant à Louis XIV, sa passion pour les ballets, la comédie, les carrousels, les mascarades, est extrême, devient aux mains de Mazarin un moyen de gouvernement. Il installe aux Tuileries un vaste théâtre, figure dans les ballets de Benserade et les divertissements de Molière, chante, débite des vers, danse, joue avec des comédiens, comble ceux-ci de faveurs (cela dura jusqu'en 1670). Dans le fameux ballet des *Noces de Thétis et de Pélée,* il représente tour à tour Apollon, Mars, une dryade, une furie, un courtisan, et, pendant un hiver, il donne trois représentations de ce ballet par semaine ; on le représenta sur le théâtre du Petit-Bourbon, voisin de l'église Saint-Germain-l'Auxerrois, tout près du Louvre où le roi logeait. Ce théâtre servit ainsi aux fêtes de la cour, et point n'est besoin d'ajouter que princes du sang, jeunes seigneurs et grandes dames tenaient à honneur de partager les plaisirs du maître. Mlle de Sévigné, avec sa beauté capable *d'incendier le monde,* remportera de grands succès dans les ballets de la cour. En 1664, dans les *Amours déguisés,* elle figure au nombre des amours déguisés en nymphes maritimes, avec Mlle d'Elbeuf, Mme de Montespan et Mme de Vibraye. Benserade composa pour elle, à cette occasion, un compliment rimé :

Vous travestir ainsi, c'est bien être ingénu,
Amour ! C'est comme si, pour n'être pas connu,
Avec une innocence extrême,
Vous vous déguisiez en vous-même.
Elle a vos traits, vos feux et votre air engageant,
Et, de même que vous, sourit en égorgeant.
Enfin qui fit l'une a fait l'autre,
Et, jusques à sa mère, elle est comme la vôtre.

Il faut convenir que Néron et Louis XIV furent, dans la sphère royale, les deux plus illustres amateurs : je ne les compare pas autrement, bien entendu, malgré la révocation de l'Édit de Nantes. « Il n'y avait rien, remarque Gaston Boissier, dont Néron fût plus fier que de ses triomphes de musicien et de chanteur... Lorsque, après quelques hésitations, encouragé par la servilité publique, il osa se produire sur un théâtre, ce fut un grand événement à Rome. Il ne faudrait pas croire que tout le monde ait jugé sévèrement cette fantaisie : l'opinion publique se partagea, et, jusque dans la société la plus distinguée, Néron trouva des approbateurs... Au commencement de ce règne, Sénèque avait composé des vers, dans lesquels Apollon disait de ce prince de dix-sept ans : « Il me ressemble par le visage et la beauté, par son chant et sa voix il m'égale. » Louanges imprudentes qui risquaient d'encourager Néron dans ses folies ; il était naturel qu'il ne gardât pas pour lui seul des talents que ses amis ne cessaient d'exalter, et qu'il souhaitât d'en faire jouir le monde. Quand il s'y décida, il voulut paraître au théâtre entre ses deux ministres, Sénèque et Burrhus, afin qu'on reconnût l'empereur dans le comédien, et obtint d'eux qu'ils donneraient à tous les spectateurs le signal des applaudissements... Quant aux Grecs, qui se pressaient à ces spectacles, ils avaient tant d'estime pour les choses et les gens du théâtre, qu'un empereur histrion n'était pas fait pour les étonner... Seuls, les vieux Romains, restés obstinément fidèles aux traditions du passé, qui avaient une si haute idée de l'autorité souveraine, et tant de mépris des comédiens... furent indignés... »

A la cour de Louis XIV, des acteurs, des actrices d'élite, Floridor, la Desœillets, Montfleury et sa fille, Baron, etc., règlent les divertissements de la cour, font répéter les personnages, jouent, chantent, dansent avec eux. Le 5 février 1702, la Palatine écrit au roi d'Espagne Philippe V :

«... Comme Votre Majesté aime les comédies, je ne puis m'empêcher de lui dire que Mme la duchesse de Bourgogne en a joué une avec la comtesse d'Ayen, Mme de Melun, mon fils, le comte d'Ayen, deux hommes à M. de Noailles, Duché, Rousseau et Baron le père. Je vous assure, Monsieur, qu'ils ont fait des merveilles. Cela se joue tout à fait en particulier chez Mme de Maintenon, ainsi le roi m'a permis de le voir. J'ai été surprise de voir comme ils jouaient tous bien ; ce traître de Baron joue mieux que jamais. Je suis sûre que Votre Majesté serait étonnée de voir comme mon fils et le comte d'Ayen jouent bien, et que cette comédie (la tragédie d'*Absalon*, de Duché) vous aurait coûté des larmes. J'y ai pleuré comme une folle, et le roi n'était pas loin de quelques larmes aussi... Après la grande pièce, ils en ont joué une petite (sans doute *la Ceinture magique* de Rousseau) où M. le duc de Berry était un amant, et le petit comte de Noailles un autre. Pour ces deux, ils jouaient à faire mourir de rire. Mon fils était un fou, un valet qui sort des galères ; les maîtresses étaient Mme la duchesse de Bourgogne, qui joue mieux le sérieux que le comique, et la comtesse d'Estrée, qui joue fort bien. La petite pièce ne vaut pas grand'chose, mais on ne laisse pas que d'y rire... »

On joue donc la comédie de société en plein dix-septième siècle, à la cour, au Palais Cardinal, à l'Hôtel de Rambouillet, au Temple, chez les Gondi, les Duplessis-Guénégaud, chez quelques magistrats, etc. Non seulement le cardinal de Richelieu protège les comédiens, mais, plus que personne, il contribue à mettre à la mode la comédie de société. Composer des tragédies en collaboration avec ses cinq auteurs favoris, les faire jouer en son palais, dans une salle magnifique qui coûta plus de deux cent mille écus, y convier le roi, la cour, les prélats qui s'y empressent, et qui ont un banc réservé connu sous le nom de *banc des évêques*, donner sur cette scène des drames, des ballets, où princes, princesses et grands seigneurs briguent les rôles, rien de plus naturel à ses yeux. Son amuseur, Bois-Robert, aime tellement les spectacles, qu'on appelle ce théâtre la paroisse de l'abbé de Bois-Robert ; il est lui-même si bon acteur qu'on l'a surnommé l'abbé Mondory, le Trivelin de longue robe, l'aumônier de l'Hôtel de Bourgogne. Le cardinal ayant ordonné à son favori et au célèbre Mondory de pousser une passion, on trouva qu'il avait mieux fait que le comédien. Il compose lui-même dix-huit pièces, pour l'Hôtel de Bourgogne ou le théâtre de son maître : un jour, par exemple, pour divertir Richelieu et contenter sa jalousie contre *le Cid*, il fit jouer en parodie le chef-d'œuvre de Corneille par des marmitons et des laquais. Entre autres choses, lorsque don Diègue dit à son fils :

Rodrigue, as-tu du cœur ?

Rodrigue répondait :

Je n'ai que du carreau.

Ou bien encore, car il était parfait conteur et grand dupeur d'oreilles, il jouait, mimait devant Richelieu l'aventure du comte de Villa-Mediana, la farce des trois Racans, dont il tira sa comédie des *Trois Orontes*, la conversation d'Arlequin avec Henri IV.

Arlequin, allant saluer le roi, prend si bien son temps que, Sa Majesté s'étant levée de son siège, il s'en empare, et, comme si le roi eût été Arlequin : « Eh bien ! Arlequin, vous êtes venu ici avec votre troupe pour me divertir ; je vous promets de vous protéger et de vous donner des pensions. » Le roi ne l'osa dédire de rien, mais il finit par l'arrêter : « Holà! il y a assez longtemps que vous faites mon personnage ; laissez-le moi faire à cette heure. »

Le comte de Villa-Mediana avait écrit une pièce, *la Gloire de Niquée,* tirée de *l'Amadis de Gaule ;* il s'était passionnément épris de la reine, femme de Philippe IV, et, pour la tenir un instant embrassée, pour lui confesser son amour en la sauvant, il imagina, tandis qu'on représentait sa comédie devant la reine et la cour, de mettre le feu à son propre palais ; ce qui fit dire à La Fontaine :

J'en ai pour preuve cet amant
Qui brûle sa maison pour embrasser sa dame,
L'emportant à travers la flamme.
J'aime assez cet emportement :

Le conte m'en a plu toujours infiniment;
Il est bien d'une âme espagnole,
Et plus grande encore que folle.

Pendant l'hiver de 1640-1641, Richelieu donna au Palais Cardinal, devant le roi, la reine et toute la cour, sa grande tragédie de *Mirame ;* il y avait là des allusions à Buckingham, et d'autres applications fort pénibles pour Anne d'Autriche ; mais elle dut subir en silence cette injure, comme une rançon de sa conduite envers le cardinal. L'évêque de Chartres, Léonor d'Estampes de Valençay, un parfait intrigant et un triste sire, avait paru à cette fête, rangeant les sièges, donnant des places aux dames : puis il s'était présenté sur le théâtre, à la tête de vingt-quatre pages qui portaient la collation, lui-même étant vêtu de velours, en habit court, répondant aux reproches de ses amis qu'il faisait toutes sortes de métiers pour vivre. Bois-Robert le surnommait le maréchal de camp comique.

Quelque temps après, on dansa au Palais Cardinal le *Ballet de la prospérité des armes de France.* L'abbé de Marolles, le Dangeau de l'époque, rapporte qu'il y avait des places pour les évêques, les abbés, même pour les confesseurs et aumôniers du cardinal. Ceux-ci se trouvèrent à deux loges de celle de Jean de Werth et d'Eckenfort, qu'on avait fait venir tout exprès de Vincennes, où ils étaient prisonniers dans le même temps que le célèbre abbé de Saint-Cyran, qui les avait édifiés, et peut-être consolés. Le cardinal comptait éblouir Jean de Werth, général allemand fameux par ses succès d'avant-garde, par sa pointe si audacieuse sur Corbie. Interrogé sur le spectacle, Jean de Werth répondit qu'il trouvait cela très beau, mais que ce qu'il estimait le plus étonnant dans le royaume très chrétien, c'était de voir les évêques à la comédie et les saints en prison. Le mot courut comme une traînée de poudre, et ne corrigea personne.

En 1639, le cardinal avait eu la fantaisie de faire jouer par des enfants *l'Amour tyrannique,* de Scudéry. La duchesse d'Aiguillon, sa nièce, se chargea des fillettes, et, comme elle avait entendu parler des talents précoces de Jacqueline Pascal, la sœur de notre Pascal, elle fit demander à sa sœur aînée Gilberte de la laisser jouer sur le théâtre du cardinal. M. Pascal père était alors en pleine disgrâce, pour avoir assisté à une réunion où l'on avait proféré des paroles factieuses contre Richelieu ; et, bien qu'il en fût très innocent pour son compte, qu'il eût même cherché à apaiser le tumulte, il avait dû se cacher pour éviter la Bastille. Aux premières ouvertures, Gilberte fit cette réponse toute cornélienne : « M. le Cardinal ne nous a pas fait assez de plaisir, pour que nous prenions soin de lui en faire. » On lui représenta que cela pourrait servir pour le retour de son père, et elle donna son consentement. Jacqueline prit des leçons de Mondory, et remplit son personnage avec tant d'agrément, qu'elle émerveilla l'assistance, et en particulier Richelieu, qui donnait le signal des applaudissements.

Dès que la comédie fut jouée, elle descendit du théâtre avec le dessein de parler à Mme d'Aiguillon ; mais comme le cardinal se levait pour se retirer, elle s'en alla à lui toute seule. Alors il se rassit, la mit sur ses genoux (elle était fort petite, bien qu'elle eût treize ans sonnés), et, en la caressant, il vit qu'elle pleurait, et lui en demanda la cause. A ce moment, elle lui récita un placet en vers, car elle eut le don poétique, et elle improvisait des épigrammes, des compliments rimés pour les dames de la cour, ce qui ne l'empêchait pas d'être sans cesse occupée de ses poupées. Là-dessus le cardinal promit qu'il en parlerait au roi; mais, M. le chancelier ayant assuré qu'il pouvait accorder à Jacqueline cette grâce, et Mme d'Aiguillon s'étant jointe à lui par de grands éloges sur M. Pascal et sur Blaise Pascal : « Eh bien ! mon enfant, dit-il, mandez à M. votre père qu'il peut revenir en toute assurance, et que je serai bien aise de le rendre à une aussi aimable famille. » Et il l'embrassa et la caressa infiniment. Alors cette petite, d'elle-même, et sans que cela eût été prévu, observa : « Monseigneur, j'ai encore une grâce à demander à Votre Éminence. — Demande tout ce que tu voudras ; tu es trop aimable, on ne peut rien te refuser. — Je supplie Votre Éminence de trouver bon que mon père ait l'honneur de lui faire la révérence quand il sera de retour, afin qu'il puisse la remercier lui-même de la grâce qu'Elle nous fait aujourd'hui. — Non seulement je vous l'accorde, mais je le souhaite; mandez-lui qu'il vienne en toute assurance et m'amène toute sa famille. » Ensuite Richelieu la rendit à Mme d'Aiguillon, à qui il recommanda de bien régaler toutes les actrices de la comédie; ce qu'elle fit magnifiquement.

Les talents d'amateurs ont obtenu beaucoup de grâces, fait, défait maint mariage. Sous la Régence, un solliciteur ingénieux présente au duc d'Orléans un placet qu'il a rédigé en prose et en vers ; ce n'est pas tout, il le chante, il le danse, et le Régent est si charmé, qu'il accorde aussitôt la requête. Ne voilà-t-il pas un excellent comédien de société?

Lorsque M. le Dauphin va à Anet chez Vendôme, l'opéra, la comédie, entrent dans le programme des fêtes. A sa première visite, en 1686, les chanteuses, danseuses, musiciens, symphonistes, occupent les quatrième, cinquième et sixième tables (il y en avait dix). Lulli et Campistron ont composé tout exprès *Acis et Galatée,* qui obtint le succès le plus flatteur. Une autre année, Monseigneur vient passer à Anet une semaine ; mais le roi ne veut pas que le duc de Vendôme dérange sa fortune pour recevoir son fils. Le châtelain d'Anet sera donc l'invité de Monseigneur. Louis XIV envoie ses officiers ; toute la dépense se fait en son nom, à ses frais, et, comme il a défendu qu'on mandât plus de trois comédiens, les beaux esprits de l'endroit déploieront le savoir-faire le plus ingénieux. Trois comédiens, soit, mais ce sont Villiers, Jean-Baptiste et Jacques Raisin. Cependant Palaprat n'a apporté que deux divertissements tout préparés, et ils ont plu si fort à Monseigneur qu'il en a demandé de semblables pour les derniers jours. Quel embarras ! Improviser chaque jour une petite comédie ! Voilà Palaprat astreint à la règle des vingt-quatre heures pour imaginer, composer, apprendre, représenter une pièce ! Il y rêve la nuit, il écrit le matin, se concerte avec les acteurs, et, tandis que le Dauphin, grand veneur devant l'Éternel, court le loup, sa chasse favorite, on se réunit dans la chambre du marquis de la Fare. Conseil dramatique, conseil des plaisirs, présidé par l'abbé de Chaulieu, composé de M. le Duc, du prince de Conti, du Grand Prieur, du marquis de Dangeau, de Campistron, Palaprat, Villiers, Raisin. Chacun donnait son avis sur le scénario ébauché, fournissant des pensées, souvent même des traits de satire contre soi-même; afin de soulager la mémoire de sa troupe, l'impresario glissait tout ce qui pouvait être lu avec à-propos, lettres, titres de livres, enseignes de boutiques, étiquettes de boites, boniments de charlatans. Bref, la comédie, achevée à quatre ou cinq heures, était jouée une heure après, précédée d'ordinaire par quelque musique ; quand la pièce a de nombreux personnages, les gens du monde se mêlent aux acteurs. Les comédies étaient renforcées d'entrées de ballets, et, comme pour ceux-ci le roi sans doute n'avait pas imposé de veto ni de chiffre, on utilisait d'excellents danseurs, sans parler du fameux Philibert qui tira de la flûte allemande

Des sons plus doux que le chant des serins.

Quant à Raisin, il se prodiguait, se multipliait, jouait trente rôles, chantait, dansait, imitait à merveille tous les acteurs de la capitale. Pendant trois mois, à la cour, à la ville, on parle des plaisirs d'Anet : le Dauphin y prend tant de goût que, de 1685 à 1695, il y va sept fois, suivi d'une si grosse cour, que Louis XIV se trouve un peu seul à Versailles.

II

On avait débuté au couvent, on continuait jeune femme : le mariage servait de port d'armes, et donnait la clef des champs. Des purs chefs-d'œuvre de Racine, on passait aux pièces plus libres, pour verser quelquefois dans les parades et les parodies. Au XVIIIe siècle, chaque grande maison possède théâtre à la ville, théâtre à la campagne (1), et, presque toujours, un ou plusieurs auteurs attitrés, dont les compositions alternent avec le répertoire, y entrent même parfois, ministres des plaisirs littéraires, plus ou moins pensionnés, qui fabriquent à volonté prologues, épîtres

---

(1) Parmi les principaux coryphées de cet art aimable, citons : les ducs de Noailles et d'Ayen ; la duchesse de Mazarin ; le duc de Gramont ; la duchesse de Bourbon et le prince de Condé à Chantilly ; le prince de Conti au Temple ; le baron d'Esclapon et le comte de Montalembert ; la marquise de Morville ; le duc de Croy, au château de l'Ermitage ; la comtesse d'Amblimont ; le baron de Thiers ; M. de Magnanville ; la marquise de Mauconseil ; Mlle de Charolais ; le marquis de Paulmy d'Argenson ; M. de Maurepas ; la duchesse de Valentinois ; la duchesse de Villeroy ; le duc de Penthièvre ; Monsieur, frère de Louis XVI, au château de Brunoy ; Mme Dupin, à Chenonceaux ; le comte de Rohault ; d'Argental ; de Montgeron ; la présidente Lejay ; Le Camus de Mézières ; Madame Necker ; de la Garde ; le président Hénault ; Legouvé. On joue encore la comédie (amateurs et acteurs mêlés), chez Mlle Contat, Mme de Meaux, fille de Dufresne et de Mlle Seine, Mlle Dangeville, Préville, Dauberval, — et même, affirme M. G. Capon, chez certaines abbesses de couvents profanes, comme la Lacroix.

dédicatoires, comédies, opéras, tragédies : chez la duchesse du Maine : Malézieu, Mme de Staal, de Launay, Genest, Voltaire ; auprès du comte de Clermont et du duc d'Orléans : Laujon, Collé ; auprès de Monsieur, frère du roi : des Fontaines, Piis et Barré ; Voltaire auprès de... Voltaire, etc. Maurice de Saxe enrégimente Favart pour diriger cette troupe qui l'accompagne aux armées, et dont il fait un levier d'enthousiasme, un instrument de ses faiblesses. A douze ans, Mlle Necker écrit une comédie en deux actes, *les Inconvénients de la vie de Paris,* jouée chez ses parents, à Saint-Ouen, devant Marmontel, qui, naturellement, comme membre de l'innombrable tribu des Philintes et des dos voûtés, la porte aux nues.

L'abbé Delille, et plus tard Taine, notent cette fureur théâtrale :

Voyez-vous ce tracas de sotte vanité,
Et les haines naissant de la rivalité !
C'est à qui sera jeune, amant, prince ou princesse,
Et la troupe est souvent un beau sujet de pièce.
Vous dirai-je l'oubli de soins plus importants ?
Les devoirs immolés à de vains passe-temps ?
Tel néglige ses fils pour mieux jouer les pères.
Je vois une Mérope et ne vois point de mères.

« Le théâtre alors, dit Taine, prépare l'homme au monde, comme le monde prépare l'homme au théâtre ; dans l'un et dans l'autre on est au spectacle, on compose son attitude et son ton de voix, on joue un rôle ; la scène et le salon sont de plain-pied. Vers la fin du siècle tout le monde devient acteur ; c'est que tout le monde l'était déjà. »

Quelques-uns, comme les Brancas, recrutent leurs auteurs parmi les membres de leur société : Forcalquier, Pont-de-Veyle, le président Hénault, — et leurs pièces, très spirituelles, médiocrement scéniques, peignent avec précision et finesse les habitudes, les mœurs d'un monde disparu. Très brillant, un peu subtil et caustique, doué d'une imagination riche et d'aptitudes littéraires fort rares, le comte de Forcalquier éclairait, disait-on, une chambre en y entrant. Il mourut jeune, à quarante-trois ans, ayant composé six comédies, un drame historique, des romans. Sa conversation n'était que traits, épigrammes et bons mots ; il est, observait Mme du Deffand, la terreur des sots, et un problème pour les gens d'esprits. D'Alembert, qui sans doute avait reçu de lui quelque blessure d'amour-propre, écrit ces lignes féroces à la nouvelle de sa mort (1673). « Pour celui-là, il est mort, Dieu merci ! et nous n'entendrons plus dire à tout le monde : *Comment se porte M. de Forcalquier ?* comme s'il était question de Turenne ou de Newton. » Parmi les acteurs de cette noble troupe : la comtesse de Rochefort, qui joue les rôles d'ingénue ; la duchesse de Mirepoix, les grandes coquettes ; la marquise du Deffand, la duchesse de Luxembourg, le marquis d'Ussé, le duc de Nivernois, le duc de Duras, le marquis de Gontaut, le marquis de Clermont d'Amboise, le marquis d'Adhémar. Duclos remplit les rôles de valet : brusque, spirituel, cynique, droit et adroit, c'est lui dont Mme de Rochefort définit ainsi l'idéal :

« Voici votre paradis, Duclos : du pain, du vin, du fromage et la première venue ! » lui à qui la même Mme de Rochefort adressait cette semonce, un jour qu'il enfilait des histoires fort salées à l'hôtel Brancas, sous prétexte que les honnêtes femmes seules savent les écouter, et que, là où la vertu règne, la bienséance est inutile : « Prenez garde, Duclos, vous nous croyez aussi par trop honnêtes femmes ! » lui qui définissait la pudeur : une belle vertu qu'on attache le matin sur soi avec des épingles.

Je note dans une comédie de Forcalquier ce compliment un peu sophistiqué, qui nous prouve une fois de plus que la préciosité est de tous les temps. « Vous ne pouvez, Madame, avoir qu'une affaire à votre toilette, mais elle est capitale : c'est de bien considérer pendant ce moment-là ce qui fait l'occupation et les délices de l'univers. Tout le reste de la journée vous ne pouvez voir votre visage dans votre miroir, et voilà le désavantage singulier que vous avez sur tous ceux qui vous rencontrent. »

Filles d'opéra, courtisanes à la mode, se mettent de la partie : au théâtre de leur hôtel de la Chaussée-d'Antin, les demoiselles Verrières ont sept loges à baldaquin, et puis des loges grillées où se glissent les femmes du monde qui veulent voir sans être vues. Plus tard, Beaumarchais rembarrait les bégueules mitigées qui, « voulant cumuler les plaisirs du vice et les honneurs de la vertu, prétendent s'offrir le plaisir d'aller penser du bien de ses pièces en petites loges, à condition d'en dire du mal en société. » Au reste, le fanatisme comique a singulièrement atténué les distances : plusieurs femmes de qualité assistent aux soupers de Mlle Quinault ; des duchesses se disputent une invitation d'Adrienne Lecouvreur, se font gloire de l'amitié de Clairon, et la noblesse en masse se rend au bal champêtre donné à Auteuil par Mlle Antier, pour la convalescence du roi.

Colardeau, et après lui La Harpe, se multiplient pour les Verrières, à la fois auteurs, acteurs, amants de cœur : peu ou point de farces, de parades grossières ; des pièces faites tout exprès pour elles, ou bien empruntées à la comédie française et italienne ; c'est là aussi que, pour la première fois, on représenta la *Julie*, de Saurin, et *l'Espièglerie*, de Billard de Monceau. En 1763, devant la société la plus brillante, on donne à Auteuil *la Courtisane amoureuse*, de Colardeau, et *les Surprises de l'amour*, de Marivaux. Le titre de la pièce de Colardeau était à lui seul une piquante surprise. Acteurs : Geneviève et Marie de Verrières, le baron de Van Swieten, Colardeau, d'Épinay, le président de Salaberry, Mlle Villette, Lejeune, Laruette. Le président de Salaberry, qui ressemblait d'une manière prodigieuse au Béarnais, eut un tel succès dans *la Partie de chasse de Henri IV*, qu'il fallut la reprendre quatre fois sur le théâtre des Verrières.

Colardeau, malgré ses succès dramatiques, eut plus à se louer de l'amour de Marie de Verrières que de la gloire. A peine élu de l'Académie française, et avant sa réception, il meurt, âgé de quarante-quatre ans, et la littérature le poursuivit jusque sur son lit de mort. Barthe, un égoïste *di primo cartello*, apprend qu'il est au plus mal, accourt, et, en guise de consolation, lui tient ce beau discours : « Je suis désespéré de vous voir si malade, et j'aurais pourtant une grâce à vous demander : c'est d'entendre la lecture de mon *Homme personnel*, que je viens d'achever. — Songez donc, mon ami, murmurait Colardeau, que je n'ai plus que quelques heures à vivre. — Hélas! oui, mais c'est justement pourquoi je serais bien aise de savoir ce que vous pensez de ma pièce. » Le mourant se résigne, écoute jusqu'au bout sans mot dire, mais alors, il rassemble ses forces, et remarque doucement : « Il manque à votre caractère un trait bien précieux. — Lequel? dites vite! — Oui, c'est de forcer un ami qui se meurt à entendre encore la lecture d'une comédie en cinq actes. »

Rien de plus élégant, de mieux fréquenté que les théâtres de la Guimard, achalandés par Collé, dirigés par Carmontelle, le grand faiseur de proverbes, peintre moraliste *en détrempe,* si renommé alors, si oublié aujourd'hui : décorations d'un goût parfait, tentures de taffetas rose relevées d'un galon d'argent, magnifique jardin d'hiver; présidents de parlement, cordons bleus, princes du sang, occupaient les meilleures places. Je ne pense pas qu'on y vit les prélats de cour, ni ces jolis abbés tonsurés, plus exacts aux levers des beautés de robe et d'épée qu'aux devoirs de leur ministère; mais ils ne se gênaient guère pour fréquenter l'Opéra, la Comédie, où leur présence amena maint esclandre avec le parterre. Quant aux spectacles particuliers chez des gens du monde, c'est péché véniel dont ils ne se privent nullement. Et tout Paris se gaussa de la mystification de Mgr de Jarente, évêque d'Orléans, chargé de la feuille des bénéfices. Le duc de Choiseul lui recommande, chez la comtesse d'Amblimont, deux abbés ; charmé par leur attitude réservée et leur modestie, l'évêque promet la faveur demandée, et leur donne l'accolade. Quelques instants après, il voit sur la scène deux actrices qui, trait pour trait, ressemblent aux protégés du duc ; les rires de l'assistance achèvent de l'éclairer, et, tout le premier, il s'associe à la gaieté générale. Toutefois, il dut se repentir de son imprudence, car l'aventure s'ébruita, et on en tira le *Ballet des deux abbés,* qui fit les délices des salons.

D'un piquant portrait de Carmontelle par le baron de Frénilly, je détache ces lignes :

« C'était un homme sec, à la figure longue et sévère, au rire sardonique, impérieux, colère, et cachant sous cette âpreté de formes un cœur très bon et une âme singulièrement élevée... Peu de chose lui suffisait, car il était d'autant plus fier qu'il se sentait plus pauvre. Il dînait partout, et n'était parasite nulle part. Il amusait tout le monde, et en ami qui oblige : artiste gratuit, homme du grand monde à pied. Il possédait tous les petits talents qui convenaient à son siècle, au petit siècle où il vivait... » Frénilly parle de ses portraits au crayon ou au pinceau, de ses jardins, de ses transparents ; puis il ajoute : « Ses proverbes n'étaient pas trop bons, mais il attrapait le ton, le genre, le style, la manière des différentes classes de la société avec une vérité extrême. On les avait joués à Villers-Cotterets, où ils consolaient l'ennui des drames de Mme de Montesson. De là ils avaient passé dans tous les salons : on n'y jouait plus autre chose ; c'était le Scribe de l'époque. Mais malheur à la troupe qui l'avait pour souffleur! Il ne faisait que ce rôle, parce qu'il était détestable dans tous les autres. Je l'ai vu dans des accès de colère à tout faire manquer, pour un mot changé ou transporté : il fallait apprendre sa prose aussi religieusement que les vers de Racine. Du reste, d'une invention, d'une ressource d'imagination inépuisable dans ce qui concerne la mise en scène. Il était à lui seul le peintre, l'architecte, le décorateur et le costumier. En voici un exemple dont j'ai été témoin et acteur. Il se trouvait chez mon père. On résolut, pour amuser notre bande d'enfants, de nous faire jouer, le lendemain, le proverbe du *Petit Don Quichotte*. Il fallait une salle, des gradins, une décoration de forêt, un lointain de village et de montagne, des costumes, des armes. Tout cela fut pour Carmontelle l'ouvrage de vingt-quatre heures... »

Ernest Legouvé raconte que son grand-père, avocat célèbre, imagina de faire représenter à Brévannes une *Attilie* de sa façon en cinq actes et en vers : « Placé au parterre, confondu avec les spectateurs, il savourait avec grande satisfaction l'harmonie de ses hémistiches, quand son voisin, amené par une tierce personne, et qui ne le connaissait pas, se pencha vers lui, et lui dit tout bas, confidentiellement : « Comprenez-vous, Monsieur, qu'un homme de mérite rassemble tant d'honnêtes gens pour leur faire entendre une platitude pareille ? — Pardon, Monsieur, répondit mon grand-père, je suis l'auteur. » L'autre tombant en confusion, et balbutiant, lui dit : « Oh ! Monsieur, je me suis mal expliqué... Je ne parlais pas de la pièce... elle est pleine de talent... Mais que pourrait devenir un chef-d'œuvre, même avec de tels interprètes ? Connaissez-vous rien de plus comique que ce beau rôle d'Attilie, joué par cette jolie petite poupée? — C'est ma femme, Monsieur. — Ah! ma foi, Monsieur, reprit le voisin, c'est trop difficile à arranger, j'y renonce. » Sur quoi, mon grand-père éclatant de rire et lui tendant la main : « Monsieur, vous êtes un homme d'esprit... » Et à partir de ce jour, ils devinrent les meilleurs amis du monde. »

Vers 1725, le comte de Tressan et ses amis louent en commun une maison à Pantin, où ils vont souper et représentent les comédies de Coypel. Pendant un voyage à Gaillon chez Mgr de Tressan, évêque de Rouen, la société joua *Dom Japhet d'Arménie,* de Scarron. Parmi les principaux personnages de cette aimable compagnie, qui se réunit ainsi quinze ans de suite, on remarquait : MM. de Morville, d'Armenonville, le marquis de Surgères, le comte de Crussol et ses gendres, le secrétaire d'État Amelot, le marquis de Loménil, l'abbé Franquini, Caylus, Duclos, Charles-Antoine Coypel, Mmes d'Autrey, de Surgères, de Crussol, de Genlis, de Tourouvre, le Marchand.

Fermiers généraux, partisans, traitants (1), brillent au premier rang parmi les protagonistes de la comédie

---

(1) Sur les fermiers généraux, voir le tome VII de cet ouvrage.

de société. On la joue avec succès chez Delahante, d'Épinay, Boullongne de Préminville, Bertin, la Popelinière. Dans son château de Passy, ce dernier donne des comédies, presque toutes de lui, interprétées en perfection par sa femme, et très goûtées pour les excellents soupers qui suivent ; car, malgré la collaboration probable de teinturiers littéraires ou valets de cervelle, c'est le cas de répéter le mot de Duclos : « Nous applaudissions tout haut, et nous ennuyions tout bas. » A la Chevrette, la Live, Mme d'Épinay, Dupin de Francueil, receveur général des finances, Dupleix de Bacquencourt, jouent la comédie avec passion. C'est là que Dufort de Cheverny fit ses débuts. Un jour que Bacquencourt remplissait le rôle d'Orosmane dans *Zaïre*, le souffleur, se confiant à la fidélité des mémoires, lorgnait les spectatrices. A ces mots : « Mais, Seigneur, si Louis... » Orosmane oublie la suite, répète deux fois : Mais, Seigneur, si Louis... Le souffleur cherche, s'égare dans le manuscrit, la compagnie s'étonne. La Live Corasmin, sans quitter le ton tragique, lance : « Eh bien, Seigneur, six louis font cent quarante livres. » Éclats de rire, grands applaudissements, tandis qu'Orosmane, furieux, fut plus de trois quarts d'heure avant de reprendre ses esprits et son discours.

Un autre jour, c'est *le Glorieux*, de Destouches. D'Épinay, jeune, mince, a dû s'appliquer un ventre de crin pour figurer un gros financier ; mais le postillon qui l'a rapporté de Paris l'a laissé à la pluie. Par amour de la vraisemblance, l'acteur passe sur cet inconvénient, et voilà que, sur la scène même, le ventre rend toute la pluie comme une éponge qu'on presse, et d'une manière si singulière, que les spectateurs pouvaient s'imaginer autre chose. Lysimon-d'Épinay eut un énorme succès d'hilarité. Caze, fermier général, surnommé le *Beau Danseur,* parut aussi sur le théâtre de la Chevrette ; on arrangea *l'Oracle,* féerie de Saint-Foix, et il dansa une entrée dans le genre de Dupré ; le ballet fut redemandé. On sait qu'un autre fermier général, Helvétius, excellait à tel point dans l'art de la danse, qu'il lui arriva de remplacer au pied levé Dupré à l'Opéra.

« J'allai, dit le duc de Croy, chez M. de Bellegarde, à la Chevrette, où j'assistai avec plaisir à deux comédies fort bien jouées par les enfants de la maison, tous remplis de talents et du désir de plaire à leur père, qui a été un homme sage et aimable. C'est pourquoi M. de la Fautrière, auteur des couplets que l'on chanta à la fin, fit celui-ci pour le père :

Vous voyez toujours sur vos traces
Les plaisirs suivre la raison ;
L'esprit, les talents et les grâces
Sont les enfants de la maison.

Dufort de Cheverny, introducteur des ambassadeurs, ne se contente pas de jouer, d'improviser des pièces de circonstance, des farces ; il fait de cette passion un article d'exportation, installe des théâtres chez ses amis, chez M. de Préminville, par exemple. A Cheverny, on joue trois fois par semaine proverbes, parades, sans oublier les comédiens de bois, les marionnettes, inaugurées en l'honneur de Mgr Phélippeaux, archevêque de Bourges; le dimanche, il y a grand spectacle, opéra-comique, comédie. Cheverny a pour collaborateurs Sedaine et le président de Salaberry, un merveilleux boute-en-train. « J'ai toujours aimé à m'occuper, remarque-t-il. Il y avait alors à Paris un spectacle qui jouissait de la vogue, c'étaient les *Fantoccini*... Nous en fîmes un spectacle très plaisant. Je me mis à faire des pièces d'après les canevas italiens qu'on me fournit, et j'eus en un an quatre-vingt-quinze pièces toutes dialoguées... Des ballets ingénieux y furent introduits. Ce spectacle est pour un château une ressource charmante, puisqu'il suffit de bien lire pour exécuter les pièces... » Dufort de Cheverny a laissé un volume de quatre cent cinquante pages in-quarto, qui contient cinquante-neuf pièces et vingt-un ballets. Pour les *Fantoccini*, on jouait d'abord des pièces dans le genre italien, avec Arlequin, Scapin, Pantalon pour principaux acteurs; puis on risqua des tragédies bouffonnes, et même *la Tempête*, de Shakespeare, et *les Précieuses ridicules* (1).

---

(1) *Mémoires* de DUFORT DE CHEVERNY, FAVART, D'ARGENSON, SAINT-SIMON, BACHAUMONT, HÉNAULT, duc DE LUYNES, Mme DE STAAL-DELAUNAY, MARMONTEL, CASANOVA. — DE LOMÉNIE : *La Comtesse de Rochefort et ses amis.* — Gaston MAUGRAS : *Les Comédiens hors la loi, les Demoiselles Verrières.* — DUTENS : *Mémoires d'un voyageur qui se repose.* — *Les Divertissements de Sceaux*, 2 vol., 1725. — LEMONTEY : *Études sur la Régence.* — Victor COUSIN : *Jacqueline Pascal.* — *Historiettes de Tallemant des Réaux.* — *Correspondance de Grimm.* — Armand BASCHET : *les Comédiens italiens à la Cour de France.* — PALAPRAT, t. Ier, p. 177. — *Correspondance de la Pala-*

A quatorze ans, Frénilly avait, avec sa sœur, organisé un spectacle domestique, dont elle était le costumier, et lui le décorateur, le machiniste et l'auteur. Ils s'étaient adjoint la fille d'une femme de chambre ; dans les pantomimes à grand spectacle, et ils n'en jouaient pas d'autres, chacun faisait au besoin deux ou trois rôles, l'auteur ayant grand soin de ne pas les mettre ensemble dans une même scène. Quant aux spectateurs : leur mère, l'abbé précepteur, le ban et l'arrière-ban des vassaux, portier, cuisinier, laquais, marmitons, cocher ; Frénilly aurait volontiers fait monter les chevaux.

« La Comédie inondait alors la société, dit encore Frénilly ; elle était partout, et mon père, son frère Fauveau, sa sœur Mme de Chazet, ma mère surtout, la jouaient avec talent. Cette manie avait gagné quelques degrés plus bas, et je me rappelle une représentation d'*Athalie*, qui fut donnée par la famille de notre jardinier de Saint-Ouen. Sa fille, Mlle Manette, fort jolie personne de quinze ans, qui esherbait le potager le matin,

---

tine. — L. Perey : *Histoire d'une grande dame au XVIIIe siècle ; Un Petit neveu de Mazarin : le duc de Nivernais.* — L. Perey et Gaston Maugras : *Vie intime de Voltaire.* — Desnoiresterres : *Les Cours galantes*, 4 vol. ; *Voltaire et la société au XVIIIe siècle*, 8 vol. — Philippe Godet : *Histoire littéraire de la Suisse française.* — Delahante : *Une Famille de finance au XVIIIe siècle*, 2 vol. — Emmanuel Rodocanachi : *Renée de Ferrare.* — Petit de Julleville : *La Comédie et les Mœurs au moyen âge.* — Mercier : *Tableau de Paris.* — Vial et Capon : *Journal d'un Bourgeois de Popincourt.* — Émile Magne : *Le plaisant abbé de Boisrobert.* — *Mes Délassements ou les Fêtes de Charonne*, in-8°, 1781. — *Théâtre du Château de la Cour-Neuve* (Bibliothèque de Soleinne). — Henri d'Alméras et Paul d'Estrée : *Les Théâtres libertins au XVIIIe siècle.*

et étudiait son rôle le soir, représentait la reine des Juifs. Les petits étaient alors plus raisonnables que les grands, leur goût tendait à s'élever, il leur fallait du Racine ; les grands jouaient les Savoyards, et le garde des Sceaux, M. de Miromesnil, les Crispins. »

Du grand monde, de Paris et Versailles, cette mode ne tarde pas à gagner la bourgeoisie, à émigrer en province : les seigneurs l'apportent dans leurs terres ; autour d'eux c'est un délire d'émulation, et tous les hobereaux d'estropier à l'envi les chefs-d'œuvre des auteurs dramatiques et des musiciens. Après la « Sérénissime Banqueroute », le premier soin de Mme de Guéménée, arrivant au château où le roi l'a exilée, est de commander les tapissiers et de leur faire installer un théâtre. Une châtelaine, voulant à tout prix monter une troupe suffisante, enrôle ses quatre femmes de chambre, et apprend à sa fille, âgée de onze ans, le rôle de Zaïre. Dans les garnisons, cette passion brouille les cervelles à tel point, que des officiers ne rougissent pas de s'associer aux actrices, de paraître sur la scène avec elles ; et, pour couper court à cet abus, il fallut qu'un règlement du ministre de la guerre l'interdît de la manière la plus formelle. Les conseillers au Parlement jouent la comédie dans les villes où Maupeou les a fait exiler, on donne des représentations mondaines dans certains couvents. La palme du ridicule demeure à Charpentier, le fameux cordonnier pour dames, qui, sur son théâtre particulier, joue tragédies et parades, et qu'un récit du temps peint dans la plaisante insolence de sa fatuité. Chargé d'une commission auprès de lui, le chevalier de la Luzerne trouve à sa porte deux domestiques en livrée, traverse des chambres superbement meublées, s'arrête dans un cabinet où il admire une commode du travail le plus riche, garnie de portraits des premières dames de la cour. Sur ces entrefaites, paraît Charpentier, en négligé de petit-maître, et, comme le chevalier le complimente : « Monsieur, vous voyez, répond-il du ton le plus dégagé, c'est la retraite d'un homme qui aime à jouir. Je vis en philosophe. Il est vrai que quelques-unes de ces dames ont des bontés pour moi : elles me donnent leurs portraits; vous voyez que je suis reconnaissant, et que je ne les ai pas mal placés. » M. de la Luzerne lui ayant montré un modèle de souliers qu'on lui a confié : « Ah ! je sais ce que c'est : je connais ce joli pied; on ferait trente lieues pour le voir. Savez-vous bien, qu'après la petite Guéménée, votre amie a le plus joli pied du monde? Fort bien, je ferai son affaire. » Le chevalier allait se retirer, lorsque le grand homme l'arrêta : « Sans façon, si vous n'êtes point engagé, restez à manger ma soupe ; j'ai ma femme qui est jolie, et j'attends quelques autres femmes de notre société qui sont fort aimables ; nous jouons *Œdipe* après dîner, et vous pourriez bien ne pas vous repentir d'être resté avec nous. » Il semble qu'un tel trait démontre assez bien une époque, un goût poussé jusqu'à la manie, et qui ne déparerait point *le Bourgeois gentilhomme* ou *Turcaret*. C'était alors une prétention fort répandue de *vivre en philosophe*, et cela consistait parfois à se mettre au-dessus de son état, des mœurs ou des lois ; entretenir de belles filles, donner des concerts, des spectacles, faire grande chère, lire Voltaire, Diderot, d'Holbach, cette hygiène facile paraissait suffire à beaucoup de personnages, plus soucieux d'assurer la réputation de leur esprit que celle de leur caractère. Mais singer n'est pas imiter.

III

On ne saurait esquisser une histoire de la comédie de société sans dire quelques mots de la duchesse du Maine (1). Cette enragée de distraction, cette galérienne du bel esprit, cette égoïste à la quatrième puissance, qui « ne pouvait se passer des gens dont elle ne se souciait point », a contribué à répandre ce divertissement, et c'est là sans doute son principal titre à l'indulgence de la postérité. Le rire n'est-il pas l'argument de la gaieté, comme la gaieté est l'apanage de l'optimisme ? Peut-être la révélation d'un nouveau plaisir égale-t-elle pour le monde la découverte d'une étoile, car la vie ne vaut la peine d'être vécue que par la combinaison du nécessaire, de l'agréable, de l'utile, et les maladies

(1) Voir mon volume : *La Comédie de Société au XVIIIe siècle* (in-12, Calmann-Lévy), dont je résumerai ici les principaux passages, en ce qui concerne les théâtres de la duchesse du Maine, de Mme de Pompadour, du comte de Clermont et du duc d'Orléans. — J'ai aussi donné et reproduis, avec des additions, cinq articles dans la *Revue Hebdomadaire* (*Mars et Avril 1901*). Je dois des remerciements à M. Léo Claretie, qui, dans son très agréable volume : *Histoire des Théâtres de Société*, 1905, a bien voulu me citer plusieurs fois.

morales ne sont pas les moins redoutables. Aussi bien on nous célèbre, on nous condamne souvent pour des actions qui, mieux approfondies, produiraient un effet moindre ou contraire, auxquelles nous n'avons qu'une part minime : l'importance des choses bien moins que l'à-propos en fait le mérite, et l'histoire se présente trop fréquemment comme une école d'incertitude et de modestie. En vulgarisant le goût de la comédie de société, cette petite-fille du grand Condé et ses courtisans ne songeaient qu'à s'amuser ; le reste vint par surcroît.

L'oracle du château de Sceaux, l'homme universel et infatigable, c'est Nicolas de Malézieu, ancien maître de mathématiques du duc du Maine, ami de Bossuet et de Fénelon, même au plus fort de leur querelle, membre de l'*Académie des choses* et de l'*Académie des paroles*, type de l'érudit aimable, à l'âme un peu faible, tournée vers le sourire des grands, enseignant à la duchesse latin, philosophie, astronomie ; traduisant à livre ouvert et déclamant avec feu les tragédies de Sophocle et d'Euripide ; grand organisateur de fêtes, improvisant à volonté comédies, ballets, chansons, intermèdes, virelais et autres bagatelles. A Sceaux, ses décisions jouissent d'un tel prestige, que les disputes les plus violentes prennent fin lorsque quelqu'un prononce ce mot : *il l'a dit*. De 1699 à 1710, Malézieu reçut à peu près chaque année, dans son castel de Chastenay, le duc et la duchesse, avec quelques personnes de leur suite ; on y jouait des pièces du répertoire, des comédies de circonstance, et c'est là sans doute que la princesse conçut cette passion théâtrale qui, l'animant jusqu'à la fin, faisait dire à Voltaire que, quand elle serait malade, il conviendrait de lui administrer quelque pièce en guise d'extrême-onction.

Malézieu composa pour son théâtre : *Purgopolinice capitaine d'Éphèse, les Importuns de Chastenay, la Tarentole, le Prince de Cathay,* divertissement orné de musique, et destiné à rappeler la fondation de l'ordre de la *Mouche à miel.* Le prince obtenait l'honneur insigne d'être reçu chevalier, et prononçait le serment consacré : « Je jure, par les abeilles du mont Hymète, fidélité et obéissance à la directrice perpétuelle de l'ordre (la duchesse du Maine) ; de porter toute ma vie durant la médaille de la Mouche, et d'accomplir, tant que je vivrai, les statuts de l'ordre ; et, si je fausse mon serment, je consens que le miel se change pour moi en fiel, la cire en suif, les fleurs en orties, et que les guêpes et les frelons me percent de leurs aiguillons. » C'est dans la *Tarentole* que la princesse monta pour la première fois sur la scène. Elle devait apprendre bien d'autres personnages : Molière et Quinault, Genest et Marivaux, Malézieu et Mme de Staal de Launay, tous étaient son domaine et sa proie, tous relevaient de sa mémoire, de sa présomption ; elle s'en tirait passablement pour une Altesse, mieux en tout cas que la reine Marie-Antoinette, qui jouait *royalement mal* et chantait si faux, d'après Garat.

C'est encore pour Mme du Maine que Malézieu composa sa scène de *Polichinelle et son voisin,* représentée à Paris, en 1705, par les marionnettes devant la cour de Sceaux. Les comédiens de bois faisaient fureur dès cette époque, et ce plaisir des petits était devenu celui des grands; ils jouaient à Versailles, à Marly devant le roi, dans la chambre de la duchesse de Bourgogne. On sait que nos aïeux ne reculaient pas devant le mot cru : ces gens si élégants se complaisaient parfois en d'étranges distractions, et ce serait matière à beaux développements qu'une histoire de la pudeur où l'on raconterait les métamorphoses accomplies dans le code des bienséances. Qui donc expliquera ces variations, non seulement de pays à pays, mais de salon à salon, dans la même société, dans la même personne? Ces élans de gaieté succédant à des sursauts d'indignation, en présence du même mot? Qui rendra compte des ruades de l'être humain, de ces brutalités qui jaillissent parfois du gentilhomme le plus raffiné, revanche terrible de la bête, éternel point d'interrogation des penseurs? Est-il vrai, qu'ici non plus, il n'y ait point de règles fixes, que les individus comme les peuples n'aient de brillant que les surfaces, que l'extrême politesse soit aussi voisine de la grossièreté que la rouille l'est du fer? De voir, par exemple, Malézieu, membre de l'Académie française, un des esprits les plus délicats de son temps, s'amuser à écrire une farce scatologique, et son illustre auditoire l'écouter avec délices, ce serait de quoi étonner, si tous les siècles ne nous offraient le spectacle de telles antinomies. N'avons-nous pas aujourd'hui nos vaudevilles salés, des revues ultra-épicées au théâtre et dans certains salons, les cabarets de la Butte Sacrée?

Le jeu, les loteries poétiques paraissant à la longue

un peu monotones, l'abbé de Vaubrun imagina un nouveau divertissement en l'honneur de la *Poupée du sang*. La déesse de la Nuit apparut à l'improviste, enveloppée de ses crêpes, remercia la princesse de la préférence qu'elle lui accordait sur le Jour ; elle avait un suivant qui chanta un air de circonstance arrangé par Malézieu et Mouret. Cette bagatelle amusa infiniment Mme du Maine, qui décida d'y donner suite : tous les quinze jours, deux personnes organisaient une fête de ce genre, elles prenaient le titre de roi et de reine, commandaient, payaient la dépense, et déposaient leur souveraineté le lendemain même de la Grande Nuit. Il y en eut seize en tout, et elles furent interrompues par la maladie et la mort de Louis XIV : on avait commencé assez simplement, on finit par déployer un faste ruineux dans la mise en scène, les costumes et les décorations. D'ordinaire, le roi et la reine se contentent de combiner trois intermèdes héroïques ou pastoraux, séparés par des reprises de jeu. Ainsi, pendant la quatrième Nuit, le premier intermède est rempli par un jeu de quilles animées qui se plaignent qu'on ne les admette point à ces divertissements ; dans la deuxième, on voit une ambassade de Groënlandais qui, avec des compliments dignes de Gongora, offrent à Son Altesse Sérénissime la souveraineté de leur pays ; la fête se termine par un dialogue d'Hespérus et de l'Aurore, Chargé d'organiser la treizième Nuit, l'abbé de Vaubrun s'adresse à Destouches et Mouret, qui écrivent un opéra-ballet, *les Amours de Ragonde,* véritable farce de carnaval, agrémentée d'une musique gaie et spirituelle. Ragonde, vieille amoureuse, un peu sorcière et secondée par les lutins, parvient, malgré son âge et ses quatre dents, à épouser le berger Colin. Premier acte : la soirée au village ; second acte : les lutins ; troisième acte, la noce, suivie d'un formidable charivari. *Les Amours de Ragonde* passèrent au répertoire de l'Opéra, en 1742, plus tard au théâtre de Mme de Pompadour.

Mme de Staal de Launay fit des vers pour quelques-unes des Nuits, les plans de plusieurs autres, et on la consulta pour toutes. Une physionomie bien originale, cette femme, née en France, « fabriquée en Angleterre et conçue dans l'amertume, » qui fut mieux qu'une *soubrette de cour*, presque un *la Bruyère femelle,* élevée pour le bonheur, et puis réduite par la malchance à entrer comme femme de chambre chez la duchesse du Maine, où, très lentement, à travers mille déboires et mille ingratitudes, elle conquiert le rang de dame d'honneur ; très ferrée sur Descartes, sur la géométrie et l'anatomie (le savant du Vernet dit qu'elle était la fille de France qui connaissait le mieux le corps humain), véritable héroïne de la conspiration de Cellamare, dont elle garde le secret avec la plus courageuse fidélité, tandis que ses maîtres livrent piteusement leurs projets et leurs amis, subtile et romanesque, capable de faire de l'esprit sur ses propres souffrances, sachant inspirer et ressentir des amitiés profondes, aimée de ceux qu'elle méconnaît, dédaignée, traitée comme une vieille gazette par ceux qu'elle adore,

Car Dieu, qui fit la grâce avec des harmonies,
Fit l'amour d'un soupir qui n'est pas mutuel.

Et, après mainte odyssée amoureuse, se réfugiant vers cinquante ans dans un mariage de raison, *pour vivre dans les limbes.*

Rien de plus attrayant que ses *Souvenirs*, de plus fin que ses jugements. Ressorts des machines, spectacles des coulisses, jeu des acteurs, son propre jeu à elle-même, elle analyse tout d'un style net, rapide, élégant, avec une ironie voilée que tempère le goût, et je ne sais quelle indulgence faite de désabusement, de philosophie pratique et de dédain. Connaissait-elle le mot de Leibnitz : « Je ne méprise presque rien ? » Mêmes qualités éclatent dans deux comédies écrites en 1747 pour le théâtre de Sceaux, *l'Engouement, la Mode*, pleines d'amusantes critiques contre certains ridicules de la société. Il y manque ce qui manque presque toujours aux pièces d'amateurs : l'action, le mouvement, l'art de l'intrigue et de la mise en scène. Mais on y savoure des dialogues spirituels, des traits de caractère empruntés à plusieurs personnages, accumulés sur un seul. Orphise, par exemple, excuse plaisamment ses engouements perpétuels : « Plus on a de goût pour les choses parfaites, plus on est exposé à les croire où elles ne sont pas. » Dans *la Mode*, satire vigoureuse des absurdités où entraînait le culte de cette inconstante divinité, j'admire cette comtesse qui aime son mari et prend des amants pour ne pas se chamarrer de ridicules, *parce que la vie est un tissu de bienséances qu'il faut remplir.* D'ailleurs, rien ne lui est plus suspect que la trop grande fidélité ; aussi, après avoir refusé à sa fille un parti de tous points excellent, se ravise-t-elle lorsqu'elle croit découvrir que le jeune homme a fait des folies pour une actrice. Et elle enseigne à sa fille qu'un mari est l'homme du monde avec qui on vit le moins.

En 1747, Voltaire faisait sa première apparition à Anet, autre château de la duchesse, en compagnie de Mme du Châtelet, et, quelque temps après, la princesse le cachait pendant deux mois, pour le soustraire à la haine de gens de qualité dont il avait trop bruyamment démasqué les friponneries. C'est dans cette retraite qu'il composa, c'est la nuit qu'il lisait à la princesse quelques-uns de ses contes : *Babouc*, *Memnon*, *Scarmentado*, *Micromégas*, *Zadig*. On réussit à apaiser ses ennemis, et les fêtes recommencèrent. Mme du Châtelet et Voltaire jouèrent avec succès dans l'opéra héroïque d'*Issé*, de La Motte-Houdard et Destouches, dans *la Prude* et *Zélindor*. Comme sa protectrice, il aima à la folie la comédie d'amateurs, et il eut partout son théâtre, à Paris rue Traversière, à Lausanne, à Ferney et Tournay : cette passion lui attira de piquants démêlés avec le Grand Conseil de Genève et les pasteurs protestants. Il finit par triompher sur toute la ligne : les Suisses accouraient à ses fêtes théâtrales, et cherchaient à l'imiter. Auteur, impresario, acteur, il voulait que sa troupe eût le diable au corps, dirigeait les répétitions, et, dans son zèle extrême, revêtait dès le matin son costume tragique, puis, ainsi affublé, descendait au jardin, où il donnait tranquillement des ordres à ses jardiniers stupéfaits. Il se croyait, et Lekain, son élève, le proclamai un merveilleux acteur, tandis que d'autres témoins,

Gibbon en particulier, trouvaient sa déclamation modelée d'après la pompe et la cadence d'autrefois, respirant plutôt l'enthousiasme de la poésie qu'elle n'exprimait les sentiments de la nature. On pense qu'avec un tel homme les traits plaisants ne manquaient point, non plus que les compliments en vers et en prose ; et les soupers qu'il donnait à ses acteurs, pour les remercier, étaient aussi la plus charmante chose du monde. Une jeune personne qui le soufflait, ne parvenant pas à réchauffer sa mémoire, improvise un vers qui n'était point dans la pièce. « Dieu vous le rende, remercie Voltaire à haute voix ; vous m'avez fait l'aumône ! » Après le spectacle, il lui dit : « Je veux vous donner mes ouvrages. — Ah ! fit-elle naïvement, ils sont si beaux ! je ne voudrais pas vous en priver. » A la première représentation de *Zaïre*, le savant Haller, interrogé sur ce qu'il pensait de la pièce, observe finement : « C'est la première fois que je vois donner un rendez-vous d'amour pour se faire baptiser. — Il est heureux pour moi, s'écria Voltaire, que ce malin Suisse n'ait pas tenu ce propos au parterre de la Comédie Française : ma *Zaïre* était f..... » Parfois aussi, dans son enthousiasme théâtral, il poussait son fauteuil sans y prendre garde, et se trouvait sur la scène, entre Zaïre et Orosmane, au moment du coup de poignard final, qu'il empêcha un jour de donner.

Il écrit à ses amis : « Mme Denis est entourée de tailleurs, de coiffeurs et d'acteurs... Elle joue Zaïre... Elle n'a pas les beaux yeux de Gaussin, mais elle joue infiniment mieux qu'elle... Je fais Lusignan ; ce rôle me convient, et l'on pleure... Nous avons un très bon Orosmane, un Nérestan excellent, un joli théâtre... On vient de trente lieues pour nous entendre. Ensuite on soupe chez moi ; nous avons un excellent cuisinier ; nous mangeons des gelinottes, des coqs de bruyère, des truites de vingt livres !... »

Admirez la puissance de l'illusion ! Marmontel *tomba de son haut,* lorsque Voltaire, lui parlant de sa grosse nièce Mme Denis (1), qui était l'étoile de sa troupe théâtrale, la compara à Gaussin et à Clairon. Si *Maman Voltaire* avait pu accepter de tels compliments, d'autres se chargeaient de la détromper. « Pour jouer *Zaïre,* disait-elle à un naïf, il faudrait être jeune et belle. — Ah ! Madame, fit-il, vous êtes bien la preuve du contraire. » Mais l'habitude crée aussi des chimères, et Mme Denis fut quelque trente ans, le majordome, l'intendant, le factotum de Voltaire. D'ailleurs femme d'esprit, pleine d'entrain, de gaieté, férue de théâtre au point de composer elle-même des pièces que les comédiens des Français eurent le mauvais goût de refuser. Avec cela, un cœur trop sensible, autant de tempérament que de roman, des mœurs à l'escarpolette, « la meilleure du monde, mais certainement la plus gaupe, » remarque Mme du Deffand. Mme Denis disait aux hôtes de Voltaire « que ce n'était pas assez d'admirer l'oncle tout le jour, et qu'il fallait aimer la nièce toute la nuit. »

(1) M. Edmond Pilon a consacré à Mme Denis une savoureuse étude dans : *Muses et Bourgeoises de jadis.*

Pendant une représentation de *l'Orphelin de la Chine* aux Délices, Montesquieu s'endormit profondément. Voltaire s'en aperçoit, jette son chapeau à la tête du président, en criant : « Croyez-vous être à l'audience? »

Et quelle joie de constater que douze ministres protestants ont entendu une de ses tragédies à Lausanne ! (Cette ville se montrait d'humeur plus libérale que Genève.) Quand Lekain vient jouer chez lui ou à Chatelaine, il dit à tous venants : « Ce n'est pas moi qui ai fait mes tragédies, c'est lui! »

En 1754, le duc de Villars, très féru lui aussi d'art dramatique, et se croyant passé maître, avait appris au libraire Cramer le rôle de Gengis-Khan pour jouer *l'Orphelin de la Chine :* il ne fit de son élève qu'un froid et plat déclamateur, et Voltaire de persifler, de tourmenter celui-ci, jusqu'à ce que, au prix de grands efforts, il eût modifié sensiblement sa manière. Voltaire répéta alors avec lui, s'aperçut du progrès, et cria à Mme Denis : « Ma nièce ! Dieu soit loué ! Cramer a dégorgé son duc! »

Il joue *Mérope* en 1761 sur son théâtre, avec grand succès, paraît-il; mais les Genevois ont brillé par l'abstention. N'importe, il se remet aussitôt à l'œuvre et compose en six jours une *Statira,* qu'il lit à ses habitués de Ferney, et que Mme de Constant porte aux nues. « Jamais Esdras n'a dicté si vite, mande-t-il à d'Argental... Lisez, jugez, mais planez. J'ai imaginé comme un éclair, j'ai écrit avec la rapidité de la foudre, je tomberai peut-être comme la grêle. » Il avait écrit à d'Alembert, en lui envoyant *Statira,* qu'il n'avait mis que six jours à la faire. La réponse fut très nette : « Il n'aurait pas dû se reposer le septième. — Aussi s'est-il repenti de son ouvrage, » repartit le poète, et il remit la pièce sur le chantier. — « Malheur à qui ne se corrige pas, soi et ses œuvres ! écrivait-il ; il faut se corriger, eût-on quatre-vingts ans. Je n'aime point les vieillards qui disent : « J'ai pris mon pli. — Eh ! vieux fou, prends-en un autre. Rabote tes vers, si tu en as fait, et ton humeur, si tu en as. »

Voltaire était en grande faveur auprès de la princesse *Salpetria*, il aurait remplacé dans ses bonnes grâces le *Berger* Malézieu lui-même, sans une grave imprudence qui l'obligea de partir brusquement. La duchesse du Maine, aimant qu'on lui offrît des fêtes chez elle, avait permis à la marquise de Malauze de faire les frais de l'opéra d'*Issé ;* mais, aux deux représentations qu'on en donna, il y eut une si extraordinaire affluence, qu'elle décida qu'on ne jouerait plus que des comédies. Même foule insupportable quand on donna *la Prude.* Elle résolut d'éclaircir le mystère, se fit montrer les billets d'invitation, et les trouva *indécents par rapport à elle.* Très indécents, en effet, car ils étaient ainsi conçus : « De nouveaux acteurs représenteront vendredi 15 décembre, sur le théâtre de Sceaux, une comédie nouvelle en vers et en cinq actes. Entre qui veut, sans aucune cérémonie. Il faut y être à six heures précises, et donner ordre que son carrosse soit dans la cour à sept heures et demie ou huit heures. Passé six heures, la porte ne s'ouvre à personne. » D'Argenson affirme, faussement, que Voltaire avait poussé le sans-gêne jusqu'à envoyer cinq cents billets d'invitation, où il promettait comme principal attrait de la fête qu'on ne verrait pas la châtelaine. Il n'est pas exact non plus qu'on le mit à la porte, on se contenta de le congédier poliment. Mais Voltaire était trop courtisan, l'Altesse trop avide de plaisirs et curieuse d'illustres divertissements, pour que la brouille fût éternelle ; il mit en œuvre son esprit, sa grâce complimenteuse, elle accepta le rôle d'Égérie littéraire, lui donna la première idée de *Catilina* ou *Rome sauvée*, et... *corrigea* cette tragédie : tant et si bien que, dans l'automne de 1749, il s'installait triomphalement à Sceaux, et, le 21 juin 1750, y faisait jouer sa pièce. Cette fois, la duchesse avait pris ses précautions, et l'auteur avait dû promettre qu'il n'y aurait pas cinquante personnes au-delà de ce qui venait journellement à Sceaux. Il remplit avec éclat le rôle de Cicéron, Lekain celui de Lentulus Sura. Une répétition générale ayant eu lieu le 8 juin, rue Traversière, devant un public composé surtout de gens de lettres et d'amis : « Vous ne sauriez croire quel succès *votre tragédie* a eu dans cette grave assemblée, écrit le poète... Ame de Cornélie, nous amènerons le Sénat romain aux pieds de Votre Altesse lundi. »

Heureuse femme qui trouvait à la fin un amuseur plus célèbre à lui seul que vingt autres ! Les autres ! Partis pour le grand voyage, oubliés prestement, peut-être même leur en avait-on voulu de leur indiscrétion ! Une mort inopportune ne trouble-t-elle pas une fête, n'interrompt-elle pas une répétition ? Qui ne sait que la dernière politesse envers ses amis consiste à se retirer à propos, sans fracas, dans la morte-saison des plaisirs ? Et puis un défunt qui se respecte doit, au bout de huit jours, se contenter des lamentations de son épitaphe. Il fallait cependant tirer le rideau : le 23 janvier 1753, après soixante-dix-sept ans de cohabitation, l'âme de la duchesse (*animula vagula, blandula*) se sépara de sa petite enveloppe, et elle alla voir là-haut si Descartes, son philosophe, avait eu raison.

A ce moment même, le théâtre de Mme de Pompadour, inauguré en 1747 avec tant d'éclat, touchait au terme de sa carrière.

La place de favorite une fois conquise, il fallait la garder, la défendre contre les entreprises de la jalousie, contre un ennemi plus dangereux que tous les autres : il fallait lutter contre l'inconstance de Louis XV, surtout contre l'ennui, le morne ennui qui le dévorait, recommencer en quelque sorte tous les jours sa conquête, amuser cet homme qui, selon l'abbé Galiani, faisait le plus vilain métier, celui de roi, le plus à contre-cœur possible. Elle songea à mettre en œuvre le talent qui lui avait valu de légitimes succès sur les théâtres d'Étiolles et de Chantemerle, afin d'offrir à son royal amant le ragoût de cette métamorphose continuelle qui la montrerait, elle, la meilleure comédienne de société de son temps, sous les aspects les plus variés. Réaliser l'idéal de l'unité dans la diversité, et, transposant le rêve de Néron, donner seule l'illusion de toutes les formes de la beauté, faire en sorte que celui qui vous aime croie aimer en vous toutes les femmes, n'est-ce pas le triomphe le plus rare, le secret des grandes dominatrices des cœurs ? Tour à tour paysanne, reine et déesse, elle prendrait tous les noms : Colette, Célimène, Pomone, Galatée, emprunterait à chaque héroïne de beauté ses vertus, créerait ainsi des modèles charmants qui la pareraient de leur prestige. Et, toutes ces réalités aimables, toutes ces fictions poétiques, groupées comme en un bouquet, feraient d'elle cette perfection que les hommes recherchent éperdument, presque toujours en vain : la femme complète, celle qu'on adore avec son âme, avec son corps, dans le passé, dans le présent, dans l'éternité, pour laquelle on soupire, au printemps, à l'été, à l'hiver de la vie, l'idole, aussi rare que le génie et le bonheur.

Aussitôt qu'elle eut obtenu le consentement du roi, Mme de Pompadour ne perdit pas un instant : elle organisa son théâtre d'une manière savante, supérieure à tout ce qu'on avait vu jusqu'alors, elle en fit une machine de gouvernement, mit en œuvre les innombrables ressorts de la vanité humaine. Troupe de comédie et troupe d'opéra, chefs d'emploi et doubles, débuts sévères, congés et rentrées, orchestre de premier ordre, habilleuses et tailleurs renommés, magasin de costumes, décors et accessoires, rien n'y manque ; le roi paie, et la dépense annuelle dépassera 230.000 livres. Louis XV s'est réservé le privilège de désigner les spectateurs, et il a bel et bien refusé au maréchal de Noailles, au duc de Gesvres et au prince de Conti des cartes pour la première représentation. En mettant à si haut prix cette faveur, il lui attribuait tout d'abord une valeur idéale, en faisait une force nouvelle au service de la favorite; aussi l'octroi d'un bout de rôle, d'un billet, devient-il une grosse affaire pour les courtisans, donne-t-il lieu à des marchés assez plaisants. Mme du Hausset avait pris le parti d'aller trouver le comte d'Argenson, ministre de la Guerre, pour lui recommander un de ses parents; elle se retirait, après une réception assez froide, lorsque le marquis de Voyer, fils du ministre, la suit dans l'antichambre, et lui tient ce discours: « Vous désirez un commandement? Il y en a un de vacant pour un de mes protégés, mais si vous voulez faire un échange de grâces, je vous le céderai. Je voudrais être *exempt de police*, et vous êtes à portée de me procurer cette place. » Mme du Hausset ayant demandé l'explication de la plaisanterie: « Voici ce que c'est, reprit-il: on va jouer *Tartuffe* dans les Cabinets, il y a un rôle d'exempt qui consiste en très peu de vers. Obtenez de Mme la Marquise de me faire donner ce rôle, et le commandement est à vous. » Mme du Hausset réussit, elle eut son commandement, et M. de Voyer remercia Mme de Pompadour comme si elle l'eût fait duc.

C'est avec Molière qu'on inaugura le théâtre des Petits-Cabinets. Le 17 janvier 1747, Mmes de Pompadour, de Sassenage, de Brancas et de Pons; MM. de Nivernois, d'Ayen, de la Vallière, de Croissy, jouent *Tartuffe* devant un public composé de quatorze personnes en tout: le roi, Mmes d'Estrades, de Roure, le maréchal de Saxe, MM. de Tournehem, de Vandières, de Champcenetz, et quelques autres. On donna ensuite *le Préjugé à la mode* de La Chaussée, *l'Esprit de contradiction* de Dufresny, *les Trois Cousines* de Dancourt ; cette première saison se termina par la reprise du *Préjugé à la mode* et l'*Erigone* de Mondonville. Mme de Pompadour, le duc de Nivernois, montrèrent un réel talent ; M. le duc de Courtenvaux était un excellent danseur, le roi subissait plus que jamais le charme, et disait à la favorite : « Vous êtes la plus charmante femme qu'il y ait en France (1). »

L'année suivante, après avoir débuté par une comédie de Dufresny, *le Mariage fait et rompu*, suivi d'une pastorale de Moncrif, Rebel et Francœur, la troupe joua *l'Enfant prodigue* de Voltaire, que Mme de Pompadour avait fait agréer, bien que l'auteur fût assez mal en cour. Celui-ci s'empressa de la remercier par des vers dont sa vanité ne lui permit point de garder le secret, et il s'ensuivit un ordre d'exil.

---

(1) Edmond et Jules de GONCOURT : *Madame de Pompadour.* — Adolphe JULLIEN : *Histoire du théâtre de Mme de Pompadour ; La Comédie à la Cour de Louis XVI.* — Émile CAMPARDON : *Mme de Pompadour et la cour de Louis XV.* — *Recueil des comédies et ballets des Petits Appartements.* — Lucien PEREY : *Le duc de Nivernois*, 2 vol. — *Mémoires de Mme du Hausset.* — Jules COUSIN : *Le Comte de Clermont, sa cour et ses amis.* — *Œuvres de Laujon*, 4 vol. — *Journal, Mémoires et Correspondance inédite de Collé*, 4 vol. *Parades inédites de Collé.* — *Théâtre des Boulevards.* — *Mémoires de Mme de Genlis, de Mme d'Oberkirch, de Mme Campan.* — *Correspondance de Grimm, de Mme du Deffand.* — DESJARDINS : *Le Petit Trianon*, Versailles, 1888. — Pierre de NOLHAC : *La Reine Marie-Antoinette.* — MÉTRA : *Correspondance secrète.* — De GONCOURT : *Histoire de Marie-Antoinette.* — *Lettres du chevalier de l'Isle au prince de Ligne.* — *Correspondance secrète de Mercy-Argenteau avec Marie-Thérèse*, 3 vol. Firmin-Didot. — Duc de LÉVIS : *Souvenirs et portraits.* —

Ainsi donc vous réunissez
Tous les arts, tous les dons de plaire ;
Pompadour, vous embellissez
La Cour, le Parnasse et Cythère.
Charme de tous les yeux, trésor d'un seul mortel,
Que votre amour soit éternel !
Que tous vos jours soient marqués par des fêtes !
Que de nouveaux succès marquent ceux de Louis !
Vivez tous deux sans ennemis,
Et gardez tous deux vos conquêtes !

En 1750, dans *Acis et Galatée* de Lulli, Pompadour-Galatée était ainsi costumée : grande jupe de taffetas blanc, peinte en roseau, coquillages et jets d'eau, avec broderie et frisé d'argent, bordée d'un réseau argent chenillé vert ; corset de taffetas rose tendre ; grande draperie, drapée de gaze d'eau, bracelets et ornements du corps de la même gaze d'eau garnis de roseau argent chenillé vert ; la mante de gaze vert et argent à

GEFFROY : *Gustave III et la Cour de France.* — MERCIER : *Tableau de Paris.* — G. CAPON et R. YVE-PLESSIS : *Paris galant au XVIIIe siècle, les théâtres clandestins,* 1905. — POIDEBARD : *Correspondance de MM. de Saint-Fonds et Dugas,* 2 vol., 1900. — *Histoire du Théâtre de l'Ermitage* (du duc de Croy) qu'il ne faut pas confondre avec celui de Catherine II, 3 vol. — WALISZEWSKI : *La dernière des Romanow ; Autour d'un trône ; Le roman d'une impératrice.* — Marquis de SÉGUR : *La dernière des Condé.* — *Mémoires du duc de Croy.* — Albert TERRADE : *Petit Trianon : Le Théâtre de la Reine.* — H. BONHOMME : *Le Duc de Penthièvre.* — *Esquisses dramatiques* (par le vicomte de BORDESOULLE), Paris, 1837. — *Théâtre de Coypel,* 3 vol. in-4° (bibliothèque de Valenciennes). — *Étrennes aux sociétés qui font leur amusement de jouer la comédie* (par Paulmy d'ARGENSON), 1782. — *Amusements lyriques, ballets représentés à Puteaux, en février 1850* (*Catalogue Soleinne*).

petites raies, bordée de bouffettes d'une autre gaze d'eau; la mante et la draperie doublées en plein de taffetas blanc, tout le vêtement orné de glands et de barrières de perles.

Le théâtre de la marquise dura six années consécutives : une tragédie, dix-huit comédies, trente et un opéras, dix ballets, soixante ouvrages, dont plusieurs furent joués cinq ou six fois, témoignaient de l'activité de la fondatrice. Après l'avoir créé de toutes pièces, elle l'avait soutenu de son ardente volonté, abordant tous les genres, interprétant les œuvres de Molière, Quinault, Destouches, Gresset, Voltaire, Saint-Foix, La Chaussée, Dancourt, Dufresny, Lulli, Campra, Mondonville, Rameau, etc... Elle avait étendu de tous côtés son influence, affermi sa conquête, et, devenue de fait premier ministre, elle jouait, contre l'honneur et la grandeur de la France, le rôle de maire du palais d'une monarchie tombée en quenouille. Mais, hélas ! qui donc, parmi les hommes politiques du dix-huitième siècle, a été le maître de l'heure, qui a commandé aux événements?

La comédie de société n'est, pour Marie-Antoinette, ni une passion véritable, ni un instrument de règne, mais une simple passionnette, celle qui, après la musique, persista le plus. Quant à son théâtre, il a en quelque sorte une double physionomie : bien avant qu'elle monte elle-même sur les planches (car je ne compte pas une tentative secrète, du vivant de Louis XV, de concert avec les belles-sœurs et beaux-frères de la Dauphine), la Comédie Française et la Comédie Italienne sont fréquemment appelées à la cour. En un seul trimestre, la seconde joue treize fois, la première vingt-cinq fois ; ce qui, à raison de 650 livres par séance, représente 24.050 livres. Tout d'abord, Louis XVI manifestait beaucoup de répugnance pour les spectacles ; mais, en flattant son faible pour les parades et les parodies, on parvint à l'amadouer. Marie-Antoinette, qui, depuis longtemps, caressait le rêve de devenir elle-même actrice, finit donc par arracher le consentement du roi. Marie-Thérèse dut alors se repentir d'avoir donné à sa fille deux comédiens comme maîtres de déclamation, surtout quand elle connut sa première tentative théâtrale ; « car, d'ordinaire, ces représentations se terminent par quelque intrigue d'amour ou quelque esclandre. » Sa mort, survenue quelque temps après (29 novembre 1780), émancipait Marie-Antoinette, en la débarrassant de la tutelle occulte de Mercy-Argenteau.

M. G. Capon fait remarquer que la reine eut toute une collection de théâtres portatifs, neuf scènes, dites ambulantes, avec leur matériel de décors, pour les appartements, à Marly, Choisy, la Muette, Versailles, Compiègne, Fontainebleau. On y jouait parfois des pièces plus ou moins indécentes, comme la parodie d'*Ernelinde*, la *Princesse A, E, I, O, U*, le *Benjamin d'la Daronne*. Quant au théâtre de Trianon, commencé en juin 1778, il fut achevé en juillet 1779, et, sans parler des meubles, tentures, frais de menuiserie, il coûtait la somme de 141.200 livres 4 sous 8 deniers. La troupe royale avait débuté par *la Gageure imprévue* de Sedaine, le *Roi et le fermier* de Sedaine et Monsigny; acteurs : la reine, Madame Élisabeth, la comtesse Diane de Polignac, le duc et la duchesse de Guiche, le comte d'Artois, le bailli de Crussol, M. d'Adhémar, dont la voix, assez belle jadis, devenue très chevrotante, excitait la gaieté ; Vaudreuil, Esterhazy, Dillon, Besenval. Les spectateurs devaient s'étonner un peu d'entendre la reine de France, travestie en soubrette, commencer par ces mots : « Nous nous plaignons, nous autres domestiques... » Il est vrai que les spectateurs n'étaient pas nombreux, surtout au début; on avait résolu de ne recevoir aucun jeune homme dans la troupe, de n'admettre comme spectateurs que le roi, Monsieur, les princesses royales ; et vainement, les dames du palais, les grandes charges elles-mêmes réclamèrent contre l'exclusion. Toutefois, pour animer un peu les acteurs, on fit occuper les premières loges par les lectrices, les femmes de la reine, leurs sœurs et leurs filles, des *espèces,* aux *airs de néant,* comme on disait alors, d'où partirent sans doute les commérages des gazetiers et des pamphlétaires ; en tout une quarantaine de personnes. Plus tard, la *Troupe des Seigneurs* se lassant de jouer devant des banquettes vides, on étendit les invitations : d'où nouvelles jalousies et récriminations. Les dénigrants comparaient la troupe de Marie-Antoinette à celles du duc d'Orléans, de la Guimard, et le parallèle n'avait rien de flatteur ; car, bien que Caillot, Dazincourt et Richer eussent contribué à la former, elle ne dépassa jamais, Vaudreuil excepté, le niveau d'une honnête médiocrité.

Six autres pièces : *On ne s'avise jamais de tout, les Fausses Infidélités, l'Anglais à Bordeaux, le Sorcier, Rose et Colas, le Devin de Village*, remplissent le reste de cette saison théâtrale. Le roi, tout à fait converti, s'occupait infiniment du jeu de la reine ; celle-ci croyait avoir une vocation décidée pour les emplois de bergère et de paysanne. Une grossesse, le temps des relevailles après la naissance du Dauphin, avaient interrompu les spectacles privés qui recommencèrent au printemps de 1782. *Le Sage Etourdi* de Boissy, la *Matinée et la Veillée villageoise* ou le *Sabot perdu*, de Piis et Barré, forment la représentation du 13 avril.

La dernière tentative dramatique de la reine eut lieu le 19 avril 1785 ; dans *le Barbier de Séville*, elle était Rosine ; le comte d'Artois, Figaro ; Vaudreuil, Almaviva ; le duc de Guiche, Bartholo ; M. de Crussol, Basile. Jouer une telle pièce un an après *le Mariage de Figaro*, quatre jours après l'arrestation du cardinal de Rohan, au milieu de l'émotion causée par l'affaire du Collier, admettre à cette fête Beaumarchais, emprisonné jadis par Marie-Thérèse comme auteur d'un libelle contre la reine de France, enfermé naguère encore à Saint-Lazare, lui accorder une telle marque de sympathie malgré les répugnances du roi, charger le comte d'Artois de lancer les répliques célèbres qui ont comme une odeur de révolution et traduisent avec humour l'immortelle colère des petits contre les grands, c'était paraître provoquer l'opinion publique, fournir des aliments à la calomnie. A propos de cette fâcheuse témérité, on a rapporté la réflexion de la Guimard assistant avec quelques-unes de ses pareilles à une représentation des

Courtisanes : « Je ne croyais pas qu'il fût si agréable de se voir pendre en effigie. » Mais combien rares ceux qui, utilement, reconnaissent leurs travers dans un traité de morale, une comédie, un sermon, œuvres abstraites où l'amour-propre réédite sans cesse la parabole de la paille et de la poutre !

Et toutefois, il fallait mentionner cette passionnette de Marie-Antoinette : tout d'elle, dans la grandeur tragique de la Révolution, et d'un martyre qui devient une apothéose aux yeux de l'historien, prend des proportions extraordinaires ; ses étourderies ont paru des crimes aux yeux des adversaires, tandis qu'elles s'estompent et s'effacent complètement dans l'âme des fidèles : pour ceux-ci elle est la reine, comme Louis XIV est le roi, comme Napoléon Ier est l'empereur.

IV

Dame Parade joue un rôle important dans les spectacles de société d'autrefois : c'est une manière de théâtre libre, de café-concert à domicile, ce sont les farces de la foire, de Tabarin et de Bruscambille, de l'ancien théâtre italien, transportées dans les salons, pour se reposer de la comédie sérieuse et du beau langage, pour donner pâture au Gaulois qui est en nous. Expressions grivoises et paysannes, parodies, allusions ridicules, style poissard, fausses liaisons, jeux de mots, calembours stercoraires, gaillardises truculentes, composent son domaine : égayer et faire rire, trouver des spectateurs assez peu rigoristes pour ne point raisonner leur plaisir, persuader à ceux-ci que la décence est presque toujours le masque du vice, et qu'il faut rendre hommage à la belle nature, voilà son programme. Parfois elle touche à la comédie, comme dans *Zigzag*, *la Fille capitaine*, *Dom Japhet d'Arménie*, *la Vérité dans le vin*, *la Tête à perruque ;* et l'on ne saurait nier que la plupart des grands comiques, Aristophane, Plaute, Molière, Shakespeare lui-même, aient écrit des scènes de pure parade. On peut donc lui assigner de nobles origines, peut-être même plaider son innocuité relative, *pour ce que rire est le propre de l'homme*, et que ses effets n'offrent pas les dangers de ces genres raffinés dont la délicatesse énerve l'âme, en la rendant plus prompte à la tentation. Le rire ne va qu'à l'oreille, tandis que le sentiment va droit au cœur.

L'Encyclopédie donne cette définition de la Parade : « Espèce de farce, originairement préparée pour amuser le peuple, et qui souvent fait rire un moment la meilleure compagnie. Ce spectacle tient également des anciennes comédies nommées *Platariæ*, composées de simples dialogues presque sans action, et de celles dont les personnages étaient pris dans le bas peuple, dont les scènes se passaient dans les cabarets, et qui, pour cette raison, furent nommées *Tabernariæ*. »

« Les romans de Crébillon fils, dira plus tard Mercier (tome VI du *Tableau de Paris*), sont chastes en comparaison de ces petites pièces où la dérision de la vertu et l'oubli des principes sont affichés au point que l'auteur, quoi qu'il imagine, ne scandalise jamais l'auditoire. Il est toujours plus dépravé que le poète.

« Voilà donc les Atellanes naturalisées parmi nous ; elles ne se présentent point sur les théâtres publics. Tout à la fois licencieuses et impudentes, elles ne sont dans l'ombre que pour exciter plus vivement la curiosité. Les lois ne peuvent les interdire ; c'est une jouissance pour ces êtres blasés qui croient aviver ainsi leur âme abâtardie... Mais, malgré tant d'efforts, le rire du libertinage ou celui de la méchanceté ne sera jamais le bon rire. J'en préviens les auteurs et les auditeurs. » Mercier fait évidemment allusion à des œuvres telles que la *Comtesse d'Olonne, la Chauve-Souris du Sentiment, le Luxurieux, les Plaisirs du Cloître, le Théâtre d'Amour* de Robineau de Beauvoir, les *Après-Soupers de Société* de Billardon de Sauvigny, *le Théâtre d'Amour* de Delisle de Sales joué chez le prince d'Hénin, les parades de Grandval et de T. S. Gueullette. La plupart de ces pièces ont été analysées, quelques-unes reproduites par M. G. Capon dans ses *Théâtres Clandestins*. MM. Henri d'Alméras et Paul d'Estrée ont aussi publié un piquant volume sur les théâtres libertins au XVIIIe siècle, et les spécialistes des pièces grivoises.

La parade se glissait déjà sur le théâtre de la duchesse du Maine ; mais, c'est en 1730 qu'elle prend ses ébats et commence à envahir les spectacles particuliers. A cette époque, MM. de Maurepas, de Caylus, d'Argenson, le chevalier d'Orléans, Grand Prieur de France, allaient souvent, sous la conduite de Sallé, aux préaux des foires Saint-Germain et Saint-Laurent. Vêtus de simples redingotes, la figure cachée par de larges chapeaux, ils s'amusaient fort aux facéties gratuites des danseurs de corde ; les scènes croustilleuses, la gaieté de ces baladins, les cuirs (1) dont ils émaillaient leurs dialogues, faisaient rire « à gueule ouverte et à ventre déboutonné » ces beaux seigneurs ; tant et si bien que Sallé eut l'idée d'imiter ces bouffonneries, pour servir de divertissement après « *des soupers d'honnêtes femmes qui aimaient ça* ». Il composa *le Père respecté*, *Cassandre aux Indes*, *Blanc et Noir*, et bien d'autres farces qui, presque toutes, coururent le monde sous le pavillon de ses nobles amis. Car, si l'on en croit cette mauvaise langue de Collé, ces messieurs inventaient leurs parades sous *la dictée* de Sallé ; mais, comme il ne reprenait jamais son esprit quand il l'avait donné, tout allait au mieux : ainsi pour *le Remède à la mode,* dont il avait fait présent au duc de la Vallière, qui finit par se persuader très sincèrement qu'il en était l'auteur. De même, *le Complaisant*, *le Fat puni*, *le Somnambule*, ces jolies comédies, n'auraient pas d'autre source : Pont de Veyle et sa tante, Mme de Tencin, fournirent tout au plus le style qui, dans le dramatique, est l'habillement et non la création, non l'ordonnance du tableau; mais le plan, la combinaison des scènes, l'invention des sujets et des caractères, appartiendraient encore à Sallé. Pareil trait

(1) Voici un exemple de cuirs, tiré du prologue de la tragédie de *Didon :*

> Za qui de commencer ? Ce n'est point za Didon :
> Pas t'a vous, pas t'a moi, pas t'a lui ; za qui donc ?

de mœurs littéraires n'a rien de surprenant dans un temps où tel philosophe fabrique des sermons pour certains abbés, au prix de cinquante écus, où Piron ose répondre à cet évêque qui demande s'il a lu son dernier mandement : « Et vous, Monseigneur ? » Plus tard, sous les assemblées révolutionnaires, combien de discours manufacturés par celui-ci, prononcés par celui-là ! Et, même de nos jours, si chacun voulait reprendre son bien, que de revendications de paternité ne verrait-on pas se produire? Lorsque Mme Caro eut publié, sans le signer, *le Péché de Madeleine*, un chef-d'œuvre, plusieurs femmes du monde se l'attribuèrent ; l'une d'elles, afin d'en imposer à son entourage, se donna la peine de copier le roman en l'émaillant de force ratures. Et pendant sept ans, M. Caro se donna le malin plaisir d'encourager dans les salons ces vanités de contrebande, ces compliments sollicités par d'autres pour l'œuvre de sa femme. Ce serait aussi une curieuse histoire à raconter, celle des véritables héros, des inspirateurs réels de mille écrits, de mots célèbres : si l'on savait le fond des choses, combien de geais, réputés paons, perdraient aussitôt leur plumage ! Que de généraux, foudres de guerre aux yeux de la foule, incapables d'initiative sans leur chef d'état-major ! Que de ministres doivent un renom d'habileté à leur femme, le succès d'une négociation difficile à un premier commis (1) !

Le secrétaire de Maurepas trouva des imitateurs,

---

(1) Voir la nouvelle de Balzac : *Z. Marcas.*

des émules, Moncrif, Collé, Favart, Laujon ; par eux, la parade a son art, ses règles, ses grâces : une gaieté inépuisable, un fond agréablement ordurier, mais les ordures ne doivent jamais paraître plaquées ou rapportées. Le monde réclame ces farces, ils les écrivent, et l'offre ne dépassera jamais la demande : tantôt on alterne comédie et parade, tantôt on commence ou l'on termine un spectacle de comédie par quelque parade. A celle-ci, demoiselles de l'Opéra, grands seigneurs, princes du sang, ouvrent la porte à deux battants. Gaussin, princesse tragique à la Comédie Française, vient *s'encanailler* chez le comte de Clermont, où elle joue les rôles de *Cassandre* et de *Gilles niais* dans les parades ; le duc de Chartres, autre prince du sang, les adore, est lui-même un excellent Gille, et, dans la *Mère rivale*, dans *Isabelle précepteur*, il rend admirablement le personnage de Mme Cassandre. Louis XVI prend un tel plaisir aux parades de Collé, représentées chez son frère, au château de Brunoy, qu'ayant appris que l'auteur avait encore en portefeuille un volume entier de ces folies non imprimées, il dit devant M. Désentelles, intendant des Menus, qu'il désirait absolument le voir. Emporté par son zèle, ce trop parfait courtisan va le lendemain chez Collé, et, en son absence, se croit autorisé à forcer les serrures de l'appartement et du secrétaire ; mais l'auteur a emporté son manuscrit à la campagne, il faut donc lui écrire, confesser l'indiscrétion, et Collé de se venger doucement par cette réponse : « Monsieur, je suis bien vieux pour croire que vous avez reçu de Sa Majesté l'ordre de forcer toutes mes s errures pour trouver un recueil de vieilles parades : je n'en obéis pas avec moins de soumission. Il y a bien, dans la préface d'une de ces pièces, quelques mauvaises plaisanteries sur MM. les Gentilshommes de la Chambre; comme je suis persuadé que ces messieurs ne prendront pas la peine de les lire, je n'hésite pas à vous envoyer l'ouvrage tel qu'il est. »

Que ces farces se présentent sous l'aspect le plus rabelaisien, on ne s'en étonne guère; ainsi le veut le genre : dans l'une d'elles on voyait trois lits sur la scène pour six personnes, et, comme cette ordure échouait misérablement, quelqu'un opina : « Il faudrait bassiner tous ces lits-là (1). » Lekain, dans une fête donnée en l'honneur de Mmes Adélaïde et Victoire, jouait le rôle de Zirzabelle, femme grosse, travaillée des douleurs de l'accouchement : dès qu'il parut, un rire homérique souleva la salle, gagnant les acteurs et lui-même, au point qu'il ne put prononcer deux mots et qu'il fallut, séance tenante, remplacer la parade par un proverbe (2). Le dialogue est à l'unisson des situations, et, à défaut d'une analyse de ces gravelures, voici quelques titres significatifs, et qui promettent tout ce que tiennent les pièces elles-mêmes : *la Confiance des c...; Léandre hongre; le*

(1) Le duc de Gramont fit monter, dans ses *petites maisons* de Clichy et Puteaux, des théâtres où l'on jouait le répertoire grivois : sa maîtresse et lui tenaient les principaux rôles.

(2) Grandval et Dumesnil, anciens acteurs de la Comédie, ont, dans leur maison de la rue Blanche, un petit théâtre où se jouent, devant un public d'amateurs amis, des pièces du maître de céans : *l'Eunuque ou la fidèle infidélité, la Nouvelle Messaline, les Deux biscuits,* etc...

Marchand de m...; l'Amant poussif; Isabelle grosse par vertu; Léandre étalon. Point d'euphémismes, point de ces tournures délicates qui, pour la nudité des choses, sont comme les feuilles de vigne devant certaines statues, et tendent en quelque sorte un rideau entre la décence et la réalité : on va droit au fait, les mots les plus gras circulent dans cette orgie scénique, et, remontant vers l'antique brutalité, évadée de la prison où règnent les conventions théâtrales et les convenances, grossière et lascive, semblable à ces dieux mythologiques qui bannissaient de leur culte toute pudeur, la farce se rue, victorieuse, dans la société la plus policée qui fut jamais, et, avec son cortège de trivialités, s'impose par la loi des contrastes et des appétits blasés.

Parmi les théâtres princiers où la parade eut ses coudées franches, et marcha de pair avec les autres spectacles, figurent ceux du duc d'Orléans et du comte de Clermont, arrière-petit-fils du grand Condé.

Abbé de Saint-Germain (moitié plume et moitié rabat), soldat par la grâce d'un pape et la volonté du roi, académicien, grand maître de la Franc-Maçonnerie, se laissant dominer, ruiner par des filles d'Opéra, gaspillant ainsi trois cent mille livres de bénéfices ecclésiastiques, et finissant dans la dévotion après un mariage secret, Clermont réunit en sa personne une quintessence d'abus et une synthèse de vices sociaux. Battu à Crefeld, boudant l'ombre de la gloire, il se retire sous sa tente en 1747, s'enterre à Berny, où, narguant la règle de Saint-Benoît, il va, pendant dix ans, mener la vie la plus joyeuse et la moins édifiante. Musique, comédie figurent au premier rang des plaisirs de Berny : un orchestre organisé de la même façon que celui de la chambre du roi; des artistes attitrés, sous la direction de Michel Blavet, flûtiste célèbre et compositeur ; une troupe, formée par Duchemin, Rosely et Gaussin, que Collé, dans une note écrite pour lui seul, déclare supérieure à celle de la Comédie Italienne. Les auteurs étaient plus empressés d'y faire jouer leurs pièces, que sur les théâtres de la capitale, parce qu'ils savaient qu'ils n'auraient besoin, pour les faire recevoir, d'autre protection que leur seul mérite, et qu'ils y trouveraient des spectateurs sans partialité, des juges sans prévention.

Quant aux bouffonneries, une lettre de Collé, le Corneille de la parade, à Mlle Leduc, la quasi-altesse de Berny, donne une idée très claire du jargon qu'on y employait souvent : « ... Quoique j'sois philosophe comme z'un chien, ça n'ma pas empêché d'avoir des attaques d'amour-propre sur ma pièce ; mais si zelle a évu du succès, je l'dois t'encore plus t'aux acteurs que za la pièce, rapport za ce qu'ceux qui l'ont jouée sont des comédiens pareils aux Roscius des Grecs ; et zils sont bien différents des comédiens français d'astheure, qui sont tous des Rosces modernes. Je n'parle point là des comédiennes qui, zau contraire, sont succulentes au Théâtre-Français, puisque les anciens n'se sont jamais servis d'femmes en plein théâtre, mais tant seulement d'hommes ; c'qu'est cause, zà mon avis, q'saint Augustin a condamné les espectaques rapport za c't'infamie. »

Pour faire face à la fureur d'amusement qui enivre le beau monde, la verve des inventeurs se distingue de mille manières : on imagine des *parties de campagne* où les femmes s'amusent à prendre l'habit et à jouer le rôle de maîtresses de café, avec des domestiques vêtus de vestes et bonnets blancs qu'on appelle garçons ; le tout émaillé de musique, pantomimes et proverbes. En 1754, Collé donne à Berny *la Foire du Parnasse* : il a, dans le jardin, établi une véritable foire ; au fond, en face de la grande rue, un mont Parnasse, au sommet un Pégase, au bas une boutique avec un transparent sur lequel on lisait : « Magasin de chansons. Le sieur Lejoyeux tient la manufacture des mirlitons, des flonflons, des lanturelus et de tous les vaudevilles anciens et nouveaux, faits et à faire. » Plus bas, à l'entrée d'un des préaux, un opérateur distribue ses drogues sous forme de paquets contenant des plaisanteries innocentes ; vis-à-vis de l'opérateur, un docteur dans une chaire sur laquelle étaient posées les *balances merveilleuses du mérite*. On y pesait les ouvrages des auteurs anciens ou modernes, et le poids servait à déterminer leur mérite. Collé avait glissé du plomb dans la couverture d'un petit Virgile qui, de la sorte, valait plus à lui seul que *le Tasse, Télémaque, la Henriade* et *le Paradis perdu*.

On trouvait ensuite huit boutiques pareilles à celles des petites foires parisiennes, où les plus jolies femmes de chambre et des laquais appelaient le client en imitant les boniments des marchands ; chacun portait un écriteau déterminé, décoré d'attributs et d'inscriptions.

Ainsi, le café du Parnasse, eau glacée du Sacré Vallon, comédies à la glace, tragédies froides, et toutes sortes d'autres rafraîchissements ; — plus loin, le magasin d'hyperboles et de mensonges, — le magasin de fadeurs, — le magasin d'ordures, etc. Collé avait composé force chansons, vaudevilles plus ou moins grivois, bouquets, contes, stances, que les initiés de la compagnie débitaient alternativement devant chaque boutique. La fête se termina par une parade affichée en ces termes au bas de la loge des danseurs de corde : « La grande troupe des danseurs, sauteurs et voltigeurs du Bas-Parnasse, qui a ennuyé les Neuf Sœurs et fait bâiller Apollon lui-même avec un succès si prodigieux, ouvrira son théâtre par la première représentation d'*Isabelle précepteur.* » Inutile d'ajouter que les préceptes d'Isabelle n'avaient pas grands rapports avec la morale.

Le duc d'Orléans, après avoir eu pendant neuf ans pour favorite déclarée Mlle Marquise, ci-devant danseuse à l'Opéra, était tombé sous le charme de la marquise de Montesson. Mais cette émule de Mme de Maintenon visait plus haut qu'un titre de maîtresse. Femme de gouvernement, plus intelligente que spirituelle, plus intéressante que sympathique, sa vie entière peut passer pour un chef-d'œuvre de raison calculée et de prudence. On ne lui connaît pas d'*amant couchant*, observe crûment Collé, qui ne l'aimait guère. Ayant donc inspiré un *amour effréné* au duc d'Orléans, elle sut, par un mélange habile de coquetterie et de dignité, le renvoyant toujours mécontent, jamais désespéré, l'amener insensiblement à lui offrir sa main. Après bien des démarches, Louis XV donna un demi-consentement, exigeant que le mariage « restât secret autant que faire se pourrait ». Ainsi tout le monde le connaissait en fait, personne n'avait le droit de le connaître, et le marquis Caraccioli résuma l'opinion des gens du monde en disant que le duc d'Orléans, ne pouvant faire Mme de Montesson duchesse d'Orléans, s'était fait M. de Montesson.

Mme de Genlis, qui appuyait et détestait en même temps sa *tantâtre*, raconte agréablement les préliminaires du mariage : « ... Ma tante voyait que M. le duc d'Orléans était dans l'admiration de ses talents de comédienne, mais il ne pouvait avoir la même opinion de son esprit ; il s'agissait d'en inspirer une tout à coup qui effaçât celle de Mme de Boufflers, de Beauvau et de Gramont. Mais comment faire ? Ma tante était d'une ignorance extrême..., elle savait fort mal l'orthographe, et elle écrivait très mal une lettre. Cependant elle eut la pensée de devenir auteur : ne pouvant rien inventer, elle imagina de faire une comédie du roman de *Marianne* de Marivaux ; les conversations si multipliées de cet ouvrage lui donnaient une quantité de scènes toutes faites ; d'ailleurs, le sujet lui plaisait : c'était *l'amour triomphant des préjugés de la naissance, et rapprochant toutes les distances*. Mais ma tante ne se dissimula pas, qu'en donnant cet ouvrage sous son nom, elle aurait à combattre des préventions que nul intérêt ne fait abandonner... elle se tira de cette difficulté avec l'adresse la plus spirituelle qu'elle ait eue de sa vie. Elle fit la pièce en prose et en cinq actes ; c'était un ouvrage au-dessous du médiocre, mais un drame qui n'avait rien de ridicule, et dans lequel se trouvaient quelques jolies phrases, et quelques entretiens agréables, littéralement copiés du roman de Marivaux. Elle ne fit part de cette entreprise qu'à M. le duc d'Orléans, elle me le cacha, ainsi qu'à tout le monde. Quand la pièce fut achevée, elle la lut tête à tête au prince, qui, quoiqu'il n'en fût pas bien sûr, dit qu'il la trouvait charmante. « Eh bien, reprit ma tante, je vous la donne, je jouirai mieux de votre succès que du mien ; d'ailleurs, je ne veux point qu'on sache que je suis auteur. Lisez cette pièce comme si elle était de vous, et, si on est content, gardez-vous de me trahir ; que l'on croie à jamais que vous en êtes l'auteur, et nous la jouerons pour dernier spectacle... » M. le duc d'Orléans fut touché jusqu'aux larmes de cette *générosité*, il ne voulait pas en profiter, elle insista fortement, il y consentit... Il déclara donc qu'il avait fait une comédie, ce qui ne causa pas un médiocre étonnement, que Mme de Montesson eut l'air de partager... On se demandait en secret comment M. le duc d'Orléans avait pu faire une comédie, et l'on pensa généralement que Collé en avait fait le plan et corrigé le langage... Le grand jour de la lecture arriva ; je fus admise, non sans quelque peine : ma tante ne se souciait pas que j'y fusse... Le succès fut complet ; jamais lecture de Molière n'en eut un pareil ; on était en extase, on prodiguait à chaque scène les éloges les plus outrés, on n'entendait que des exclamations. M. le duc d'Orléans en était si ému, qu'il eut continuellement les larmes aux yeux... Quand la lecture fut finie, tout le monde se leva pour l'entourer, plusieurs femmes, hors d'elles-mêmes, lui demandèrent la permission de l'embrasser, toutes parlaient à la fois, on ne s'entendait plus ; on ne distinguait que ces mots répétés mille fois en refrain : *ravissant, sublime, parfait.* Ma tante, pâlissant, rougissant, pleurant, ne s'exprimait que par son trouble et ses larmes. Tout à coup, M. le duc d'Orléans demande un moment de silence ; on se tait ; alors, d'une voix émue, mais très forte, il dit ces paroles : « Malgré ma promesse, je ne puis usurper une telle gloire. Ce bel ouvrage n'est point de moi ; l'auteur est Mme de Montesson. » — A ces mots, ma tante s'écria d'une voix languissante : « Ah ! Monseigneur ! » Elle n'en put dire davantage, la *modestie* la suffoquait, elle tomba presque évanouie dans un fauteuil. Toute la compagnie resta pétrifiée ; il est impossible de donner une idée de l'effet de ce coup de théâtre, et du changement subit de presque toutes les physionomies ; le dépit de plusieurs femmes fut très visible, mais le mal était sans remède ; on ne pouvait rétracter toutes ces louanges données avec tant d'exagération, et, pour ne pas avouer la flatterie la plus outrée, il fallait soutenir que la comédie de *Marianne* était un chef-d'œuvre. Ce triomphe acheva d'enthousiasmer M. le duc d'Orléans pour ma tante, à laquelle il crut de ce moment un esprit prodigieux. J'étais loin de penser que ma tante, qui avait trente ans, ferait, sept ou huit ans après, des tragédies ; il est vrai qu'elle ne les aurait pas faites, toutes mauvaises qu'elles fussent, sans le secours de M. Lefèvre. »

C'est par son talent scénique qu'elle commença d'enguirlander le prince, et ce même talent contribua peut-être à assurer la durée de son règne. Ses contemporains vantent la grâce et la finesse de son jeu, Collé le trouve plein d'art et la compare à Clairon ; peut-être n'a-t-elle pas le sentiment, mais elle le joue à miracle. Et puis ses prôneurs, Monsigny et Sedaine, ont pour consigne de ne lui donner que des louanges aux répétitions où se trouve le prince, et de ne formuler les critiques qu'en particulier. Seule, Mme de Genlis apporte une note discordante : à l'entendre, dans la comédie comme en tout le reste, elle manquait de naturel, mais elle montrait beaucoup d'habitude, et l'espèce de talent routinier d'une comédienne de province parvenue par son âge aux premiers emplois. A l'Isle-Adam, chez le prince de Conti, elle tenait le rôle de Baucis dans *Philémon et Baucis :* après les deux premiers actes, elle passa dans sa chambre pour se costumer en jeune bergère. Elle avait, paraît-il, une épaule plus grosse que l'autre, et son corset de bergère accusait pleinement l'imperfection. Mme de Genlis risqua une observation, et la femme de chambre ayant soutenu que l'habit allait à merveille, elle prit un miroir et le plaça derrière sa tante de façon qu'elle pût se rendre compte. A sa grande surprise, Mme de Montesson adopta l'avis de la *caméristc* et *joua ainsi, ce qui fut trouvé fort étrange.* Après la représentation, Mme de Boufflers gronda la nièce de n'avoir point averti Baucis, et celle-ci de se justifier en rapportant la scène du miroir qu'elle raconte tout au long dans ses *Mémoires.* Aux femmes seules et à certains diplomates, il appartient de donner à leurs perfidies le ragoût de la vraisemblance, et, en tirant parti de tout, même de la vérité, de forger avec celle-ci un stylet empoisonné contre l'objet de leurs rancunes ou de leur jalousie.

Tant que Mme de Montesson se bornait à expulser du théâtre d'Orléans la parade et la comédie grivoise, à jouer avec des amis ou à faire jouer par les comédiens de profession *le Barbier de Séville, Aline reine de Golconde, la Servante maîtresse*, les opéras de Grétry, etc., on ne pouvait qu'applaudir. Elle ne s'en tint pas là, et, piquée à son tour de la tarentule littéraire, elle composa successivement seize pièces, vers et prose, tragédies et comédies, que le néant de l'intrigue, la platitude du style et du dialogue, n'empêchaient pas d'obtenir le succès le plus vif. « Le dénouement, dit un panégyriste, arrivait au bout des cinq actes, comme les morts de vieillesse, parce qu'il faut bien que tout finisse ; alors on éprouvait pour la première fois un mouvement de joie, en songeant au bon souper qui suivait cette représentation. » C'est du théâtre larmoyant et sentimental ; beaucoup de berquinades, un cours de morale en action, jamais rien de choquant, rarement un trait heureux, pas un mot piquant : on serait tenté de croire que l'auteur n'a point de beaux esprits à ses gages, point de rebouteurs littéraires : elle en a (1), mais elle les choisit bien mal. Elle prend ses sujets un peu partout ; *l'Heureux Échange*, par exemple, est tiré

(1) Ainsi elle assura une pension de six mille livres à son collaborateur Lefèvre.

du *Spectateur ; la Comtesse de Bar*, des *Anecdotes secrètes de la cour de Bourgogne ; Robert Sciats* vise à consacrer une belle action de Montesquieu.

Il fallut donc que la vanité littéraire infligeât un ridicule à cette femme si bien défendue contre la moquerie ; elle osa même risquer au Théâtre-Français *la Comtesse de Chazelles*, comédie en cinq actes et en vers, inspirée des *Liaisons dangereuses* et de *Clarisse Harlowe*. Elle voulait garder l'anonyme ; mais, plusieurs jours avant la représentation, le public la désignait en même temps que d'autres personnes, Montesquiou, Ségur, la comtesse de Balbi, Monsieur, frère du roi. *La Comtesse de Chazelles* tomba à plat, malgré les promesses de Molé qui avait conseillé cette équipée, et Mme de Montesson n'hésita plus à se déclarer ; même elle publia ses œuvres en huit volumes, à un petit nombre d'exemplaires. Elle ne prétendait pas défendre son esprit, elle demandait seulement qu'on rendît justice au but moral qu'elle poursuivait, et bravement, en appelait du parterre au lecteur. Ce dernier, hélas ! ratifia la sentence, et, à l'exception d'une petite pièce en un acte, *l'Aventurier comme il n'y en a pas*, son théâtre parut aussi ennuyeux que décent.

V

Le théâtre du duc de Penthièvre a pour auteur principal, impresario, acteur, metteur en scène, le chevalier de Florian, Florianet, Pulcinella, comme on l'appelle, qui aurait mis volontiers dans sa conversation ce petit loup qui manquait dans ses livres, si son excellent protecteur et amphitryon n'eût imposé une sourdine à son esprit railleur. Le succès de ses premiers essais ne fit pas illusion à tout le monde. « Quand je lis *Numa*, disait Marie-Antoinette, il me semble que je mange de la soupe au lait. » Rivarol, de son côté, avait déjà pénétré le factice des romans de Florian, la monotonie de sa manière. Rencontrant le chevalier avec un manuscrit qui sortait à demi de sa poche : « Ah ! Monsieur, sourit-il, si l'on ne vous connaissait pas, comme on vous volerait ! » C'est Florian lui-même qui, dans la préface de son charmant *Théâtre*, prend soin de définir son Arlequin, tel qu'il l'a compris, avec les différences qui le séparent de ceux de Delisle et Marivaux, un Arlequin toujours ingénu et tendre, simple sans être bête, croyant ce qu'on lui dit, faisant ce qu'on veut, se mettant de moitié dans les pièges qu'on lui tend. Cet Arlequin n'a point de raison, il n'a que la sensibilité, il se fâche, s'apaise, s'afflige, se console dans le même instant. Lisez *les Deux Billets*, *le Bon Ménage*, *le Bon Père*, *les Jumeaux*, *la Bonne Mère*, *le Bon Fils ;* vous y rencontrerez maint trait de vraie comédie, comme ce cri d'Arlequin : « Et pourquoi me le dire ? *Je n'en étais pas sûr !* » lorsque sa femme lui avoue qu'elle a vu Lélio, contre lequel il a conçu de la jalousie ; — comme ce mot du même Arlequin à sa fille : « Je te donne tout ce que je possède ; la plus sûre manière pour que je ne manque de rien, c'est que tu aies tout. » Il avait composé *le Bon Père* pour la fête du duc de Penthièvre, mais, le secret ayant été découvert, le prince, par scrupule de dévotion, s'opposait à la représentation. Florian s'avança sous le masque d'Arlequin, et, parodiant le mot de Molière : « Nous espérions, dit-il, vous donner aujourd'hui la comédie du *Bon Père*, mais M. le duc de Penthièvre ne veut pas qu'on le joue. » Le prince sourit et céda. Les Arlequins de Florian sont d'excellent théâtre de société.

Au château de Brienne, la salle peut contenir deux à trois cents spectateurs ; forme, jeu des décorations à l'instar de ceux de Paris, parterre mis à volonté au niveau de la scène, fêtes théâtrales précédées de chasses merveilleuses, parc et jardins transformés en un grand Tivoli, avec les représentations gratuites du fameux Ralph, le Franconi de l'époque, joueurs de parade, saltimbanques, chanteurs, opérateurs, danseurs de corde pour la foule. Un feu d'artifice annonce l'ouverture de la fête nocturne, et le spectacle commence. Le parterre est abandonné aux premiers occupants, les loges sont pour les invités, celle du clergé toujours pleine; après la comédie, la scène se métamorphose en salle de bal, puis vient le souper. M. de Brienne et sa troupe jouent du Molière ou quelque pièce moderne, telle que *le Barbier de Séville*. Et, tandis que les maîtres dansent au rez-de-chaussée, les femmes de chambre ont leur bal en dessous, dans la grande salle de l'office; maître d'hôtel, chefs de cuisine, officiers, sommeliers, valets de chambre, fournisseurs du château, petits bourgeois, fermiers des environs y sont conviés, à l'exclusion des gens de livrée, d'écuries et des veneurs ; seul le grade général, en sa qualité de chef de service, est, avec sa famille, excepté de cet ostracisme d'antichambre. Ainsi, chez certains grands seigneurs anglais, les premiers *employés* donnent des fêtes d'où l'on élimine soigneusement les marmitons et autres manants de la domesticité : ou bien ceux-ci font le service des grands dignitaires. Brienne a son poète, son Carmontelle et son Florian, le jeune Norvins, investi du département de tous les plaisirs : comédies, concerts, mise en scène. « Je bâtissais, dit-il, mes proverbes à ma fantaisie, et parfois, quand la veine était bonne, j'y faisais entrer comme acteurs les spectateurs, sans qu'ils s'en doutassent. Je m'étais assuré de deux excellents compères, MM. de Brienne et de Vandeuvre, à qui je ne faisais que communiquer le canevas, et nous brodions à volonté sur ce métier, en présence de trois autres métiers plus mécaniques, sur lesquels les trois Parques du château, Mmes de Brienne, Cuningham et de Dampierre, et souvent l'évêque de Comminges, ou le vieux chevalier de Coucy, descendant d'Enguerrand, brodaient des habits de velours, des fauteuils, et aussi des chasubles. »

A Chantilly, Louise-Adélaïde de Condé, pour complaire à son père, rame sur les galères de la comédie de société, comme les habitués de la duchesse du Maine ramaient sur les galères du bel esprit. « C'est une des institutions de Chantilly, remarque l'excellent historiographe de la princesse, Pierre de Ségur ; le prince en raffole, mais, pour plus d'un motif, dont le meilleur est la jalousie de sa maîtresse, Mme de Monaco, il ne veut pas avouer hautement ce goût, et le met sur le dos de sa fille : « Il a toujours dit que c'était pour moi qu'il jouait ; si j'avais dit *non,* je l'aurais mis au désespoir... » Et ce sont des répétitions interminables dont chacun, sauf le prince, sort brisé de lassitude : « Du 12 novembre à la fin de décembre (1785), nous jouons tous les huit ours une comédie en trois ou cinq actes, et un opéra-comique ! » Il faut apprendre paroles et musique, répéter quotidiennement de 10 heures du matin à 2 heures après-midi, et de 5 heures et demie à 10 heures du soir. « Quand je me couche, dit-elle, je n'en puis plus de atigue. » Et il lui arrive une fois de s'évanouir en scène, épuisée par l'effort qu'elle a dû s'imposer. A Bourbon-l'Archambault, le prince de Condé ne manque pas non plus d'installer un théâtre d'amateurs. Si j'en crois Mme de Bombelles, le prince chante... comme un prince, mais joue avec finesse, grâce et verve. Et voilà que, certain soir, sa belle-fille, la duchesse de Bourbon, s'avise de faire représenter à Chantilly un proverbe de sa façon, qui met en scène un homme léger, faible, dominé par une femme artificieuse et jalouse ; les acteurs principaux, prince de Condé, duc de Bourbon, Mme de Monaco, n'y ont vu que du feu. Mais il y a un abîme entre les répétitions et la première ; les spectateurs découvrent partout des allusions, des railleries, les interprètes comprennent, trop tard, qu'ils se sont joués eux-mêmes, ils éclatent en plaintes, en récriminations, et peu s'en faut qu'on ne se brouille pour de bon. »

Le général baron Thiébault note, à plusieurs reprises, ses succès de comédien dans les années qui précèdent la Révolution :

« Les pièces de théâtre, dit-il, étaient des affaires plus sérieuses (que les jeux de société). Nous ne fîmes pourtant des frais de décoration que chez Mme Lemaistre, où nous jouâmes, entre autres choses, *Zaïre* et la tragédie burlesque de Gassicourt. Chez Mme Desrosiers, nous nous en tînmes à des proverbes improvisés, genre charmant qui exerce l'esprit plus que la mémoire, et qui remplace par beaucoup de gaieté ce qu'il y a de prétentieux et de ridicule à estropier des pièces, qui sont les chefs-d'œuvre de notre littérature, et le triomphe de nos plus grands acteurs. »

Elzéar de Sabran, qui avait appris dès le berceau à réciter des vers, joue de bonne heure la comédie : il figure, en 1782, dans une représentation du *Barbier de Séville*, à Belœil, avec la jeune princesse Massalska ; elle est Rosine, il est Figaro. Sa réputation d'enfant prodige vient aux oreilles de Marie-Antoinette, qui monte chez la duchesse de Polignac une tragédie, une comédie, où Elzéar tient les premiers emplois, ayant pour partenaires sa sœur, Armand de Polignac, le jeune comte Strogonoff, Mlle d'Andlau et Mlle de Montault-Navailles, la future duchesse de Gontaut. La reine pleura pendant *Iphigénie en Aulide*, le roi voulut servir lui-même les jeunes acteurs au souper qui suivit. Comme il demandait à Elzéar-Oreste s'il n'avait pas eu bien peur en entrant en scène : « Et pourquoi peur ? sire, répondit-il fièrement. — Je donnerais un doigt de ma main pour que mon fils en eût dit autant », observa la duchesse de Polignac.

La comtesse de Sabran écrivait un peu plus tard : « La reine a trouvé Elzéar sur son passage, et elle l'a embrassé sur ses deux petites joues couleur de rose. — Ce matin elle m'a dit : « Savez-vous que j'ai embrassé un monsieur hier? — Madame, je le sais, car il s'en vante. » Elle s'est mise à rire, et elle m'a dit qu'elle l'avait trouvé grandi et embelli étonnamment ; qu'elle l'avait montré la veille à l'archiduchesse sa sœur, à la Comédie où je l'avais mené voir *Didon,* comme le plus grand acteur qu'il y eût dans le monde, sans faire exception de Mlle de Saint-Huberti. »

Un talent si précoce ne pouvait que s'accroître avec les années. Il semble qu'Elzéar contribuait à développer le goût de Mme de Staël pour le théâtre ; en tout cas, il joue beaucoup avec elle, chez elle. Proverbes de Carmontelle, tragédies de Voltaire, œuvres d'amis, l'*Attila* du poète Werner, le *Wallenstein* de B. Constant d'après Schiller, *l'Amant alchimiste* d'Elzéar, des petites pièces de Corinne, qui figurent dans ses œuvres sous le nom d'*Essais dramatiques*, la troupe de Coppet aborde tout. Pauvre Elzéar ! Il éprouva pour Mme de Staël une admiration passionnée qui dura bien des années, puis il lui imputa son internement au donjon de Vincennes, et il écrivit dans un accès d'injuste rancune : « Cette femme qui ne s'est souvenue de moi que pour me faire du mal ! »

Mme de Staël, élève de Clairon, joue-t-elle bien la comédie? Les uns disent oui, les autres non. Friderike Brun se montre fort enthousiaste ; Guillaume Schlegel la célèbre sur un ton moins dithyrambique, lui accordant toutefois des dons scéniques supérieurs, la persuasion, la souplesse et la présence d'esprit, une mémoire infaillible, une pratique extraordinaire dans le débit du vers, joints à l'habitude du monde. Mlle Galiffe la trouve meilleure dans les rôles comiques que dans les rôles tragiques, où elle ne savait pas assez faire litière de sa personnalité. Mme Necker de Saussure déclare que sa cousine n'avait pas précisément un talent d'artiste, mais que son jeu était spirituel et pathétique au dernier point ; elle faisait verser beaucoup de larmes, et la vérité de son expression remuait le fond du cœur. Sa troupe entière était électrisée par elle, un assemblage un peu hétérogène se mettait en harmonie sous son influence. « Comme elle déclamait d'inspiration, son jeu variait beaucoup d'une représentation à l'autre : s'éloignant à chaque instant des routines théâtrales, elle trouvait moyen d'être originale avec ce que tout le monde sait par cœur. Son émotion en jouant la tragédie était très forte. Dans *Zaïre*, elle ne saisissait jamais la croix sans la briser : mais cette émotion semblait lui donner de l'élan et non du trouble ; elle avait l'esprit parfaitement présent aux divers incidents de la scène, et ne perdait point la direction d'elle-même ni des autres. Mais rien n'était plus piquant que de lui voir jouer la comédie : toute sa verve, toute sa gaieté, éclataient dans son jeu ; les rôles de soubrettes l'amusaient surtout. Cependant, il est des rôles qu'elle n'a jamais bien saisis : ainsi, la folie, l'incohérence des pensées n'a pu être comprise d'elle ; sa tête était foncièrement trop bien organisée pour la concevoir. »

Dans un séjour à la campagne, chez sa cousine Necker de Saussure, Corinne jouait un proverbe de Carmontelle, *le Bavard*, où une grande dame, coquette et vaporeuse, promet de protéger un vieux militaire, à condition qu'il expliquera son affaire en quatre mots. Le *Bavard* a été averti d'avance, et cependant il se laisse entraîner par sa loquacité ordinaire, si bien qu'il excède la dame qui ne veut plus entendre parler de lui. Mme de Staël ne put se résoudre à cette dureté théâtrale, et, changeant le dénouement, sortant de son rôle, elle dit au solliciteur de se montrer plus réservé une autre fois, et, qu'au reste, elle se chargeait de son affaire, tant était intense chez elle le besoin de vérité dans l'expression du sentiment. Un jour, avec une verve éloquente, elle mit en scène les idéologues, comme elle disait, et les idéophobes, dont le chef était Napoléon : et elle eut dix minutes superbes.

Mme de Staël, qui appelait la Suisse une magnifique horreur, et regrettait le ruisseau de la rue du Bac, qui, en dehors de Paris, voyait dans une chaise de poste le séjour le plus tolérable pour elle, et aurait fait cinq cents lieues pour causer deux heures avec un homme d'esprit, Mme de Staël poussa une pointe jusqu'à Vienne, pour revoir le prince de Ligne, qui avait l'air de faire les honneurs de cette capitale à toute l'Europe civilisée. « Prince, dit-elle en présentant Auguste de Staël, je viens chez vous mettre mon fils à l'école du génie. — Il y était déjà depuis sa naissance, repartit gracieusement celui-ci. » Ce compliment fit merveille, et, de son côté, le maréchal ne tarda pas à être conquis par le génie brillant de cette femme, dont il disait que la tribune des salons semblait aussi nécessaire à son existence morale, que les images le sont à sa pensée. Quand il lui rendit sa visite, elle s'excusa de l'exiguïté de l'appartement où elle le recevait.

« Comment donc ? Madame, interrompit le prince, mais, avec vous, on est toujours sur le Parnasse. » Il partageait la passion de Corinne pour la comédie de société, mais il jouait fort mal. On ne lui laissait que les rôles effacés : le notaire du dénouement, le laquais qui apporte une lettre ; encore s'embrouillait-il, et arrivait-il en scène trop tôt ou trop tard. En revanche, il n'en voulait plus sortir, et disait tout bas aux autres acteurs : « Mais, mon Dieu, est-ce que je vous gêne ? » A l'arrivée de Mme de Staël, on monta plusieurs pièces, entre autres *Agar dans le désert*, qui était de sa façon, et *les Femmes savantes*, où elle remplit le rôle de Philaminte : le comte de Cobentzl joua Chrysale ; sa sœur, Mme de Rombeck, Martine ; François Potocki et le jeune comte Ouvarof, Vadius et Trissotin. Mme de Staël faisait aussi *Agar*, et le prince ne put retenir cette épigramme : « C'est la justification d'Abraham. »

Il y aurait une jolie étude à écrire sur les divers types de maîtresses de maison qui font jouer la comédie. Mme de Bawr, dans ses *Souvenirs*, en signale une, Mme Broutin, qui exerçait sur ses amies une sorte de despotisme ; ainsi, dès qu'elle avait organisé un concert ou des proverbes, elle vous pardonnait difficilement d'être enrhumé ou de refuser un rôle. Il faut observer, qu'à cette époque, il était fort rare que, pour faire passer agréablement le temps à ceux qu'elle invitait, une maîtresse de maison eût recours à des artistes qu'il aurait fallu payer ; en sorte que, plus elle désirait que l'on s'amusât chez elle, et plus elle devenait exigeante avec les personnes de son intimité. « Dans ces occasions, Mme Broutin se montrait véritablement tyrannique, et même ne conservait pas tout le tact et la mesure qui distinguaient habituellement ses manières. Un jour, par exemple, on répétait dans son salon un proverbe qui devait être joué le surlendemain, et dont le sujet était : *Dasnières aux enfers.* Cinq ou six jeunes gens, qui venaient souvent chez elle, avaient pris des rôles de petits diables ; ils devaient porter des vêtements noirs parsemés de flammes rouges, et ornés par derrière d'une longue queue. M. D. de L..., devenu depuis membre de l'Institut, témoigna la plus grande répugnance à s'affubler de ce dernier attribut de l'enfer, ajoutant qu'il rendrait plutôt le rôle. Le débat qui s'ensuivit ayant interrompu longtemps la répétition, plusieurs des acteurs vinrent dire ce qui se passait à Mme Broutin, qu'une légère indisposition retenait dans sa chambre. Tremblant pour le succès de sa soirée, Mme Broutin, qu'un regard observateur instruisait de tous les petits secrets de son cercle, se tourna vers une jeune femme, à laquelle M. D. de L... faisait une cour discrète, mais assidue : « Je vous prie, Madame, lui dit-elle, ordonnez à M. D. de L... de mettre cette queue, et que ce tracas finisse. » On peut imaginer l'embarras de la jeune femme. »

Un autre écueil de la comédie de société, ce serait de prendre pour argent comptant les bravos mondains, bulles de savon qui se transforment en ballons dans la pensée de l'artiste, de l'auteur. Que de déceptions ces griseries d'amour-propre n'entraînent-elles pas ? Oui certes, il faudrait commencer par rabattre les trois quarts de ces éloges de convention, et croire que, *in petto*, l'auditeur rabat encore les deux tiers du dernier quart. Oui, le monde, la civilisation même, ont pour bases la réserve, la politesse, je ne dis pas l'hypocrisie. Ni l'un ni l'autre ne subsisteraient, si chacun se croyait tenu d'imiter l'homme aux rubans verts, et c'est Philinte qui a raison dans la querelle du sonnet. En entrant dans un salon, vous dépouillez forcément l'écorce de vos idées pour prendre un peu le jargon de ceux qui vous y ont précédé : sous peine de passer pour un malotru, ou un original fieffé, vous devez vous plier à mille usages ridicules en apparence, respecter les préjugés de vos hôtes, admirer des prétentions un peu vaines. La franchise intégrale devient brutalité, la raideur du langage est comme cette liberté absolue, tant vantée par les philosophes du XVIIIe siècle, qu'on ne trouve pas plus dans les huttes des tribus primitives, que dans la maison du bourgeois moderne ou le palais des rois. Sans doute ces petits mensonges sociaux ont déterminé de cruelles mortifications, mais a-t-on établi la liste des joies innocentes qu'ils ménagent à des milliers d'honnêtes gens qui ne demandent pas davantage? Et, si des esprits sages et bien équilibrés, comme Mme de Montesson, se sont grisés d'encens presque grossier, si le seul fait de vivre avec ses semblables entraîne une diminution d'indépendance, en enchaînant et la parole et l'acte, ne convient-il pas de considérer avec une philosophie indulgente les rites mondains et ces piperies de gloriole, contre lesquels l'ironie solitaire peut s'exercer à loisir, mais qui, en somme, ont fait plus d'heureux que de malheureux?

Ces réflexions s'appliquent au passé, et bientôt, peut-être, n'aura-t-on plus besoin de conseiller à nos amateurs de marier la défiance à la modestie. Par genre, par égoïsme, par prétendue mode, les publics mondains applaudissent de moins en moins, semblent des banquises, croient avoir le droit de parler dans un salon où l'on joue la comédie, comme s'ils étaient à l'Opéra. J'ai vu représenter du Musset, entendu dire ses plus beaux vers devant des gens qui semblaient n'avoir d'yeux et d'oreilles que pour leurs papotages particuliers, ou la toilette de leur voisine. Passe pour les dames, et encore! Leur réserve fait partie, paraît-il, d'un mystérieux code de fausse pudeur, de cette théorie qui reconnaît les êtres distingués au minimum de gestes, de rires. Fontenelle n'a jamais ri, il souriait parfois. Et puis les femmes ont pris l'habitude d'écouter l'orateur, l'acteur, comme elles écoutent le sermon du prédicateur. Mais les hommes sont sans excuse. Comment faut-il rappeler qu'un silence glacial est une sorte d'impertinence envers la maîtresse de maison, une preuve de snobisme, un manque de tact toujours, un défaut de goût, de sensibilité délicate, lorsqu'on se trouve en présence d'une œuvre de talent, qu'il en va de l'enthousiasme comme de l'amitié : on est jugé par les sentiments qu'on ressent, qu'on inspire, qu'on manifeste; qu'enfin applaudir en dedans n'est rien, qu'il faut applaudir des mains, des yeux, des lèvres, qu'on ne saurait mieux payer sa dette à son hôte?

VI

L'histoire de l'Émigration est celle d'une gigantesque et désastreuse illusion ; l'histoire de la comédie de société est celle d'une charmante et bienfaisante illusion. De 1789 à 1814, les émigrés emportaient avec eux les vertus sociales, un maigre bagage pour la politique, un précieux viatique pour la douceur de la vie. S'ils n'ont rien appris, rien oublié, du moins n'oublient-ils pas la comédie de société, qui adoucit pour eux l'amertume de l'exil volontaire ou forcé.

Ainsi, à Londres, chez Mme de Viguier, on jouait l'opéra-comique : René de Montalembert était à la fois acteur et chanteur. Chez la vicomtesse de Serrant, chez Mme de la Bourdonnaye, ailleurs encore, la comédie triomphait. Parmi les premiers sujets : le chevalier de Pignerolles, le comte O'Héguerty, M. de Planard. Le prince de Galles se fait remarquer par son enthousiasme chez Mme de Viguier ; dans le salon du marquis de Choiseul, Monsieur, le prince de Condé, le duc de Bourbon, figurent parmi les spectateurs. Les premiers artistes : Mmes Banti, Catalani, Krumpholz, Billington, le ténor Viganoni, les Cramer, aimaient à se faire entendre chez les Français ; ils déclaraient : « Les Anglais savent payer, mais les Français savent applaudir, et les applaudissements sont la vie et l'âme des artistes. »

A Odessa, le comte de Rochechouart crée un théâtre et une redoute. Le Grand Maréchal de la Cour, ayant renouvelé le vestiaire du principal théâtre de Saint-

Pétersbourg, lui envoya un assortiment complet de costumes réformés, mais encore très présentables. Pour les utiliser, il compose deux troupes d'amateurs, une française, l'autre italienne, et fait partie des deux avec succès. La redoute ou salle de danse une fois construite, on nomme Rochechouart président. De très beaux bals masqués furent organisés, et, à l'occasion du dimanche gras, on imagina une représentation fort originale. A un signal donné, deux magiciens montés sur des échasses entrent dans la salle du bal par les deux portes opposées : six pages vêtus de blanc, six habillés de noir, déroulent un grand tapis figurant un immense damier. Au son des fanfares, les portes s'ouvrent, et l'on voit s'avancer par l'une un roi noir donnant la main à une reine de la même couleur, suivis de deux fous, de deux cavaliers, de deux tours, et de huit pions également noirs, qui se rangèrent sur le damier, pendant qu'une troupe pareille, vêtue de blanc, arrivait par l'autre porte et se plaçait en face de la première troupe. Les deux magiciens alors jouèrent une partie vivante d'échecs : ils touchaient avec leur baguette chaque pièce de la couleur qui manœuvrait suivant les règles : après différentes évolutions stratégiques, attaques, défenses et captures, un roi fut déclaré échec et mat (1).

Les émigrés jouent la comédie, et il semble qu'ils fassent école. Mme Vigée-Lebrun raconte dans ses *Mémoires* les fêtes auxquelles elle assista chez la princesse

---

(1) Cette idée a été reprise, à l'Opéra, pour le ballet de *la Magicienne* d'Halévy (1857).

Dolgorowka : « La société était fort nombreuse, et personne ne songeait à autre chose qu'à s'amuser. Après dîner, nous faisions des promenades charmantes dans des barques fort élégantes, ornées de rideaux de velours cramoisi à crépines d'or. Des musiciens, nous devançant dans une barque plus simple, nous charmaient par leur chant... Le jour de mon arrivée, nous eûmes de la musique le soir, et le lendemain un délicieux spectacle. On donna *le Souterrain* de Dalayrac. La princesse Dolgorowka jouait le rôle de Camille ; le jeune de la Ribaussière, qui depuis a été ministre en Russie, celui de l'enfant, et le comte de Cobentzl, celui du jardinier. Je me souviens que, pendant la représentation, un courrier arriva de Vienne, chargé de dépêches pour le comte, qui était ambassadeur d'Autriche à Saint-Pétersbourg, et, qu'à la vue d'un homme costumé en jardinier, il ne voulut pas lui remettre les dépêches, ce qui éleva dans la coulisse une contestation fort piquante. » Au XIXe siècle, un autre diplomate, le comte de Beust, brille par ses talents comiques et par son esprit.

D'ailleurs, pour la Russie, Catherine II avait donné l'exemple, marchant elle-même sur les traces *de son bon protecteur* Voltaire : on sait les fêtes de l'Ermitage, le pièces que la tsarine et ses familiers, Chouvalof, Ségur, Cobentzl, Strogonof, Momonof, le prince de Ligne, composaient pour se distraire en petit comité.

Au Congrès de Vienne, en 1814-1815, on fait aussi de grands emprunts au génie aimable de la France : le plaisir semblait devenu la seule chose importante, servait de décor ou de masque aux affaires sérieuses; un royaume s'arrondissait ou se démembrait dans une redoute, une indemnité s'accordait pendant un concert, un dîner cimentait un traité. « Le Congrès ne marche pas, mais il danse, remarquait le prince de Ligne; le tissu de la politique est tout brodé de fêtes. C'est une cohue royale; mais enfin, chose qu'on voit ici pour la première fois, le plaisir va conquérir la paix. Ce Congrès, où les intrigues de tout genre se cachent sous les fêtes, ne ressemble-t-il pas à *la Folle Journée?* C'est un imbroglio où les Almavivas et les Figaros abondent. Quant aux Basiles, on en trouve partout... »

L'impératrice d'Autriche était en quelque sorte l'âme de cette succession de bals, de banquets, de réunions, de mascarades. Née en Italie, issue de cette illustre maison d'Este célébrée par l'Arioste et le Tasse, elle avait reçu en héritage de ses ancêtres l'instinct et le goût de tous les arts. Deux artistes français, Isabey et Moreau, étaient ses auxiliaires habituels; elle inventait, ordonnait; à eux de mettre en œuvre ses riantes idées. Adorant la comédie de société, elle parvint à former une troupe fort brillante où figuraient, pour la comédie, les comtes Ojarowki, Stanislas Potocki, de Walstein, Woyna, Mmes Edmond de Périgord et Flore Wurbna; pour l'opéra, le prince Antoine Radziwill, le marquis de Salvo, les comtes de Bombelles et Petersen, les comtesses Appony, Charles Zichy, de Woyna, la princesse Jablonowska; pour la tragédie, la comtesse Zichy, la comtesse Esterhazy, etc. Des pièces allemandes alternaient avec des pièces françaises.

Le divertissement que la cour donna certain soir parut entièrement nouveau à la plupart des spectateurs : c'étaient des tableaux et des romances mises en action. Cependant la princesse Esterhazy avait eu l'initiative de semblables déduits à Eisenstadt, dans un temple construit à cet effet au milieu d'un lac, et, pendant les représentations, Haydn, son maître de chapelle, complétait l'illusion poétique en improvisant sur l'orgue. Une symphonie de cors et de harpes précéda le lever du rideau... Le premier tableau fut la reproduction d'un sujet peint par un jeune artiste viennois : *Louis XIV aux pieds de Mme de la Vallière.* Les acteurs de cette scène étaient le jeune comte Trautsmansdorff, fils du Grand Maréchal, et la comtesse Zichy. Tous deux étaient doués de tant d'attraits, il y avait une telle expression d'amour dans la figure du comte, tant de pudeur, d'effroi et d'innocence sur le délicieux visage de la comtesse, que l'illusion fut complète.

Le deuxième tableau fut, d'après la belle composition de Guérin : *Hippolyte se défendant devant Thésée de l'accusation de Phèdre.* La princesse Yablonowska représentait la fille de Minos, et le jeune comte Woyna, Hippolyte. Dans les yeux de l'une, on lisait l'ardente passion combattue par le remords ; tandis que l'autre, par son attitude calme et antique, par sa respectueuse douleur, semblait n'invoquer pour sa défense que la pureté de son cœur. Jamais la pensée de Racine, quoique dépouillée du charme de ses vers, n'eut de plus éloquents interprètes.

On passa ensuite aux romances en action : pendant

l'entr'acte, un excellent orchestre exécutait des symphonies d'Haydn et de Mozart.

Première romance : *Partant pour la Syrie*, mise en musique par la reine Hortense. Mlle Goubault, ravissante jeune Belge, chanta les paroles, tandis que la princesse de Hesse-Philipstadt et le comte de Schœnfeldt figuraient les sujets. Au couplet du mariage, un chœur de jolies femmes vint se grouper autour des acteurs principaux : beautés, voix harmonieuses, pantomime expressive des amants, tout fut applaudi avec enthousiasme.

La seconde romance, celle de Coupigny, *Un jeune troubadour qui chante et fait la guerre*, eut pour interprètes le comte de Schœnborn et la comtesse Marassi.

La troisième romance : *Fais ce que dois, advienne que pourra*, composée encore par la reine Hortense, chantée, jouée par la comtesse Zamoïska et le jeune prince Radziwill, obtint le même succès que la première.

« Voilà, dit le prince de Ligne, un sceptre qui ne se brisera pas dans les mains de Mlle de Beauharnais; elle est encore reine par la grâce des grâces et du talent, quand elle a cessé de l'être par la grâce de Dieu. »

Un dernier tableau représentait l'Olympe avec toutes les divinités mythologiques : le prince Léopold de Saxe-Cobourg en Jupiter, le comte Zichy en Mars, et le comte de Wurbna en Apollon, la fille de l'amiral Sidney Smith en Junon, la comtesse Rzewuska en Minerve, Mlle de Wilhem en Vénus, etc., y firent merveille, en compagnie d'un jeune Français fort à la mode, le baron

Thierry, qui exécuta brillamment un solo de harpe.

A côté de ces tableaux vivants, on peut placer *les attitudes* de la trop célèbre lady Hamilton, décrites par Mme de Boigne.

« Lorsqu'elle consentait à donner une représentation, elle se munissait de deux ou trois schalls de cachemire, d'une urne, d'une cassolette, d'une lyre, d'un tambour de basque. Avec ce léger bagage et dans son costume classique (tunique blanche ceinte autour de la taille), elle s'établissait au milieu d'un salon. Elle jetait sur sa tête un schall qui, traînant jusqu'à terre, la couvrait entièrement ; et, ainsi cachée, se drapait des autres. Puis elle le relevait subitement, quelquefois elle s'en débarrassait tout à fait ; d'autres fois, à moitié enlevé, il entrait comme draperie dans le modèle qu'elle représentait. Mais toujours elle montrait la statue la plus admirablement composée...

« Je lui ai quelquefois servi d'accessoire pour former un groupe... Un jour elle m'avait placée à genoux devant une urne, les mains jointes, dans l'attitude de la prière. Penchée sur moi, elle semblait abîmée dans sa douleur, toutes deux nous étions échevelées. Tout à coup, se redressant et s'éloignant un peu, elle me saisit par les cheveux d'un mouvement si brusque, que je me retournai avec surprise et même un peu d'effroi, ce qui me fit entrer dans l'esprit de mon rôle, car elle brandissait un poignard. Les applaudissements passionnés des spectateurs artistes se firent entendre, avec les exclamations de : *Bravo la Medea!* Puis, m'attirant à elle, me serrant sur son sein en ayant l'air de me disputer à la colère du ciel, elle arracha aux mêmes voix le cri de : *Viva la Niobé*. C'est ainsi qu'elle s'inspirait des statues antiques, et que, sans les copier servilement, elle les rappelait aux imaginations poétiques des Italiens par une espèce d'improvisation en action. »

Gœthe, Horace Walpole, Mme Vigée-Lebrun, Trench, vingt autres apportent le même témoignage sur cette étonnante comédienne de société : « Elle est très belle et bien faite, écrit, en 1787, Gœthe (1). Le chevalier Hamilton lui a fait faire un costume grec qui lui sied à merveille. Elle laisse flotter ses cheveux (ils pouvaient la couvrir entièrement), prend deux châles, et varie tellement ses attitudes, ses gestes, son expression, qu'à la fin on croit rêver tout de bon. Ce que mille artistes seraient heureux de produire, on le voit ici accompli en mouvement avec une diversité surprenante. A genoux, debout, assise, couchée, sérieuse, triste, lutine, exaltée, repentie, séduisante, menaçante, inquiète ; une expression succède à l'autre, et en découle. Elle sait adapter à chaque expression les plis du voile, les modifier, et faire cent coiffures diverses avec les mêmes tissus. Cependant le vieux chevalier lui tient la chandelle, et il s'est adonné à cet objet de toute la ferveur de son âme. Il trouve réunis en elle tous les antiques, tous les beaux profils des monnaies siciliennes, et jusqu'à l'Apollon du Belvédère. Pour tout dire, cet amusement est unique : nous l'avons eu déjà deux soirs... »

(1) A. Fauchier-Magnan : *Lady Hamilton* (1763-1815), un vol. Perrin, 1910.

VII

De 1792 jusqu'au Directoire, se produit une éclipse de la comédie d'amateurs. Éclipse partielle, car elle conserve encore quelques fidèles déterminés, de ceux qui joueraient au pied de l'échafaud ; et, pour n'en citer qu'un, Lacretelle joue en 1793 chez Mme Le Sénéchal ; l'imagination fertile de Desfaucherets s'y donnait libre carrière, intarissable en jeux, en à-propos, en impromptus (1). On peut appliquer à la comédie de société le mot de Ducis à un ami : « Que parles-tu de faire des tragédies ? La tragédie court les rues. »

Elle renaît sous le Directoire, elle s'épanouit de nouveau sous le Consulat et l'Empire. Brazier affirme que, de 1798 à 1806, il y eut, à Paris seulement, plus de deux cents théâtres bourgeois. C'était une influenza, une grippe, un choléra dramatique. « Toutes les petites boutiquières abandonnaient leur comptoir pour jouer la comédie. Les grisettes, les modistes, les couturières, les cuisinières mêmes laissaient brûler le rôt pour aller à une répétition. Toutes perdaient leur temps à appren-

(1) Frénilly apporte la note poivre et sel sur Desfaucherets : « Grand et bel homme, d'une tournure froide et assez imposante, ancien ami incontesté de Mme Le Sénéchal, il était le tyran des plaisirs de cette société, il les dirigeait, les gouvernait, les éduquait, les morigénait ; c'était le lieutenant de police de la joie ; l'orgueil lui perçait par tous les pores. Il venait de donner sa très jolie comédie du *Mariage secret*, mal écrite, mais bien conduite, bien dialoguée, qui dut vingt représentations à son mérite, et soixante à Molé et à Mlle Contat... Né pesant et solide, il voulait être papillon. »

dre des rôles qu'elles ne savaient jamais. J'ai connu des maris, des pères et des mères bien malheureux de voir leurs femmes, leurs fils, leurs filles, négliger leur ménage ou leur commerce pour monter ce qu'on appelle, en style de coulisses, des parties... Les compagnons serruriers, les étaliers bouchers, les ferblantiers, les boisseliers, quittaient leurs forges, leurs étaux, leurs marteaux, pour courir chez le directeur ou le costumier ; ils perdaient souvent un ou deux jours de la semaine, sans compter l'argent qu'ils dépensaient, pour avoir le triste plaisir d'amuser à leurs dépens. Que j'ai vu de choses bouffonnes dans ces malheureux endroits !... »

Bouffonnes, soit ; mais ces gens-là fabriquaient du bonheur à leur gré, un bonheur sain, tranquille, balsamique au premier chef, intelligent et moralisateur. Cette passion dura, plus ou moins vive, pendant l'Empire et la Restauration ; le théâtre Doyen, la Société Dramatico-Littéraire, la Société des Ménestrels de Belleville, le théâtre Mareux, ceux de la rue Chantereine, de la rue de Paradis, une foule de bouis-bouis recrutaient de nombreux amateurs et spectateurs. Au théâtricule de la rue Monconseil, Bouffé vit un jour écorcher les *Vêpres Siciliennes*. N'ayant pu se procurer une cloche pour sonner les Vêpres, *l'administration* l'avait remplacée par une casserole en cuivre. Rien de plus plaisant que les jugements d'un public qui s'amusait de très bon cœur. « Ah ! que M. Lambert a bien joué ! — Eh bien ! et votre fils donc ? En voilà un qui devrait se mettre acteur ! Il y en a diablement, dans les théâtres payants, qui ne le valent pas. — Et la fille de Mme Bachelet qui jouait la princesse? En voilà une qui peut se vanter de m'avoir fait pleurer à chaudes larmes! Ah! elle a bien du dramatique, cette enfant-là !... »

On joue la comédie à la Malmaison, chez Mme Bonaparte; à Plessis-Chamans, près Senlis, chez Lucien Bonaparte. Hortense et Caroline remplissent les principaux rôles, et Lucien Bonaparte déclare sans façon qu'elles sont fort médiocres. C'est royalement mal joué, avait dit Louis XVI; c'est souverainement mal joué, dira Bonaparte; même l'un et l'autre trouvent plaisant une fois de siffler. Murat, Lannes, gasconnent, Élisa réussit dans la tragédie, Junot dans les rôles d'ivrogne. La troupe de Lucien a pour maître de déclamation Dugazon, acteur excellent, mystificateur émérite, mauvais coucheur, et de son naturel assez peu respectueux. « Lâchez tout, Messieurs, grondait-il; lâchez tout, Mesdames; lâchez donc tout, sinon, j'aurai beau faire, vous ne serez que des mijaurées et des mirliflores. » Talma, Lafond, Larive, se rendent chez Lucien, voient jouer *Zaïre*, donnent des conseils, ne s'entendent pas mieux que les médecins au chevet d'un malade. Puis défilent : *le Cid*, *Philoctète*, *Mithridate*, *Bajazet*, *Alzire*, des comédies de Molière; la passion de Lucien pour le théâtre ne connaît plus de bornes.

En même temps, la danse, la musique, les petits jeux, les farces, vont leur train. On glisse un renard dans le lit de Fontanes, du julep dans la soupe d'un musicien. Le ménage Desportes, vivant dos à dos, se voit logé dans une chambre à un lit, ce qui oblige le mari à dormir sur une chaise.

Plus tard, Lucien joue la tragédie à Rome, puis, en 1830, à Bologne. Alquier, ambassadeur de Napoléon Ier, a demandé s'il pourrait assister à ces représentations. Talleyrand a autorisé; sans cela, qui donc rendrait compte? C'est Mme Lucien Bonaparte, pour l'amour de laquelle il s'est brouillé avec l'Empereur, a quitté la France, renoncé à ses privilèges de prince français, qui remplit le rôle de Zaïre : le public éclate en applaudissements qui font allusion, lorsque Lucien-Orosmane répond à l'offre d'une rançon :

Pour Zaïre, crois-moi, sans que ton cœur s'offense,
Elle n'est pas d'un prix qui soit en ta puissance;
Tes chevaliers d'Europe et tous leurs souverains
S'uniraient vainement pour l'ôter de mes mains.

« C'est du dramatique diplomatique, greffé sur un fond tragique, où, pourtant, ne manque pas la partie sérieusement comique, consistant dans l'expression de figure des ambassadeurs présents, qui ne veulent pas avoir l'air d'entendre malice à la chose, et applaudissent à peu près comme tout le monde. »

Le lendemain, on ne parle que de cette fête à Rome. Alquier soumet à Lucien la très curieuse dépêche qu'il adresse au ministre des Affaires étrangères : nomenclature des acteurs, des cardinaux et autres personnages présents, éloge de Zaïre. Il aurait mieux fait sans doute de la déclarer détestable. « Allons, mon cher Alquier, remarqua Lucien, vous êtes un pauvre diplomate ! »

« Au casino paternel, dit le prince Pierre Bonaparte,

à Bologne, on organisa un théâtre de société. Les voisins y venaient, y compris le cardinal Oppizzoni. On joua une tragédie de mon père intitulée : *les Enfants de Clovis*. Mes parents y remplissaient les principaux rôles... Mon père se montra aussi bon acteur qu'il avait été puissant orateur de nos grandes assemblées. Ma mère, élève de la célèbre institution de Saint-Cyr, excellait par le bon goût de la diction, la sobriété du geste, et surtout la prononciation et l'accent irréprochables (1). »

Une des actrices de la Malmaison, Mme de Rémusat, dame du palais de Joséphine, mériterait une étude spéciale, et pour elle-même et pour un autre grand salon où elle joue, un salon représentatif, celui de Mme de Labriche, qui brille *comiquement* sous l'ancien régime, l'Empire, la Restauration, la Monarchie de Juillet. Le mariage d'inclination de Claire de Vergennes avec M. de Rémusat eut tout le charme d'une tendresse exaltée, toute la solidité de la raison illuminée de ce rayon divin. C'est proprement le mariage idéal ; et je ne sais rien de plus touchant que ce roman légitime qui se développe pendant vingt-cinq ans, et dont les lettres de cette aimable femme attestent avec la plus gracieuse évidence le caractère élevé. Sa correspondance la

---

(1) *Souvenirs, traditions et révélations du prince Pierre Napoléon Bonaparte*. — YUNG : *Mémoires de Lucien Bonaparte*, 3 vol. — Lady BLENNERHASSITT : *Mme de Staël*, 3 vol. — *Mémoires, Lettres et Correspondance de Mme de Rémusat*, 11 vol. — *Mémorial de Norvins*. — *Souvenirs de Mme de Bawr*.

classe assez près de Mme de Sévigné, *sa grande amie*, qu'elle admirait si passionnément, à côté de Mme du Deffand et de la duchesse de Choiseul. Moraliste mondaine, moraliste littéraire, moraliste politique, elle est encore une parfaite comédienne de société, une maîtresse de maison accomplie. Que lui a-t-il manqué pour tenir un cercle aussi brillant que les bureaux d'esprit les plus célèbres du XVIIIe siècle ? Un peu plus de fortune, de la santé, une longue vie, la présence réelle.

Éducatrice admirable, elle dirige les études de son fils Charles avec cette fermeté intelligente qui fait les hommes d'élite, tandis que les mères faibles préparent des petits messieurs ou des caillettes frivoles. Dès qu'il a sept ans, elle le conduit au théâtre ; le dimanche et le jeudi, pour le récompenser et le forcer à parler intelligiblement, elle lui fait jouer devant quatre ou cinq intimes des proverbes ou des scènes de comédie ; et déjà l'enfant témoigne de rares dispositions. La mère a organisé une troupe de bambins dont il est le Talma et le Fleury : en 1805, ils jouent *les Plaideurs, l'Avocat Pathelin* avec un ensemble étonnant, en présence d'un auditoire de parents. En 1806, pour célébrer la fête de Mme Adélaïde de Vergennes et de cinq autres Adélaïdes, Desfaucherets compose une petite comédie entremêlée de couplets, où il figure avec Mmes de Rémusat, de Vintimille, et le jeune Charles ; celui-ci remplit le rôle d'un petit Savoyard qu'un diseur de bonne aventure convertit en automate afin d'attirer la foule. Malgré la leçon du charlatan, l'automate confond toutes choses, désole son patron. Après des quiproquos plaisants, trois femmes lui prennent une cassette mystérieuse où l'on trouve : une vieille plume qui a appartenu à Mme de Sévigné, et qu'on remet à Adélaïde de Vergennes ; des cahiers tout blancs que Mme de Lafayette a laissés dans son secrétaire, et qui vont à Adélaïde de Souza ; la lyre de Sacchini pour Adélaïde de Labriche ; un almanach de *Philémon et Baucis,* qui marque les jours heureux, pour Adélaïde d'Antigny (sa parfaite union avec son mari était célèbre dans la société du temps) ; la tire-lire de saint Vincent de Paul pour Adélaïde de Pastoret, qui s'occupait beaucoup d'œuvres de charité ; et un manuscrit trouvé dans les vieux papiers de Racine, appelé *le Retour du Mari,* pour Adélaïde de Nansouty. M. Tourette et Mme de Rémusat ont commencé par un proverbe, Crescentini s'est fait entendre; on prend des glaces, et à minuit chacun se retire fort content. Réunir cinquante personnes, les amuser pleinement, sans autre dépense qu'un léger effort de mémoire, trois paravents et un rang de bougies sur une planche, une telle simplicité ne semble-t-elle pas une leçon et une ironie pour ces maîtresses de maison qui entassent cinq cents invités dans un salon où deux cents, à peine, seraient à l'aise, et croient le bonheur de ceux-ci augmenté en raison directe des fleurs rares, des articles parus le lendemain, des artistes qu'on n'a point écoutés ?

Mme de Rémusat aima toujours la comédie de société ; elle y excellait, et, ni son état de santé, ni sa position de préfète, ne l'empêchèrent de se livrer parfois à ce charmant déduit : et pourquoi non, puisque députés, femmes de ministres, lui donnent l'exemple? Lorsque l'Empereur revint de Vienne, on imagina de lui offrir un petit vaudeville de Barré, Radet et Desfontaines, adapté pour la circonstance; les honneurs de la soirée furent pour Mme Louis Bonaparte et Mme de Rémusat; celle-ci jouant un rôle de vieille Alsacienne enthousiaste de Napoléon, rêvant toujours, pour son héros, d'exploits invraisemblables, et s'émerveillant de voir ses rêves dépassés par la réalité; elle chantait ce couplet :

> Ce qui dans le jour m'intéresse,
> La nuit occupe mon repos;
> Ainsi donc je rêve sans cesse
> A la gloire de mon héros.
> Les songes, dit-on, sont des fables;
> Mais quand c'est de lui qu'il s'agit,
> J'en fais que l'on trouve incroyables,
> Et sa valeur les accomplit.

Napoléon fut enchanté; celui que Talleyrand appelait *l'Inamusable* semblait même un peu ému; et chacun de féliciter son voisin en répétant avec admiration : « L'Empereur a ri ! L'Empereur a applaudi ! »

Norvins, qui parle beaucoup du salon de Mme de Labriche, en décrit avec agrément la physionomie : «... Les événements de la Révolution passèrent pendant un quart de siècle au-dessus de son existence comme au-dessus d'un terrain neutre, d'une sorte d'oasis providentielle. Ils n'atteignirent son repos que par les pertes qu'elle fit, ainsi que toute la société, de bons et anciens amis. Mais, plutôt faite pour les regrets que pour la douleur, le calme renaissait bientôt sur la surface un moment ridée de sa vie, et, sans toutefois perdre le souvenir, elle en reprenait doucement le cours. Elle avait accepté la société comme elle avait accepté la fortune, qui toutes deux étaient venues au-devant d'elle... Sa philosophie se bornait à accepter les vicissitudes de son salon, sans trop se rendre compte des absences et des remplacements... Ses traits, ses paroles, ses gestes, ses regards, semblaient associés par une sorte de symétrie morale et physique, personnification intelligente de l'esprit d'ordre, de sagesse et de bon goût qu'elle faisait régner dans sa maison. Son âme et son esprit avaient des qualités jumelles, nées et élevées ensemble, que rien ne pouvait ni séparer, ni déplacer, ni suspendre..... Mme de Labriche est, je crois, la seule personne qui soit constamment montée en grade depuis 1789, comme si les huit gouvernements dont nous avons joui avaient été prédestinés pour former autant d'échelons de sa position sociale. »

Quarante ans et plus, elle appliqua ses facultés de gouvernement au succès de la comédie de société, comme les directrices des salons du XVIIIe siècle les appliquaient au gouvernement et au génie de la conversation. Cette volonté permanente et passionnée, ce sens de l'immuable, constituent dans tous les ordres une force énorme, un précieux gage de réputation. Son salon représente plus spécialement la société du faubourg Saint-Honoré, mais celle de la cour et du faubourg Saint-Germain s'y mêle, surtout lorsque son gendre, le comte Molé, est ministre. Et puis la comédie d'amateurs sert d'intermédiaire, de lien : royalistes d'extrême droite, de droite, du centre droit, doctrinaires, aristocrates et bourgeois, communient sous ses espèces. « Tous les gens gais sont de bons citoyens, observe Charles de Rémusat, et Mme Molé, qui ne songe qu'à la comédie qu'elle doit jouer cet été, sert bien mieux le roi, qu'Aglaé avec ses scènes tragi-comiques et son *royalisme de place*, comme dit Molière. C'est un calcul fort sage que de se distraire... Sans le dimanche de Mme de Labriche, qui survit à tout, on ne se rencontrerait jamais. »

Les lettres de Mme de Rémusat, de son fils, les *Souvenirs* de Frénilly, les *Mémoires* du baron de Barante, disent agréablement les fêtes de Mme de Labriche au château du Marais et dans son hôtel de Paris.

« Nous donnions deux représentations du même spectacle, l'une le samedi, que nous appelions « répétition habillée, » pour la cohue bourgeoise de Dourdan, d'Arpajon et des villages voisins qui entraient dans la salle et retournaient chez eux; l'autre, le lendemain, pour l'aristocratie des châteaux voisins, qui venait causer ou prendre des glaces dans les salons après le spectacle, et qui remplissait les cours d'une foule de voitures dignes des belles sorties de l'Opéra. Par cet arrangement, nous avions la peine et Mme Molé le plaisir de jouer six fois au lieu de trois... » (Frénilly.) Mme Molé, paraît-il, jouait médiocrement et se figurait le contraire; je ne pense pas que ses invités ruraux aient jamais réclamé un pourboire pour avoir figuré parmi les spectateurs, comme le firent, dit-on, des paysans dans un autre château.

«... Dans ce bruyant château, on n'a, Dieu merci, pas dit un mot de politique depuis dix jours, et nous ne regardons nullement à ce que font le roi et ses ministres. Nous jouons la comédie toute la journée, et, dans nos moments de repos, toutes ces jeunes femmes et jeunes filles qui nous entourent se jettent dans des dissertations métaphysiques sur le monde, ses dangers, l'amour, les hommes, etc., auxquelles nos messieurs ne prêtent assez volontiers, et avec lesquelles ils tâchent de faire leurs affaires. Aujourd'hui, nous attendons la cour et la ville, tous les ducs et les duchesses, Pozzo di Borgo, l'ambassadrice d'Angleterre... Demain, nous donnerons à tout cet auditoire, qui couchera ici, *la Gageure*, *la Suite d'un bal masqué* (de Mme de Bawr) et *Encore un Pourceaugnac* (1817). Nous avons ici l'auteur de cette dernière pièce, un camarade de Charles. » (Ce camarade, c'est Scribe, dont ce vaudeville fut un des premiers succès.)

« Il faut être Mme de Labriche pour venir à bout de réunir dans le même salon, sous le prétexte d'avoir des enfants, tant de gens si différents, les Rohan, les Montmorency, les Doudeauville, M. de Richelieu, Wellington, M. Decazes, enfin la fleur de tout...

« Chacun s'éveille et apprend son rôle, pour se le mettre dans la tête, jusqu'à l'heure où on va se lever, se réunir, s'aborder tous à la fois, déjeuner en confusion, et se mettre ensuite aux répétitions jusqu'au dîner. La précaution que j'ai prise de voir d'avance cette *Gageure*, et l'abandon que j'ai fait à ma sœur de mon autre rôle, me donnent du répit, et je m'amuse à regarder mon fils, qui joue six rôles, qui fait des couplets pour les différentes pièces, change les scènes, les compose, est tiraillé par tout le monde à la fois, répond à tous, et pousse en me regardant un gros soupir que je comprends très bien... Il est beau sur la scène, noble, de bonne grâce; il dit avec chaleur, il a des gestes faciles; enfin on en a ici la tête tournée, et ce n'est pas moi qui chercherai à redresser les esprits sur son compte... Nous commençons ce soir notre première représentation (26 juillet 1817), c'est-à-dire une première représentation habillée, pour les femmes de chambre, les paysans et quelques voisins de second ordre.

« J'ai été, hier soir, à un petit bal d'enfants, suivi d'un bal de mères, chez Mme de Labriche. Tu sais qu'il se passe des miracles continuels dans ce salon. J'ai vu un petit Bazancourt dansant vis-à-vis d'un petit Mortemart, un mélange de tous les noms, de toutes les classes. Dans un coin, un enfant en battait un autre : j'ai demandé au battu pourquoi on le traitait ainsi; il m'a répondu que c'est qu'il avait eu le malheur de danser avec la petite Princeteau...

« Je me suis fait des règles sur la comédie de société : je crois que, sur ces petites planches, comme sur les grandes du monde, il ne faut point trop s'éloigner des habitudes reçues, si on veut avoir quelque succès... » — (Mme de Rémusat.)

C'est le baron de Barante qui va nous tenir au courant des succès du théâtre du Marais en 1818 : Mme de Barante étant obligée de conduire ses enfants aux bains de mer, il descend un instant de ses échasses de doctrinaire, et condescend à écrire deux lettres pleines de *pétoffes*, de riens aimables, que, pour notre part, nous préférons à d'autres lettres purement politiques.

« Paris, lundi 13 juillet 1818.

« La comédie du Marais a été très belle hier. Jamais la troupe ne m'a paru avoir autant d'ensemble et d'aplomb. Il y a tout profit à représenter des pièces de premier ordre. Chacun était charmé d'entendre ces beaux vers de *Tartuffe*, et leurs rôles encourageaient les acteurs. Il n'y a pas eu un moment de froid. M. de Vandeuvre et Mme de Chastellux ont du talent, et l'honneur de la soirée a été pour eux, ce me semble...

« Dans la seconde pièce, M. de Termes était le plus gentil du monde, et a eu un grand succès, de même que Mme de Chastellux encore.

« La salle était brillante. La *glorieuse présence* du duc de Wellington n'était pas un petit plaisir pour la maîtresse de maison. Il est arrivé pour dîner. M. de Richelieu devait venir, mais il a remis ce devoir à une autre fois. Nous avions MM. de Fontanes, Portal, de Mézy, de Hautefeuille, de Panat, de Vérac, le duc de Choiseul, tous très contents de ce beau lieu et de cette magnifique demeure. Parmi les femmes, Mmes de Maillé, de Castries, de Crisenoy, de Jumilhac, de Pourtalès. Enfin, la journée a été bonne. Pour moi, je n'ai pu voir ce théâtre, où vous étiez si belle l'année dernière, sans regretter de ne pas vous y retrouver.

« Remerciez-moi, chère amie, de faire ainsi une

gazette de commérages à votre service. Il faut que ce soit vous pour que j'en remplisse une page ; mais cela vous amusera. »

Le 19 juillet, on représente au château du Marais *Édouard en Écosse,* drame en trois actes d'Alexandre Duval, et *le Conteur ou les Deux Postes,* comédie en trois actes de Picard. La comtesse Germain joue de façon à surprendre et enlever tous les spectateurs : un succès tel que Barante n'en vit jamais de pareil sur cette scène. Quant au jeune Rémusat, contenance, gestes et voix semblent dégingandés à Barante; M. de Mun montre un naturel excellent ; M. Anisson et Mme de Chastellux infiniment divertissants dans les rôles des Anglais. M. Anisson a un certain *oh ! oh !* imité du duc de Wellington, qui faisait pouffer de rire toute la salle, et devait charmer un peu moins l'ambassadrice d'Angleterre ; mais Mme de la Briche s'empressait auprès d'elle, si bien qu'elle a fait bonne contenance et ri comme tout le monde. Les ambassadeurs de Russie et d'Espagne assistent à ce spectacle.

« Vous voyez, conclut Barante, que la gloire de votre théâtre est grande cette année. Les acteurs de Bois-Boudran (le château du comte Greffulhe) viennent chaque fois, et ont des petits compliments suivis, qu'on prend pour bons et bienveillants. Mais nous jouissons avec une calme satisfaction de notre supériorité. »

La troisième journée appartient au *Philosophe sans le savoir,* de Sedaine. Mme de Chastellux et M. Anisson continuent de briller, et cette fois on compte parmi les spectateurs le duc de Richelieu.

Cette même année 1818, Charles de Rémusat, qui a vingt et un ans, devient grave, solennel, doctrinaire, jette sa gourme à rebours ; il joue encore la comédie, parce que la jeunesse et l'austérité combattent et triomphent tour à tour dans sa jeune âme, mais l'humeur critiquante, l'ironie hautaine, percent continuellement : sa jeunesse ne se tient pas d'ailleurs pour battue, elle le tire quelquefois par la manche, elle l'avertit qu'elle n'a qu'un temps, et ne s'échappera que trop vite.

« Notre vie de château est rare par l'ennui et la monotonie. Nous répétons beaucoup, ce qui n'est pas amusant. Ma tante parle peu, Mme Molé est immuable, Mme de Vintimille étouffe, Mme de Chastellux parle assez et spirituellement, mais elle se blesse à chaque instant, et l'on voit qu'elle est irritée sur tous les points. M. de Vandeuvre taquine et caresse tout le monde, parle haut, crie fort, et fait rire ; Mme de Labriche est d'une activité dévorante sur les mouchoirs, les gants et les bougeoirs. Éliza est aux aguets toute la journée pour voir passer un sentiment, et elle attend encore. Moi, je me réfugie dans le silence, dans la froideur, et peut-être dans le dédain... Nous passons ici notre temps à attendre, tantôt telle personne qui doit venir de Paris, tantôt tel événement, comme les costumes, la grande répétition, la représentation. Cette personne, cet événement, arrivent, et nous ne sommes pas plus avancés ; l'ennui recommence... C'est à peu près ainsi que se passe toute la vie. On se propose communément une suite d'objets placés en échelons ; on va successivement de l'un à l'autre, et cette marche sautillante est aussi pénible que monotone.

Heureux ceux qui n'ont jamais qu'un but, dont le terme n'est pas fixé, et qui y marchent sans retour et sans distractions !... Je défie de fourrer un mot vrai et sérieux au milieu des solennités frivoles qui nous entourent...

« L'autre soir, chez Mme de Labriche, il s'est trouvé que, sans le faire exprès, toutes les femmes étaient restées dans une chambre, tous les hommes avaient passé dans l'autre, et fermé la porte sur eux. C'est ainsi que l'esprit de civilisation domptait l'esprit de salon. Allez maintenant dans d'autres maisons. Là où il y a cent petites dames patriciennes et des officiers de la garde, vous trouverez une frivolité corrompue qui est déjà la théorie des mœurs qu'elle mettra un jour en pratique. Vous trouverez cet *air dégagé* qui est le chef-d'œuvre en même temps que le fléau de l'esprit de bonne compagnie...

« Ces dames sont bien singulières d'avoir leurs plaisirs, et en général toutes les impressions, si bien tarifés d'avance, qu'il n'est jamais possible d'en faire hausser ou baisser la valeur. Elles donnent tout à prix fixe ; on ne marchande point avec elles. C'est un vrai gagne-petit que Mme de Labriche. » — (Charles de Rémusat, 1817.)

« M. de Barante me disait en riant : « Savez-vous pourquoi il joue si bien? C'est qu'il est doctrinaire, et qu'il comprend. » L'auditoire était nombreux, mais on s'apercevait pourtant du changement de nos hôtes, et on se rappelait toutes les voitures ministérielles qui, l'année dernière, remplissaient la cour... (Lundi, 12 juillet.) 19 juillet : « La pièce (*les Femmes savantes*) a été jouée avec un ensemble extrême. Il paraît que j'ai fait assez d'effet. J'avais de plus un costume admirable qui m'allait bien, et j'avais, m'a-t-on dit, l'air d'une échappée du siècle de Louis XIV. Mais le vrai succès a été pour Charles ; sa figure était belle, la perruque et l'habit lui allaient à merveille ; il a joué de manière à se faire applaudir à chaque vers ; j'avais envie de pleurer, et je pensais à toi. Il est parti ce matin, de bonne heure, pour voir M. Guizot : car, enfin, il ne faut pas oublier qu'on est doctrinaire. » (Mme de Rémusat, 1819.)

« J'ai eu un succès imprévu dans *le Barbier de Séville :* c'est par la surprise que j'ai réussi. Tout le monde m'abordait en me disant : « Vous m'avez confondu !... Quoi ! c'était vous ?... Je n'aurais jamais cru !... » Ah ! je crois bien que vous ne vous attendiez pas, bonnes gens qui croyez qu'on n'est pas gai parce qu'on est sérieux. En général, j'ai passé mon temps à désorienter tout le monde. Ils croyaient, Dieu me pardonne, que j'avais des cornes et le pied fourchu. L'autre jour, je prends un grand bâton, je dis à Stéphen de Nansouty : « Prends-en un autre pareil ! » A Roger de Fezensac : « Prends-en un pareil ! » Je dis à tous deux : « Faites comme moi ! » Et je monte à cheval sur le bâton, et ils y montent aussi, et nous courons ainsi tout le jardin. Et, depuis ce temps, on est ravi de moi ; quand je n'y suis pas, on en parle : « Mais il n'est pas du tout comme je le croyais ! Mais il est bon enfant ! Mais il ne fait pas toujours de la métaphysique et de la politique ! » Enfin on est ravi de moi, parce que je n'ai pas de bon sens ! » — (Charles de Rémusat, 1820.)

Quelle joie pour Mme de Rémusat, qui trop souvent prêche dans le désert avec le jeune Éliacin de la doctrine, lorsqu'elle lui recommande la douceur, qu'elle le supplie d'enduire de grâce ses gestes, ses manières, son maintien, sa conversation, ses opinions, d'en faire comme la garde avancée de ses discours et de ses actions.

« Allons ! allons ! mon enfant, ne soyez point si rebelle à ce genre de succès et de plaisirs. *Tout* n'est pas trop dans ce bas monde pour s'amuser et pour plaire ; prenez cette monnaie, en attendant plus tard les grandes chances de la vie... A votre âge, on vit plus dans ce qu'on rêve que dans ce qu'on fait, et de là les mécomptes qui attristent et découragent. Il faut un peu se dresser contre eux... Si, dans le cours de votre vie, vous voulez vous souvenir de cette étrange promenade à califourchon, et en faire une certaine application à notre pauvre espèce humaine, et particulièrement à nous autres femmes, vous verrez combien de fois elle vous réussira... »

On ne saurait mieux dire, et ces charmantes réflexions s'appliquent aussi à la comédie de société. Peut-être, à ces hommes d'État solennels, qui ne descendent jamais de leur empyrée, n'a-t-il manqué que d'aimer un tel déduit qui leur aurait donné ou, du moins, eût indiqué chez eux le souci de plaire, le sens de la nuance, de la divination des sentiments poétiques et des faiblesses de l'humanité moyenne, et, qui sait ? l'intelligence des instincts, des rêves populaires qui agissent comme des torrents furieux ou des fleuves féconds, selon que les gouvernements conspirent avec eux, *comme le para-*

tonnerre conspire avec la foudre, ou bien les négligent et les combattent aveuglément.

VIII

Nos diplomates ont contribué à accréditer ce divertissement chez les étrangers : c'est là de l'excellent patriotisme, le patriotisme de la grâce et du talent dramatique. En voici un exemple. A l'époque de la Restauration, le duc Mecklembourg-Strélitz offre à la société de Berlin des spectacles en langue française, où le chevalier de Cussy remplissait toujours un rôle important. Le prince s'adressait à Cussy pour les nouvelles pièces, que Désaugiers lui expédiait avec force conseils sur les détails des rôles. On jouait, tantôt chez le duc de Mecklembourg, qui, d'ailleurs, ne savait jamais ses rôles, tantôt chez le duc de Cumberland ou chez Mme de Perponcher. Cussy mit à la mode notre répertoire dans d'autres salons : ceux de la comtesse de Goltz, de la comtesse America de Bernstorff et de sa belle-sœur la comtesse Élise, de la comtesse de Hardenberg, du major de Tronchin. Celui-ci avait installé un charmant théâtre dans un immense grenier de son hôtel; on y jouait, toutes les trois semaines, des pièces telles que : *la Revanche, les Héritiers ou le Naufrage, les Rendez-vous bourgeois, l'Incognito ou le Dîner d'auberge, la Jeunesse de Henri IV.* Deux fêtes furent données en 1821, chez la duchesse de Cumberland, pour Chateaubriand, que cette princesse honorait d'une amitié particulière : on joua le *Dîner de Madelon, le Ci-devant jeune homme*, et ces comédies furent précédées de tableaux où figuraient les plus jolies femmes de Berlin : Mmes d'Alopéus, de Partana, de Maltzahn, de Martens, de Minckwitz.

Parmi les principaux salons où l'on joue avec succès la comédie de société dans la première partie du XIXe siècle, il convient de citer celui du vicomte Jules de Castellane : homme d'esprit, affirme son cousin le maréchal, original *di primo cartello*, très riche, un peu avare, hâbleur et au fond bon enfant. Mme Gay, mère de Delphine de Girardin, et Mme d'Abrantès, dirigent deux troupes d'amateurs, composent des pièces, dont il paye les costumes, pour le théâtre qu'il a fait construire dans son jardin. Il donne aussi des bals, des concerts, des lectures. Quelquefois des professionnels se mêlent aux gens du monde : ainsi, en 1839, un petit frère, une petite sœur de Rachel, figurent dans une pièce à tiroirs, et jouent *Michel et Christine*. Un incident se produit : on interrompt le jeune Félix qui voulait réciter un sermon pour attester son talent de déclamation; les spectateurs trouvent ce sermon choquant dans la bouche d'un israélite. Castellane constate avec plaisir que son cousin, qui recevait d'abord une société un peu panachée, se corrige, que maintenant la bonne compagnie est en majorité, les femmes très parées, l'aspect de la salle fort gracieux.

C'était, pour d'aucuns, une grande affaire que de jouer sur le théâtre Castellane, et l'on y travaillait ses rôles au point de tout déserter pour un temps, Opéra, bois de Boulogne, salons. Mme de Girardin rencontre un de ses amis devenu invisible depuis trois semaines, lui reproche cette éclipse. « Je n'ai pas le temps de bavarder ; on m'attend pour la répétition chez M. de Castellane. » Et il s'enfuit. Quel rôle joue-t-il donc ? Mystère. Le jour de la représentation arrive, le premier acte se termine, point d'ami. Voilà le second acte dépêché, toujours point d'ami ; le canon gronde dans l'entr'acte, et l'entr'acte figure la bataille d'Ivry. La pièce prend fin avec le troisième acte. Qu'est-il devenu ? Maladie, départ subit et forcé ? Tout à coup il apparaît ému, triomphant. « Eh bien, se rengorge-t-il, voilà un beau succès ! J'en suis encore tout étourdi. — Mais vous n'avez point paru sur la scène ? — Eh ! je faisais le canon ; j'ai eu assez de mal. C'est très difficile de bien faire le canon ! » On entendit le rire inextinguible des dieux d'Homère. Et le trait rappelle ce naïf qui apostrophait familièrement Garrick. « Je ne vous connais pas. — Pourtant nous avons joué bien des pièces ensemble. — Quel rôle remplissiez-vous donc ? — C'est moi qui faisais le coq dans *Hamlet*. » Tel encore ce peintre d'enseignes de cabaret qui appelait Horace Vernet : « Mon cher confrère. »

Le vicomte de Castellane s'avisa aussi, vers 1841, de parodier Richelieu, en instituant une académie de femmes ; mais les zizanies, les rivalités, éclatèrent à propos de l'élection d'une présidente, et le protecteur dut dissoudre son académie. Ce n'est pas toujours sur les théâtres des farceurs que se jouent les meilleures farces.

La troupe d'amateurs de Mme Gay, fort remarquable, avait pour rivale celle que présidait la duchesse d'Abrantès ; chacune se renfermait dans l'interprétation des œuvres de sa directrice ou de ses protégés, et jamais, au grand jamais, un acteur de l'une n'eût dérogé au point de jouer avec l'autre. Point de doublures ; au moindre accident, il fallait ajourner, à moins qu'un premier sujet de la Comédie-Française n'acceptât de remplir le rôle au pied levé. Lord Brougham parut un jour, à l'hôtel Castellane, dans un vaudeville où son accent eut trop de succès. « Il n'y a pour lui qu'un pas entre le sublime et le ridicule : c'est le Pas-de-Calais, et il le franchit trop souvent, » observa un spectateur. Si lord Brougham estropiait la langue de Molière, lady Normanby, elle, la massacrait : les passions malheureuses mènent souvent au ridicule.

La duchesse d'Abrantès, malheureusement, avait une voix de rogomme, et l'on n'aurait pu dire d'elle, comme pour la marquise de Coigny : elle n'a qu'une voix contre elle, c'est la sienne. Toutefois, elle jouait à merveille la comédie, et cette voix si ingrate n'était pas désagréable au théâtre. C'est sans doute que, sur la scène, elle savait teindre les mots de la couleur des sentiments qu'ils devaient exprimer, et n'y pensait plus dans la vie privée.

Après le mariage du vicomte avec Mlle de Villoutreys, les deux directrices durent déposer le sceptre, et les invités furent soumis à une sélection plus sévère. « Dorénavant, déclara Mme de Castellane, je ne recevrai que ceux qui ont de l'art ou des armoiries. » Et elle tint parole. Avant son avènement, il arriva que certaines personnes abusèrent de la confiance du vicomte de Castellane : des gens non invités assistaient parfois à des représentations, avec des billets vendus ; ces abus firent un beau tapage, et les journaux s'en donnèrent à cœur-joie.

Edmond Got s'occupe à plusieurs reprises du théâtre Castellane ; d'abord en 1842 (il n'avait que vingt ans, et ne brilla jamais par l'indulgence) : « Un vieux comte de Castellane, espèce d'excentrique et d'avare fastueux très coté, s'est avisé de faire construire dans le jardin de son hôtel, au faubourg Saint-Honoré, une salle de spectacle où il donne de temps en temps, devant son « grand monde », des représentations théâtrales, à l'aide d'aspirants dramatiques recrutés dans le dessus du panier du Conservatoire ou des écoles particulières de déclamation, et de quelques amateurs. Mlles Planat-Naptal, Marie Blangy, Bonval, Coralli-Volet ; MM. Charles Ponchard, Maubant, Chotel, Ballande, Fechter, Roger, le chevalier Cuchetet, ancien écuyer de la duchesse de Berry, et quelques autres, se partagent la gloire d'y jouer. Du moins, m'a-t-il paru que c'était la gloire seule, car, ayant éte prié d'y remplir le rôle de Germain dans *La Jeune Femme colère*, c'est à peine si l'on m'a fourni un costume, et je me suis aperçu, trop tard, que j'étais invité ensuite avec mes camarades à je ne sais quel ignoble souper d'office. Aussi, quand on m'y reprendra !... C'est pourtant dommage, car, en dehors de ces vilenies, le public aristocratique, de femmes surtout, est très fin appréciateur, et nous dresserait rapidement à de meilleures façons... Lors de cette représentation à l'hôtel Castellane, un nommé

Dacey, premier rôle et prétentieux, fut accueilli, dès son entrée, par des chuchotements et des sourires mal dissimulés derrière les éventails... « Ah ! l'on applaudit donc la tenue, ici ? » me dit-il tout bas en se rengorgeant ! »

26 janvier 1851 : « Hier, à l'hôtel de Castellane, un petit acte d'Augustine, intitulé *les Métamorphoses de l'Amour* (M. Octave Feuillet n'est-il pas un peu de la chose ?). Tous les vieux noms de France ont affecté de venir courtoisement déposer leur hommage au pied de cette coquetterie féminine. »

Flotow se fit connaître des Parisiens en donnant *Alice* et *Rob-Roy* à cet hôtel Castellane que le peuple avait surnommé *la Maison du mouleur*, parce qu'on y voyait une foule de dieux et de déesses fort décolletés, moulés en plâtre et ornant toute la façade. En 1848, un ancien ministre, Rémusat, de l'Académie française, y joue le rôle d'Alceste, et Mme de Contades (Célimène) lui donne la réplique. Après 1851, Augustine Brohan, Arsène Houssaye, Alexandre Dumas, Jules Lecomte, fournissent aux amphitryons comédies et proverbes inédits. On jouait une pièce d'Augustine ; un comédien amateur interroge Mlle Fix : « Anne, ma sœur Anne, ne vois-tu rien venir ? » — L'actrice, apercevant Viennet dans la salle, démarque sa réponse et s'écrie : « Je ne vois qu'une tête qui poudroie et un poète qui verdoie. » Viennet, ainsi provoqué, va droit à la scène, et, sans pitié pour les spectateurs, récite dix fables, quatre épîtres, une scène de son *Arbogaste*. Après quoi, il aborde Houssaye, directeur de la Comédie-Française, et lui dit malicieusement : « Vous voilà bien attrapé, car vous ne voulez pas me jouer, et je me suis joué moi-même. — Monsieur Viennet, riposte Houssaye, c'est le public qui a été joué. Vous avez tant d'esprit quand vous ne parlez pas en vers ! » — Houssaye crut que Viennet allait lui planter ses lunettes dans le cœur.

Mme Ancelot dessine agréablement la physionomie du vicomte Jules de Castellane. «... Il y avait dans son esprit de bonnes et nobles idées; puis, tout à coup, solution de continuité dans son intelligence : une de ces horloges où manque un ressort, usé ou absent. Il disait des mots fort spirituels, et il y avait des choses très simples qu'il ne comprenait pas ; il semblait parfois ne se soucier de rien, et le lendemain, il s'intéressait à tout ; il prétendait se laisser dominer par ses amis, et échappait, au contraire, à tous les projets, à tous les calculs qui se faisaient autour de lui. Son désœuvrement était d'une activité sans pareille ; il allait chaque soir à une foule de réunions, et se vanta un jour à moi d'avoir été dans quatorze maisons de neuf heures du soir à une heure du matin... Au milieu de cette activité insensée dont il se moquait lui-même, et d'un désordre apparent dans sa maison et dans ses dépenses, il avait un ordre réel, et sa fortune s'était augmentée ; car, dans sa course agitée à travers toutes les choses de la vie, nul n'aurait été assez habile pour l'attraper. Il avait composé trois ou quatre petites comédies qu'il me fit lire : il y avait de l'esprit, mais pas de bon sens. Comme je lui disais, après la lecture, que j'étais étonnée qu'il fût resté assis le temps d'écrire ces pièces, il me répondit en riant : « Cela ne me serait pas possible, je les ai dictées à mon secrétaire en me promenant dans mon cabinet. » J'avoue que je me souvins alors d'un certain grand seigneur auteur de Carmontelle, à qui son secrétaire évite non seulement la peine d'écrire, mais encore celle de penser. » Mme Ancelot ajoute, qu'après son mariage, le caractère du vicomte se modifia très heureusement.

Le maréchal de Castellane (1), si sévère sur la disci-

---

(1) *Souvenirs du maréchal de Castellane*, 5 vol. Plon. — Marquis de MASSA : *Souvenirs et Impressions.* — *Un Anglais à Paris : Notes et souvenirs*, 2 vol. Plon. — Mme CARETTE : *Souvenirs intimes de la cour des Tuileries*, 3 vol. — Comtesse DASH : *Mémoires des autres*, 5 vol. — Baron IMBERT DE SAINT-AMAND : *Les Dernières années de la duchesse de Berry.* — Auguste VILLEMOT : *La Vie à Paris.* — Mme Octave FEUILLET : *Souvenirs et Correspondances*, 2 vol. — Claude VENTO : *Les Salons de Paris en 1889.* — DINAUX : *Les Sociétés badines*, 2 vol. — Jules LECOMTE : *Le Perronde Tortoni.* — Arsène HOUSSAYE : *Confessions*, t. II et III. — Charles BOCHER : *Mémoires*, t. II. — Edmond GOT : *Mon Journal.* — *Chronique de la duchesse de Dino*, 4 vol. in-8. Plon. — *Souvenirs du Comte de Tressan*, réunis par le Marquis DE TRESSAN. — *Souvenirs du baron de Frénilly.* — LACRETELLE : *Dix années d'épreuves.* — BOUFFÉ : *Mes Souvenirs*, pp. 17 et s. — A. LAFERRIÈRE : *Souvenirs d'un jeune premier*, pp. 2 et s. — BRAZIER : *Histoire des Petits Théâtres.* — Pierre DE LANO : *Les Bals travestis et les Tableaux vivants sous le Second Empire.* — Alphonse LAVEAUX : *Le Théâtre de la Cour à Compiègne pendant le règne de Napoléon III.* — Léo CLARETIE : *La jeune fille au XVIIIe siècle ; Florian, l'homme et l'écrivain.* — John MOORE : *A Vieun' of Society.* — Marquis DE CASTELLANE : *Hommes et choses de mon temps.* — Henri de NOUSSANNE : *Conseils aux artistes amateurs du théâtre de salon.* — Léopold DELISLE : *Le Théâtre au collège de Valognes.* — Henri AMIC : *Mes Souvenirs.* — Jean BLAIZE : *L'art de dire.* — Henry HAVARD : *La Décoration.* — MOYNET : *L'envers du théâtre.* — *Le Théâtre au collège des Bons Enfants et chez les Pères Jésuites de Reims, 1883.* — LA BÉDOLLIÈRE : *Malakoff.* — E. BOYSSE : *Le Théâtre des Jésuites.* — André DE LORDE : *Pour jouer la comédie de salon, Guide pratique du comédien mondain*, Hachette, 1908.

pline, est aussi un grand seigneur qui aime le monde, la société des femmes jusqu'à la fin de sa vie, et donne des fêtes originales. Sa femme joue la comédie ; il la joue lui-même, lorsqu'il n'est encore que colonel, et la fait jouer à ses officiers.

« J'ai passé mon hiver (1821) à Moulins, m'occupant de mes housards, jouant la comédie, donnant un bal par semaine ; les dames de la ville ont débuté par refuser d'entrer dans notre troupe comique, et nous avons été d'abord réduits aux sous-lieutenants pour les amoureuses. La jolie baronne de Bressolles, propriétaire d'un château voisin, a fini par s'engager pour les jeunes premières ; d'autres ont suivi son exemple...

« Mes officiers ont joué la comédie devant Mme la duchesse d'Angoulême, dans une grange transformée en salle de spectacle ; la chaleur était excessive. J'ai fait monter des housards sur le toit pour ôter des tuiles ; cette nouvelle manière de donner de l'air a eu du succès. Avec des fleurs de lis, du papier d'or, du drap rouge, nous avons fabriqué une jolie salle ; j'ai fait venir mes décorations de Moulins. Il y avait deux cents personnes, abondance de glaces dans les entr'actes ; les femmes étaient mises avec élégance. On a joué *le Ci-devant jeune homme, le Solliciteur,* rôles dans lesquels le lieutenant de Longpré s'est distingué. On a joué aussi *le Savetier et le Financier*. Des lieutenants et M. de Chabrol, fils du directeur de l'enregistrement, ont joué les rôles de femmes ; cette fête a réussi à merveille ; on a récité des couplets en l'honneur de Madame... Madame avait prié M. l'abbé de Frayssinous de ne pas lui adresser de compliments dans le discours qu'il devait prononcer; M. de Frayssinous a répondu : « Madame a bien entendu les couplets des housards ; moi, je suis le housard de la chaire. »

A Barcelone, à Cadix, Castellane continue de recevoir, met les officiers en relation avec les habitants, sans avoir besoin de recourir aux moyens un peu vifs qu'employèrent les Français en 1811-1812, pour attirer à leurs fêtes les femmes qui ne voulaient ou n'osaient, de peur de passer pour de mauvaises patriotes : on les envoyait quérir à domicile par quatre dragons ou quatre grenadiers. Le procédé une fois connu, on n'eut plus besoin de cet argument, et elles vinrent de tout cœur. C'est ainsi que les danses françaises s'acclimatèrent en Espagne.

IX

Évoquons encore quelques souvenirs et lectures sur la comédie de paravent :

Mme du Cayla écrit, en 1811, au vicomte Sosthène de la Rochefoucauld : « Il y a de grands projets de proverbes. Le comte Louis de Narbonne sera un des acteurs; MM. d'Astore, s'ils ne sont pas en Espagne; le comte Palamède; M. de Licci; mon oncle Fr... Puis-je dire *vous?* Mes parents en seraient bien heureux. Je suis chargée de vous le demander : récusez-vous l'ambassadeur ?... »

Le 13 octobre 1851, le baron Taylor donne, au comité

de la Société des gens de lettres, des détails sur la Société des gens de lettres de Londres ; elle différait beaucoup de la nôtre. Ainsi, une troupe de comédiens amateurs pris parmi les gens de lettres anglais venait de parcourir le Royaume-Uni, en donnant des représentations au profit de la caisse de secours.

« Je me rappelle, conte A. de Rochefort, qu'à l'époque où Désaugiers fut nommé directeur du Vaudeville, nous lui donnâmes une fête ; plusieurs de nous avaient composé un proverbe, intitulé : *La Tentation de saint Antoine*. Il ne fut joué que par les auteurs de ces différentes scènes ; tous y furent détestables, à l'exception de Dumersan, qui représentait le *compagnon* du saint, sous le nom de *Grognon*. Il s'en tira comme le meilleur comédien, et fit rire tout le parterre, qui n'était composé que des acteurs et actrices du Vaudeville. C'était un rude public ; aussi, en écoutant les autres artistes improvisés, Joly me disait-il tout bas : « Ah ! s'il était permis de siffler ! »

« Henri Monnier avait fait la joie de nos soupers en nous jouant, derrière une tapisserie ou un paravent, sa *Halte d'une diligence*, son *Etudiant et la Grisette*, sa *Femme qui a trop chaud*, et son *Ambassade de M. de Cobentzl*. » — (*Mémoires* d'Alexandre Dumas.) »

Le duc de Bourbon reçoit la famille d'Orléans, le 25 juillet 1830, à Saint-Leu. Promenade, dîner, comédie de société.

« La véritable châtelaine, dit Puymaigre, celle qui tenait la place d'honneur, si ce mot peut aller à sa position, était la baronne de Feuchères, maîtresse en titre du prince. Elle avait plutôt de l'esprit d'intrigue que de l'esprit... Après le dîner, on jouait la comédie de société sur un assez joli théâtre où le luxe des costumes était fort grand, et la mise en scène très soignée, mais cela ne rendait pas les acteurs meilleurs ; toutefois les petites pièces étaient supportables. Mais Mme de Feuchères ayant voulu jouer *Alzire*, et se charger du rôle principal qu'elle débitait avec une triste monotonie, sans changer d'intonation depuis le premier vers jusqu'au dernier, et avec un accent anglais fortement prononcé, rien n'était plus ridicule. Mme de Feuchères ne joua pas mieux ce soir-là que les autres soirs. »

Au château de Saint-Paër, le vicomte d'Arlincourt fait jouer avec succès — naturellement — ses œuvres inédites. Un jour de gloire pour lui fut le 1er août 1825 ; la duchesse de Berry arriva vers deux heures à Saint-Paër, dîna, ouvrit le bal donné en son honneur ; on juge si couplets, flonflons, ponts-neufs, saynètes, furent prodigués par l'excellent d'Arlincourt, brave homme s'il en fut, ridiculement vaniteux, qui s'était octroyé un titre de vicomte, sans doute pour mieux ressembler à Chateaubriand, auquel il se comparait volontiers. Qui le croirait ? Ses romans avaient des lecteurs, on les traduisait en plusieurs langues ; l'auteur du *Solitaire*, d'*Ipsiboé*, était célèbre en France et à l'étranger ; la duchesse de Berry parut dans une soirée des Tuileries, coiffée à l'*Ipsiboé*, et fit la mode.

(1) Sur le vicomte d'Arlincourt, voir le piquant volume de M. Alfred Marquiset.

Duchesse de Dino : Valençay, 1er octobre 1837 : « Nous avons eu hier notre représentation dramatique, pour laquelle on répétait depuis quinze jours ; j'ai joué tout à travers la migraine. On a bien voulu trouver que je dissimulais complètement mon mal sur la scène, mais une fois hors des planches, j'ai été obligée de me coucher tout de suite. Notre spectacle a parfaitement réussi, et, quant à Pauline (fille de la duchesse), elle a joué si admirablement dans deux rôles tout différents, que je me demande si je dois lui laisser continuer cet amusement. Notre scène des *Femmes savantes* était très bien, et M. de la Besnardière, qui est un ancien habitué de la Comédie-Française, prétend que jamais il ne l'a vue si bien jouée ; je crois en effet qu'elle a été dite avec un nerf, un ensemble et une justesse remarquables. On a soupé et dansé après le spectacle, mais je n'y étais plus. »

Laferrière raconte une soirée comique chez Mme de Girardin. Il s'agissait d'improviser une parodie d'*Hamlet* avec Alexandre Dumas, première victime faisant l'*Ombre*, Ronconi, Colbrun, Laferrière qui devaient représenter Horatio, Marcellus et Hamlet. Au nombre des habilleurs, le comte d'Orsay. Pour figurer un échappé de la tombe, Dumas s'était affublé d'un grand drap blanc et d'un bonnet de coton. Son entrée en scène fut splendide, saluée par un tonnerre d'applaudissements. « Mais quand il lui fallut parler, lui, cet homme dont la plume ne restait jamais à court, sa langue glacée par la peur lui refusa même une parole, et il arriva ce phénomène bizarre, qu'au rebours de l'habitude, qui veut que ce soient les fantômes qui fassent peur aux vivants, cette fois, ce furent les vivants qui effrayèrent le fantôme, et l'effrayèrent si bien qu'il ne put jeter à Ronconi que ces quelques mots : « Mon ami, dites à mon fils que je ne sais plus ce que je venais lui dire, et que j'éprouve le besoin de m'en aller. » Puis il se retira comme il était entré. Les imitations de Laferrière et de Ronconi, l'esprit de Mme de Girardin, sauvèrent la situation.

A ses amis intimes, Berryer offre une charmante hospitalité dans cette propriété d'Augerville, achetée en 1825, réparée et amoureusement embellie par lui, où il avait semé les prairies, les bois, les fleurs, les rochers, ménagé les points de vue, rassemblé les meilleurs souvenirs de sa vie, souvenirs matériels et immatériels. Quels concerts que ceux d'Augerville, lorsque la princesse Marceline Czartoryska et Alexandre Batta interprétaient Mozart, Chopin ou Rossini devant une société d'élite qui se montrait Berryer écoutant, les mains jointes, les yeux pleins de larmes, et, le morceau une fois terminé, allant se jeter aux pieds de la princesse pour la remercier ! Car Berryer, qui ne comprenait rien à la peinture, s'enivrait de musique italienne et de musique classique ; il avait sa stalle au Conservatoire, aux Italiens : en revanche, il quittait un salon où l'on exécutait de la musique nouvelle, de la musique d'opérette, ou bien il s'y endormait. Et quelles soirées que celles où les petits jeux (il adorait l'honnête loto, l'innocent mistigris) alternaient avec les causeries les plus spirituelles, avec les représentations théâtrales !

Car on donna aussi la comédie à Augerville, et, dans les *Femmes savantes,* Berryer remplit à merveille le rôle du bonhomme Chrysale. Pendant un voyage qu'il fit en Allemagne, en 1836, appelé par Charles X et la duchesse de Berry, il s'arrêta quelque temps à Bade auprès de la grande-duchesse Stéphanie de Beauharnais, avec laquelle il avait une alliance de famille : elle tenait une cour assez brillante, où l'on remarquait les princesses de Lieven et Troubetzkoï, les princes Émile et Frédéric de Hesse, Mme Sontag, devenue comtesse Rossi. Un petit complot s'organisa pour faire chanter celle-ci (elle avait absolument renoncé à son art), au moyen d'une comédie représentée chez lady Pigott. Berryer tenait l'emploi de père ; la comtesse était sa fille, et le sollicitait de consentir à son mariage : il s'y refusait. Tout à coup, il exhibe un cahier de musique caché sous sa robe de chambre, et, le présentant à Mme Rossi : « Non, non !... Pourtant, si vous chantiez ces variations qui me charment toujours, je ne sais ce que je pourrais faire. — Mais ce n'est pas cela, objecte la comtesse. — Si, si, reprend Berryer, je sais bien ce que je dis. » En même temps un pianiste prélude, les spectateurs applaudissent, Mme Rossi sent sa volonté fléchir, et chante comme en ses plus beaux jours.

Le comte de Falloux joue la comédie à Venise, en 1840, en l'honneur du comte de Chambord. Celui-ci, à la suite d'une charade donnée chez la comtesse Rzewuska, avait exprimé le regret de n'avoir jamais vu une comédie française jouée par des Français. Le mot est saisi au vol, on se concerte : Falloux et Pastoret proposent le *Misanthrope*, on se rabat sur Scribe ; *le Savant* et *Vatel* sont mis à l'étude avec une troupe ainsi composée : comte Raymond de Nicolaï, marquis de Miramon, prince de Léon (empêché la veille par un deuil, et remplacé, au pied levé, par le comte Karolyi), le comte de Falloux, Mlle de Retz, la comtesse Egglofstein ; comme souffleur, le comte de Locmaria. Parterre nombreux et brillant, enthousiasme gracieux du prince, qui complimenta tout spécialement Falloux de sa présence d'esprit. Dans *Vatel*, le marmiton Laridon était en retard ; Falloux prolongea le monologue, mais il allait donner sa langue aux chiens, lorsque Laridon parut enfin : « Ah ! petit malheureux, s'exclama fort à propos le comte, si tu manques ainsi tes entrées, tu ne seras jamais cuisinier ! »

Pendant ses séjours à Venise, la duchesse de Berry cultive la comedie de société. Au palais Vendramini, son théâtre occupe tout le second étage, et le comte de Chambord suit avec intérêt les représentations qui ont lieu le lundi, tous les quinze jours, pendant la saison du carnaval. Un soir, on compte vingt-sept spectateurs appartenant à des familles impériales ou royales. Seuls les Français et les Russes sont admis dans la troupe. Comme étoiles : Mme Narishkine, qui, en secondes noces, épousa Alexandre Dumas fils ; Mlle du Lieu ; le prince de Cystria, depuis prince de Lucinge ; M. Prévot de Saint-Marc, le vicomte de Monti de Rézé. Comme répertoire, les pièces du Gymnase, l'ancien théâtre de Madame. Le comte de Trobriand remplit les fonctions de régisseur. En 1846-1847, on joue *la Som-*

nambule de Scribe et Delavigne, *la Vendetta* de Dumanoir et Siraudin, *Simple Histoire* de Scribe et de Courcy, *les Circonstances atténuantes* de Mélesville, Labiche et Le Franc, etc... Et tant est contagieux le prestige de la comédie de société, que la princesse la fait jouer aussi au château de Brunsée, en Styrie.

Sous la Monarchie de Juillet, des gens du monde représentent à la Renaissance une pièce en l'honneur *des incendiés de l'eau.* « On était encore très sévère sur les convenances, remarque à ce propos la comtesse Dash ; la comédie se tolérait dans les châteaux, elle était absolument proscrite à Paris dans les salons sévères. Jugez de ce que l'on dut penser d'une représentation payante sur un théâtre où jouaient habituellement de vrais acteurs. Les douairières pensèrent étouffer de colère, la charité n'étant pas une raison suffisante pour autoriser une femme comme il faut à de telles incartades. Il y eut pourtant un monde énorme et une excellente recette... On jouait assez souvent la comédie chez la princesse Massalski. Il y eut chez elle une excellente représentation des *Précieuses ridicules.* Eleni était un Jodelet parfait ; jamais on ne vit tant de gilets, et comme il était très long, très maigre, cela produisait un effet irrésistible. Saint-Félix en Gorgibus, Lassailly en Almanzor, étaient fort drôles. Mais rien ne peut se comparer à Roger de Beauvoir en Mascarille. Je ne crois pas que jamais on ait mieux joué ce rôle. Il avait un costume splendide, il disait en perfection. Régnier, son camarade de collège, avait été son professeur. Son entrée en chaise à porteurs dans le salon fut magnifique, et il eut un succès fou au fameux madrigal... Rien de gai, d'étourdissant, comme Roger de Beauvoir, à cette époque... »

« Des comédies de société s'organisaient au château de Dangu. Mon mari faisait partie de la troupe, dont la duchesse d'Istrie et ma belle-sœur la Ferronnays étaient les principales actrices. Mon beau-frère avait un véritable talent, et on racontait que, dans sa première jeunesse, en garnison à Amiens, où il charmait ses loisirs par des relations intimes avec l'étoile de la troupe, le jeune premier étant tombé malade au moment de la représentation, il l'avait remplacé avec succès, ce qui lui avait valu un certain nombre de jours d'arrêts. Il était surtout un très habile directeur, un très bon organisateur... Mais, outre mon mari, dont le talent n'était pas à dédaigner, la troupe de Dangu comptait un homme qui n'aurait pas déshonoré le théâtre français. Le comte d'Alton-Shée, un des rares pairs de France par droit héréditaire, ayant succédé à son père mort avant l'abolition de l'hérédité, était un ami intime de la duchesse d'Istrie, et était reçu volontiers à Dangu par Mme de Lagrange... C'était à tous les points de vue une précieuse acquisition. Les portes de Dangu lui furent impitoyablement fermées après que, dans un discours prononcé à la Chambre des Pairs, il eut déclaré qu'il n'était ni catholique, ni chrétien... » (*Mémoires* de Mme de la Ferronnays.)

On sait que le théâtre de Musset, ce théâtre sans pareil, fut rapporté de Russie par Mme Allan, actrice française, qui vint le révéler à la badauderie parisienne en 1847. Mais, ce qu'on sait moins, c'est que Musset, auteur dramatique, avait été révélé à Mme Allan par la comtesse Eudoxie Rostopchine, mère de deux femmes de mérite : Mme la comtesse Tornielli, Mme la comtesse Lydie Rostopchine, dont le public parisien a lu de charmants volumes, tels qu'*une Poignée de mariages*, et applaudi les originales comédies : *le Dévouement de Gontran, le Trait du Parthe.* C'est donc à la comtesse Eudoxie que revient l'honneur d'avoir introduit en France les proverbes de Musset, d'avoir fait goûter cette langue théâtrale, spirituelle, colorée, musicale, poétique, de notre premier prosateur dramatique. Quelque temps avant le départ de Mme Allan, la comtesse joua dans son hôtel *le Caprice*, avec la princesse Julie Gagarine et le lieutenant de la garde Albédinsky. Mme Allan vint à cette soirée, dont le succès fut tel que, pour sa représentation d'adieu au Théâtre-Michel, elle donna *le Caprice* et remplit le rôle de Mme de Léris. « Dans mes visions et souvenirs d'enfant, disait la comtesse Tornielli, je vois encore ma mère en robe de velours mauve framboise, et la princesse Gagarine en soie bleu ciel ; et ces toilettes faisaient délicieusement valoir leur genre de beauté. Amitié réciproque, charme, talent de diction, art des nuances, élégance de l'âme et du costume, tout contribuait à les rendre inoubliables dans les rôles de Mmes de Léris et de Chavigny. » Mais si la comtesse Eudoxie Rostopchine a rendu ce service littéraire à la France, il convient de rappeler aussi qu'elle aimait notre pays et se rattachait à lui par les liens du sang, comptant dans sa famille un Ségur, un membre de cette race dans

9

laquelle l'esprit est héréditaire, comme chez les Mortemart; et non seulement l'esprit, mais encore le talent.

La comédie de société (1) bat son plein pendant le second Empire, et Auguste Villemot, dans ses spirituelles chroniques, en analyse agréablement les avatars. Mais, si le zèle n'est guère moindre qu'au dix-huitième siècle, il y manque, en général, l'esprit d'ordre, de persévérance, qui caractérise les maîtresses de maison de l'époque antérieure, façonne les excellentes troupes d'amateurs, élève dans les hôtels et châteaux des théâtres complets. Jadis, le loisir des grandes existences produisait des miracles de luxe raffiné : à partir de 1852 surtout, on sent que, même dans la vie mondaine, la démocratie coule à pleins bords, et, avec celle-ci, l'exotisme, un laisser-aller universel.

« Paris, en attendant le printemps, est possédé, en ce moment, d'une maladie intermittente qu'on appelle la *comédie de société*. Dans les salons, vous ne rencontrez que , ıravents, et quelquefois un petit théâtre qu'un amateur se plaît à monter et à démonter chez toutes les personnes qui veulent bien l'honorer de leur confiance.

(1) Autres coryphées de la comédie de paravent, sous l'Empire, la Restauration et la Monarchie de Juillet : Cambacérès, Murat, Regnault de Saint-Jean-d'Angely, Forioé. — Duc de Maillé, Baronne de la Bouillerie, Bordesoulle, marquis de Bellissen, comte Jules de Rességuier, Mmes d'Arbouville, d'Osmond, de Pontalba, Samoyloff, Orfila, Schickler, Clifton. Depuis 1830 : le baron de Bussierre, la princesse Mathilde, la princesse de Beauvau, Émile de Girardin, M. Poisot, la marquise de Beaumont, le baron Seillière, la duchesse de Mouchy.

« Les hommes et les femmes prennent un singulier plaisir à ces jeux, il faudrait dire à ces joujoux de la scène. On retrouve en miniature, dans les coulisses de la comédie de société, toutes les intrigues et toutes les variétés des théâtres subventionnés. Les rôles jeunes sont recherchés par les femmes mûres ; les rôles *marqués* seraient répudiés par tout le monde, si les jeunes gens ne s'en chargeaient volontiers. On se farcit la mémoire des pièces que l'on a vu représenter cent fois aux Français et au Gymnase ; on collationne, on répète, on essaie des costumes et on occupe ainsi la vie oisive, si difficile à dépenser quand on a un hôtel, des chevaux, et pas d'emploi sérieux dans le monde.

« Cependant, pourquoi ne pas l'avouer ? la comédie a ses jours de réussite. La semaine dernière, j'ai vu représenter, rue de Verneuil, *le Roman d'une heure,* par trois amateurs qui m'ont donné beaucoup à penser sur cet art du comédien, abîme mystérieux où l'analyse se perd et s'égare sans pouvoir rien découvrir. Est-ce le produit d'un travail patient et implacable ? Est-ce l'inspiration pure d'une nature heureusement douée qui devine tout ce que les autres apprennent ?... Ce que je sais, c'est que, là, dans ce salon de la rue de Verneuil, deux femmes de la société, en compagnie d'un jeune officier vainqueur de l'Alma, ont joué le marivaudage d'Hoffmann, avec une aisance, une grâce et quelquefois une rouerie qui auraient pu leur attirer des propositions du directeur du Gymnase.

« A l'heure présente, le morceau en vogue pour la comédie de société, c'est le petit opéra-comique de

Nadaud, *la Volière*. — On l'a joué chez Mme Orfila ; on l'a rejoué chez M. Fould ; on le jouait vendredi chez le directeur de la *Revue de Paris ;* on le jouera dimanche au Louvre, chez M. de Nieuwerkerque, et, à vrai dire, on ne se lasse pas de l'entendre.

« La comédie de société semble, cette année (1856), avoir mordu tout le monde à ce petit endroit si sensible, la vanité. Tout salon est un théâtre, tout paravent une coulisse, tout beau-père un souffleur. Cet élégant cabotinage amuse beaucoup les femmes. D'abord le tracas n'est plus l'ennui, et c'est toujours cela de gagné; et puis, il y a, dans la comédie de société, mille combinaisons où le cœur et l'amour-propre trouvent leur compte. Il y a tout le manège des répétitions, les déclarations autorisées par la brochure, la main pressée, les compliments adressés au personnage, et dont la comédienne fait son profit ; il y a enfin, le jour de la représentation, des toilettes pleines de fantaisie, un rôle qui rit si on a de belles dents, et qui sourit seulement dans le cas contraire ; enfin toutes les évolutions de la beauté, exécutées par la grâce et la coquetterie. On me cite une femme du grand monde, beaucoup plus fière encore de son opulente chevelure blonde que de ses aïeux. Le rêve de cette femme est de représenter Ève. Elle est à la recherche d'un paradis en prose ou en vers, et elle frappe à la porte de tous les poètes pour se le procurer. Un jeune et célèbre écrivain consent bien à se mettre à l'œuvre, mais il voudrait jouer le rôle du serpent, qui est déjà distribué. En attendant, la dame joue toute espèce de rôles, pourvu qu'il y ait un évanouissement. A ce moment, ses cheveux se détachent tout naturellement, et l'effet est produit. »

Quelques lignes du récit de Goncourt (1856) après sa visite de candidat au comte de Montalembert. Comme il remarque sur la bordure dorée de la glace le portrait en miniature d'une religieuse : « Oh ! fait le maître de la maison, c'est un costume de comédie... Oui, une personne de ma famille qui, dans une pièce de théâtre, a rempli un rôle de couvent, et voulut se faire peindre avec les habits de son rôle... Des mœurs que vous aimez, des mœurs du XVIIIe siècle... Ma famille adorait la comédie. Tenez. Et il tire des rayons un volume : *Théâtre de M. le comte de Montalembert, joué sur le théâtre de Montalembert...* »

Journal de Got : 14 avril 1864 : « La comédie de société sévit plus que jamais, mais gagne du terrain et se fait publique, sous le petit manteau bleu de la charité. L'année dernière, c'était *Henri III et sa cour*, et *Ce que femme veut*, avec la princesse Charles de Beauvau, la baronne de Löwenthal et leur troupe armoriée ; cette année, ç'a été les *Enfants d'Édouard* et *Embrassons-nous, Folleville*, trois représentations, S. V. P., dans la salle du Conservatoire. »

A propos d'*Henri III et sa cour*, je nommerai les autres acteurs : Mme Abeille, la comtesse Edmond de Pourtalès, le marquis de Mornay, MM. Maurice Cottier, E. de Lagrénée, Haas. Le vicomte de Magnieu eut un tel succès dans le rôle de Saint-Mégrin, que, par esprit de caste, le duc de... déclara qu'il jouait vraiment *trop comme un acteur* : « C'est le meilleur compliment qu'on pouvait m'adresser, » fit *Saint-Mégrin*, quand ce propos lui fut rapporté.

Charles Bocher (1864-1865). « Au château de Thieux, chez M. Gibert, des acteurs, gens du monde, nous interprétèrent, avec quelle vérité dramatique! *Le fruit défendu* et *Péril en la demeure*, d'Octave Feuillet, puis l'amusant vaudeville de Paul de Kock, *le Caporal et la Payse*. Mmes les comtesses de la Ferronnays, de la Roche-Aymon, et leurs maris, le comte de Rességuier, Edmond de Lagrange, le marquis d'Aramon et le vicomte de Magnieu, se surpassèrent dans un genre où l'un des maîtres était, sans conteste, mon ami Massa. Trois mois plus tard, on donna au château de Mouchy un vaudeville de Lambert Thiboust et Clairville, suivi d'une revue de circonstance. Il fallait voir dans le premier — *l'Histoire d'un sou* — la marquise de Galliffet et la comtesse de Pourtalès. A côté de ces étoiles, mon neveu Emmanuel s'acquitta fort bien de son rôle. La revue *les Cascades de Mouchy* permit d'admirer Mme de Pourtalès en fée de la Cascade, et — détail singulier — M. de Pourtalès en Salammbô, Mme de Galliffet en vivandière, puis en duchesse de Maufrigneuse; Galliffet travesti en Crétinopoulos, Haas en Méphistophélès, le duc de Mouchy en membre du Jockey-Club et en duc de Langeais; le marquis du Lau, le prince de Sagan et Emmanuel furent salués d'applaudissements très mérités. »

Chez M. Ferry, avocat à Saint-Dié, père de deux hommes infiniment distingués, Jules Ferry, un des grands ministres de la troisième République, et Charles

Ferry, — l'aimable Charles Limet, qui porte aussi allégrement que mon autre ami M. Maille Saint-Prix le poids de ses quatre-vingt-onze ans, commença de jouer la comédie de paravent :

« Plus tard, dit-il, à Paris, nous nous enhardîmes chez des amis à continuer ces premiers essais. J'ai gardé le vif souvenir de certaine représentation d'une bouffonnerie, en ce temps encore fort goûtée, et qui s'appelait *l'Ours et le Pacha.* Jules Ferry tenait le rôle principal, celui de Schahabaham, un pacha blasé, qui ne prend plus plaisir à regarder ses poissons rouges s'ébattre dans leur bassin, — et qui renaît à la gaîté lorsque arrive un impresario, lui amenant deux ours vraiment extraordinaires et comme on en voit peu, — car c'étaient les deux premiers sujets de sa troupe qui tenaient cet emploi. — C'est moi qui jouais Lagingeolle. Le rôle d'une des dames du harem était rempli par un jeune garçon encore imberbe, comme il convenait à son emploi, et qui est devenu un général fort connu. »

Le marquis de Castellane raconte que Mgr Dupanloup imagina de faire représenter en langue grecque, par les élèves de La Chapelle-Saint-Mesmin, une tragédie de Sophocle. « La représentation devait avoir lieu à Orléans, dans la grande salle consistoriale de l'évêché. Le choix de l'évêque se porta sur *Philoctète* d'abord, sur *Œdipe à Colone* ensuite. Pendant plus d'un mois, ce ne fut parmi nous qu'adaptation et que traduction. On n'écrivait plus, on ne parlait plus, on ne chantait plus qu'en grec... Pendant un mois aussi, ce ne furent qu'ateliers de couture et que cours de chant. Les Sœurs préposées à la garde de la lingerie taillaient, découpaient dans le calicot, se découvrant tout à coup la vocation de couturières que toute femme venant au monde porte en soi... Le grand jour vint. Tous les hellénistes de France étaient présents, Burnouf, Patin, Villemain, et d'autres moins célèbres à Athènes, mais plus décoratifs à Paris, tels que Falloux et Berryer. Nous fûmes, bien entendu, détestables. Je remplissais le rôle d'Antigone, je m'y montrai d'une sensibilité ridicule à force d'exagération. En revanche, j'eus la consolation d'entendre un de ces illustres lettrés dire tout haut en me désignant : « Tiens, il est gentil, ce petit blond ! » A la fin de la représentation, je les vis tous se congratuler. Les vantards ! Ils se donnaient des airs d'avoir compris une langue qu'en bons polyglottes ils ignoraient presque autant que nous ; mais le tour était joué. Le grec avait été magnifié devant ce qu'il y avait de plus éminent dans le monde des lettres. Désormais l'on allait tout faire au collège par amour du grec. »

Ce délicieux Jules Lemaître, dans sa prime jeunesse, joua plusieurs fois la comédie (1) pour la distribution des prix de l'école de son village, sur un théâtre improvisé avec des planches, des barriques, des poinçons, décoré de tapis, de rideaux de lit, de guirlandes et d'écussons... « Je me rappelle, dit-il, un drame qui avait pour titre le *Sorcier du Village* ou le *Vol et le Mensonge découverts*. L'action se passait chez un marquis. (Pourquoi un marquis? — Parce que cela est dis-

(1) *Les Contemporains*, t. v.

tingué.) Un valet de chambre, en serrant dans la table de jeu les jetons d'argent (nous sommes dans le plus grand monde), s'aperçoit que le compte n'y est pas. Or les enfants du marquis et leurs petits camarades se sont, le jour même, amusés avec ces jetons. Quel est le voleur? Pour le découvrir, le marquis s'adresse au père Robert, qui est une manière de sorcier. Le père Robert apporte un coq dans un panier et dit aux enfants : « Chacun de vous va caresser mon coq ; vous entendrez le tapage qu'il fera quand il sera touché par le voleur ! » J'aime mieux vous dire tout de suite que ce coq est tout barbouillé de suie. Les innocents lui passent de bonne foi la main sur le dos ; mais le coupable fait semblant, et ce sont ses mains restées propres qui le dénoncent. Je trouvais cela très spirituel et très comique vers l'an 1860. Le voleur s'appelait Marc d'Orgeville ! Je m'en souviens, car c'était moi ; et j'étais fier de porter un si joli nom, mais désolé de jouer un si vilain personnage. On n'avait osé donner ce rôle à aucun autre écolier, « crainte de mécontenter les parents » (le trait n'est-il pas amusant?), et l'on m'avait fait comprendre que je devais me sacrifier.

« Et le lendemain, à l'école des Sœurs, les petites filles jouaient *Caroline de Montfort ou la Calomnie confondue et l'innocence reconnue...* »

IX

La cour des Tuileries cultive aussi la comédie de société, ses diminutifs et ses augmentatifs. Les tableaux vivants y sont fort à la mode : l'un d'eux, surnommé *le Ballet des Abeilles*, eut pour actrices la comtesse Molitor, la princesse Troubetzkoï, Mmes Magnan, de Lostende, la comtesse de Lépine et la baronne de Vatry. Chacune d'elles fut enfermée et amenée dans une ruche en paille dorée, à un signal, toutes ensemble sortirent de leur prison. Deux autres tableaux, *les Cinq Parties du monde* et *les Éléments*, excitèrent un grand enthousiasme. Les *Cinq Parties du monde*, représentées par autant de beautés professionnelles de la cour, soutenaient, en des attitudes savamment suggestives, une sphère lumineuse : à leurs pieds d'autres femmes en naïades, en nymphes, formaient comme des bas-reliefs vivants. De même *Les Éléments*, air, feu, terre et eau, avaient pour interprètes quatre personnes de beauté irréprochable, secondées par des groupes d'autres femmes partagées sous leurs ordres en quatre divisions secondaires. L'Impératrice ne jouait aucun rôle actif dans ces exhibitions, qu'elle se contentait sans doute d'organiser avec le concours de ses collaboratrices habituelles, Mmes de Metternich, de Pourtalès, de Galliffet, de Poilly. Incidents de beauté, d'esprit, d'ironie, petites vanités, grandes déceptions, tempêtes dans un verre d'eau, ridicules ou triomphes, il y avait de quoi défrayer largement la chronique de la Cour. Quel plaisir pour l'Impératrice d'entendre conter l'épigramme de la princesse Gortschakoff à la comtesse Castiglione, qui fut quelque temps déesse dans le cœur de Napoléon III ! Elle portait à certain bal un costume fantaisiste de reine d'Étrurie ; son étoile pâlissait déjà : « Ah !

Madame, fait la complimenteuse, quel admirable costume de reine détrônée vous avez là ! »

Le boute-en-train par excellence des petites fêtes de la cour, c'est la princesse de Metternich, la *jolie laide*, honnête en ses actions, audacieuse en ses propos et ses allures, aimant avec enthousiasme les lettres et la musique (on sait son effort généreux pour acclimater Wagner en France), ayant le diable au corps, parfaite actrice pour la comédie et les charades, prenant des leçons de Thérésa, qu'elle imite gaillardement, lançant à tort et à travers des boutades plus ou moins justes sous l'impression du moment, fort capable de répondre, comme fit sa mère au comte de Sainte-Aulaire, ambassadeur de France sous la Monarchie de Juillet : « Oui, ma couronne est très belle, et je vous remercie de vos compliments ; je puis vous assurer qu'elle est bien à moi, et que je ne l'ai pas volée. » En tout cas, elle ne se gênait pas pour dire devant témoins : « Mon impératrice à moi est une véritable impératrice ; la vôtre n'est que Mlle de Montijo ! » Peu importe, elle s'impose par sa gaieté originale et ses inventions plaisantes autant que par son nom, ses réceptions et son rang. Se fâche-t-on avec elle, on ne lui tient pas longtemps rigueur. Comment se passer d'un tel impresario qui communique à tous sa dévorante activité, accepte les rôles les plus hardis ? Elle vient trouver Octave Feuillet à Compiègne : il lui faut une charade pour la fête de l'Impératrice. Le mot sera *Anniversaire*. Première syllabe : Ma sœur *Anne*, le conte de Barbe-Bleue. — Seconde syllabe : *hiver*. M. de Galliffet tombera sur la glace et ne pourra se relever. Pour la fin, serre et anniversaire confondus. La princesse présentera un bouquet de fleurs animées à l'Impératrice, en détaillant trois couplets dont le prince de Metternich écrira la musique. « Et qui fera les vers? — Vous, Monsieur Feuillet. » Et Feuillet obéit. — La scène finale des fleurs animées était précédée de tableaux vivants, fort bien arrangés par Hébert : 1° *La Toilette d'Esther*, avec la princesse Anna et le prince de Metternich ; 2° *La Cruche cassée*, par Mme de Galliffet ; 3° Le tableau d'*Herculanum*, avec Mme Walewska, personnage principal, et Félicien David, chantant sur l'orgue dans la coulisse ; 4° *Diane*, entourée de ses nymphes et surprise par Actéon. Trois piqueurs sonnaient de la trompe derrière le théâtre pendant le tableau. — Pour relever un peu la banalité des fleurs animées, on a opposé en contraste un groupe d'hommes affublés de fleurs ridicules. La princesse vient choisir des fleurs dans la serre d'Octave Feuillet, grimé en vieux bonhomme, poudré à blanc et orné de fleurs. Il découvre d'abord le paravent des hommes : succès de rire ; — puis celui des dames : succès d'admiration. Le coquelicot était Mme Lebrun, la marguerite Mme de Vatry, Mme de Persigny en bleuet des pieds à la tête, *lady Persington*, comme on la surnommait à cause de son anglomanie.

Pendant la répétition d'une autre charade, la duchesse de Tarente, qui avait un pied de Cendrillon, ayant perdu en scène une de ses mules de satin, Ernest Legouvé, notre nouveau Fontenelle, réclame la faveur de la remettre en place, et improvise ce quatrain en guise de remerciement :

Vénus perdit un jour son soulier amarante,
Si petit, si coquet, qu'il était à croquer :
« Qui donc, demanda-t-elle, osa me l'escroquer ? »
L'Amour lui répondit : « Madame de Tarente. »

On préparait aussi des charades aux Palliers ; on les faisait jouer à la maison, devant tout le pays, afin de juger de l'effet. « Mon mari, raconte Mme Octave Feuillet, introduisait souvent des danses dans nos charades. Je me souviens d'un ballet de Bacchantes qui me coûta bien des larmes. Je ne pouvais comprendre le pas, mon mari se fâchait, je pleurais, je dansais de nouveau, je repleurais, et cela dura toute la semaine. »

Voici le compte rendu d'Octave Feuillet sur la charade façonnée par Octave Feuillet pour les châtelains de Compiègne en 1862 : « ... Le succès a été énorme, absurde... L'Empereur riait comme un bienheureux devant ma casquette d'or. J'avais eu l'idée de me faire par-dessus le marché deux bracelets de grelots qui m'entouraient la cheville du pied, et qui, avec les castagnettes de d'Arjuzon, complétaient la symphonie. On m'a fait aussi répéter la sérénade avec délire, on cassait les banquettes... La princesse de Bauffremont et Mme Raimbeaux étincelaient, sur leur balcon à tentures rouges, comme deux châsses. La princesse, couverte de diamants, les cheveux pleins de diamants, le cou ruisselant de diamants, la robe constellée de diamants. La soubrette avait une longue robe vénitienne à ramages, et un immense collier de grosses perles d'or tombant en triple étage sur la poitrine... Mme dé Bauffremont n'était pas moins éclatante dans son costume de fée, et Mme de Vatry, en paysanne Louis XV, était aussi fort avenante. Le dernier tableau n'était pas de moi ; je n'y avais contribué en rien. C'était la tentation de saint Antoine... Après avoir changé des pieds à la tête, je suis rentré dans le salon pour voir le tableau ; j'ai été salué par des salves insensées. Enfin, la toile s'est levée, et on a vu saint Antoine représenté par M. de Nieuwerkerke, avec Mmes de Morny et de Girardin en diablesses, entourées de petits diablotins. M. de Nieuwerkerke s'en est tiré très spirituellement... Ceux et celles qui doivent figurer demain dans la charade de Ponsard, faisaient des mines plaisantes de consternation, quelques-uns remettaient leur rôle à Ponsard, qui, lui, brave et honnête cœur, se désespérait au point de se trouver mal. C'était une lutte sourde et effroyable entre les acteurs et actrices des deux charades. Cette lutte ne m'a pas empêché de dormir. »

Pour remercier Mme Carette (alors jeune fille) d'avoir consenti à figurer dans ses tableaux, Octave Feuillet lui donna son portrait, au-dessous duquel il avait inscrit ce quatrain :

Si dans l'ombre des bois vous passiez à minuit,
Tous les oiseaux chanteurs qui sommeillent la nuit,
Attendant le retour de l'aurore immortelle,
S'éveilleraient joyeux en se disant : c'est elle !

La charade de Ponsard réussit fort bien ; le mot était *Harmonie* (Arme au Nid) ; la princesse de Caraman-Chimay tenait le piano.

PREMIER TABLEAU

ARME. — Un chevalier arme un néophyte.

PERSONNAGES :

Le néophyte.	LA DUCHESSE DE MORNY.
La marraine.	Mme FLEURY.
La damoiselle.	LA DUCHESSE D'ISLY.
Le parrain.	LE COMTE DE NIEUWERKERKE.
Premier chevalier.	LE MARQUIS DE LATOUR-MAUBOURG
Deuxième chevalier.	LE MARQUIS DE TRÉVISE.
Troisième chevalier.	LE BARON MORIO DE LISLE.

DEUXIÈME TABLEAU

AU NID. — L'Amour au nid.

PERSONNAGES :

L'Amour.	LE PRINCE IMPÉRIAL.
La déesse.	LA DUCHESSE DE BAUFFREMONT.
Première nymphe.	Mme RAIMBEAUX.
Deuxième nymphe.	LA BARONNE DE SOUANCE.
Troisième nymphe.	LA BARONNE DE VATRY.
Quatrième nymphe.	Mme DE GIRARDIN.

Les nymphes s'approchent du buisson d'églantines dans lequel est le nid de l'Amour; elles ont à la fois la peur et le désir de connaître l'Amour; l'une d'elles pousse le cri d'alarme :

Sauvons-nous! Pour moi, je me cache;
N'éveillons pas l'Amour qui dort!

Une autre, plus hardie, se risque, jette son filet sur l'Amour.

Fils d'Aphrodite,
Je t'ai pris. Ne pique pas.

L'Amour sort de son nid, et, s'adressant à l'audacieuse :

Non :
Calme la frayeur qui t'agite.
Je suis l'Amour, mais doux et bon;

Connais mieux ma race et moi-même.
Tu parlais de l'Amour ancien;
On le maudit, et moi, l'on m'aime;
Il fait le mal, et moi le bien.
Il sait blesser avec ses armes,
Et moi, je sais l'art de guérir;
Il aime à voir couler les larmes,
Moi, je me plais à les tarir.

TROISIÈME TABLEAU

Harmonie.

PERSONNAGES :

La Muse — Mme la princesse de Bauffremont.

Tous les personnages des deux premiers tableaux sont groupés autour de la Muse. — Celle-ci chante. — Chœur général.

C'est aussi pour le théâtre privé de l'Impératrice que Feuillet compose *les Portraits de la marquise*, représentés à Compiègne le 13 novembre 1859. Sa Majesté elle-même jouait le rôle de la Marquise, le seul qu'elle ait jamais accepté après son mariage, et dont elle s'acquitta ni bien ni mal ; étant jeune fille, elle avait joué *le Caprice*, de Musset, avec sa sœur la duchesse d'Albe et le duc de Sesto. Deux autres interprètes des *Portraits de la marquise* étaient le comte de Talleyrand et le comte d'Andlau. « Quant à l'Impératrice, ce soir-là, c'était une déesse descendue de l'Olympe. Elle avait une robe de tulle bleu semé de nœuds de velours noir, qui retenaient des épis de diamants. Sur la tête, une aigrette de diamants ; au cou, les plus beaux diamants de la couronne. Sa beauté n'avait rien d'humain dans ce cadre écrasant ; on eût dit une fille de roi, sortant d'un palais des Mille et une Nuits, et traînant après elle les merveilles du Bosphore... » Elle était assez ordinaire comme actrice ; mais ce n'est pas au théâtre que se jouent les meilleures pièces.

Après une comédie jouée par des dames de la Cour, en 1867, le prince héritier de Prusse dit au baron de Goltz, ambassadeur de Prusse à Paris : « Je suis heureux, mon cher Goltz, que vous ne soyez pas marié ; si vous l'étiez, je me croirais obligé de prier mon père de vous rappeler, car on s'amuse trop ici. »

Le duc de Morny, sur l'invitation même de l'Empereur qui lui donne carte blanche, écrit, joue en 1862, à Compiègne, *la Corde sensible* ou *les Dadas favoris*, et s'y moque agréablement des manies des personnages de la Cour. Mérimée, Delessert, Saulcy, Viollet-le-Duc, lui donnent la réplique. « Je ne serais pas fâché de connaître le dada de l'Empereur, interroge Mérimée. — Il est bien connu, répond Morny. Ainsi, vous, par exemple, il vous plairait de vous réconcilier, et de causer avec lui de politique transcendante. Sans doute, l'Empereur vous entendrait par devoir professionnel, mais sans passion. Tandis que, si vous lui apportiez quelque vieux morceau de fer rouillé, soi-disant trouvé dans une fouille quelconque, oh ! alors, sa physionomie s'éclairerait aussitôt, ses yeux pétilleraient d'aise, et il écouterait avec une bonté gallo-romaine qui achèverait de vous désarmer tout à fait.

— Vraiment? Et si, une fois la paix faite, il me proposait de me présenter à l'Impératrice, que me conseilleriez-vous de lui dire, à elle, pour flatter son dada ?

— Si vous lui disiez qu'elle est belle, spirituelle, charitable, il est probable qu'elle ne vous répondrait même pas.

— Bon. J'aurais soin de m'en abstenir.

— Mais si vous lui... juriez que pas un tapissier ne s'y entend comme elle pour choisir des meubles, assortir des étoffes et décorer un salon...

— Elle me ferait peut-être décorer aussi ? S'il en était ainsi, je n'hésiterais pas à me rallier à l'instant même... »

Pour ce même théâtre de Compiègne, le marquis de Massa compose, en 1865, *les Commentaires de César* ; le premier volume de l'ouvrage de Napoléon III venait de paraître, et le titre s'imposait. Trente rôles : premières actrices, Mmes de Metternich, de Pourtalès, de Poilly, de Galliffet, Anatole Bartholoni. Compère, le baron Lambert ; régisseur, M. Edmond Davillier ; souffleur, M. Viollet-le-Duc ; et puis encore : marquis de Caux, vicomte Aguado, A. Blount, marquis de las Marismas, général Mellinet, marquis de Galliffet, Prince Impérial, prince de Reuss, vicomte de Fitz-James, vicomte d'Espeuilles, etc... Parmi les clous du premier acte, on bissait la parodie d'un mulet rétif présenté tous les soirs au cirque des Champs-Élysées, avec une prime de cent francs pour le spectateur qui parviendrait à le monter ; deux amis du Prince Impérial, Conneau et Pierre de Bourgoing, soutenant la carcasse de carton, figuraient le train de devant et le train de derrière. La princesse de Metternich, éblouissante d'entrain et d'esprit, jouait plusieurs rôles, celui de *la Chanson* entre autres : occasion toute naturelle de célébrer le courage de l'Impératrice pendant l'épidémie d'Amiens. Dialogue et couplets de *la Chanson* sont écrits avec verve :

... Ce qui m'assure le succès,
C'est que je suis de tous les âges,
Que chez les fous et chez les sages,
Je rencontre le même accès.
Pour bercer l'enfant qui sommeille,
La mère épuise mes leçons
Que demain sa lèvre vermeille
Répétera dans les buissons...
Dans ce plaisant pays de France,
Si chacun veut suivre mes lois,
C'est que, flattant votre inconstance,
Je pleure et je ris à la fois...
Car j'appartiens à tout le monde,
Au malheureux sur son grabat,
Au marin qui se rit de l'onde,
Au soldat qui marche au combat !
Jusqu'aux cieux les plus reculés,
C'est moi qui porte, souriante,
L'écho de la patrie absente,
Au cœur des pauvres exilés.
Je passe au feu de la satire
Les abus de l'autorité,
Et je mets, grâce à mon sourire,
Tous les rieurs de mon côté...
Mais, lorsque le ciel, irrité,
Du fléau frappe nos phalanges,
Je chante et je bénis les anges
Qui se font sœurs de charité.

Une rencontre récente des escadres anglaise et française dans la baie de Plymouth avait fourni le thème d'un tableau allégorique au second acte. Pendant l'entr'acte, l'Empereur entre dans le salon-foyer pour complimenter auteurs et acteurs, remarque un jeune soldat de ligne, en tenue de route, fusil à la main, causant avec un invalide médaillé de Sainte-Hélène. « Qui est-ce ? demande-t-il au marquis de Massa. — Un homme de troupe et un invalide que j'ai été autorisé à employer pour personnages muets. Ils arrivent de Paris. — A-t-on eu soin de les faire dîner, au moins ? — Je le pense, sire. » Napoléon s'approche du fantassin, qui se retourne selon les principes, et salue militairement : « Oh ! Oh ! Galliffet, s'exclame joyeusement l'Empereur. Et celui-ci ? » dit-il en frappant sur l'épaule l'invalide, toujours immobile, qui alors seulement fait demi-tour de son côté. — « Oh ! Oh ! Mellinet ! Deux glorieux blessés, » ajoute-t-il en leur serrant la main. Puis, se tournant vers l'auteur de la Revue : « Je vous fais mon compliment. Vous choisissez bien vos comparses. » Un autre comparse, c'était le Prince Impérial, en uniforme de grenadier, et représentant l'Avenir. Quel avenir ! Plus tard, en 1870, le jeune prince jouait *la Grammaire*, de Labiche, avec cinq de ses amis, sur un théâtre installé au Pavillon de Flore. L'unique rôle féminin tenu par Louis Conneau, fort bien travesti en jeune fille ; le prince jouant celui du vieil antiquaire monomane qui voit partout des débris gallo-romains. L'Empereur, très occupé d'archéologie à ce moment, s'appliquait gaiement certaines phrases comiques. « Le prince, assure Mme Carette, disait fort bien ses couplets. Il était charmant avec son jeune visage grimé en vieux savant, une longue redingote grenat à boutons qui lui battait les flancs, un pantalon de nankin, un grand gilet blanc, une grosse cravate et une perruque grise. » Le prince des Asturies, fils de la reine Isabelle, assistait à ce spectacle qui se termina par un souper que l'Empereur présida. Les destins étaient proches, et le secret de l'Empire allait se divulguer.

Mérimée, dans les *Lettres à une Inconnue*, fait entendre la note plaintivement ironique sur les *Compiègnes* : « On ne peut dormir dans ce lieu-ci. On passe le temps à geler ou à rôtir... Depuis mon arrivée, j'ai mené la vie agitée d'un impresario. J'ai été auteur, acteur et directeur. Nous avons joué avec succès une pièce un peu immorale, dont, à mon retour, je vous conterai le sujet... »

Et, à propos des charades qu'on lui demandait, Mérimée ajoute amèrement : « En écrivant ces turpitudes, je pensais à ce chansonnier allemand qui composait des chansons immorales pour gagner de quoi enterrer sa femme. »

Non seulement les acteurs, mais les spectateurs forment spectacle, deviennent les héros d'incidents comiques. Voici le peintre Couture, auquel l'Impératrice, le lendemain de son arrivée, demande comment il se trouve à Compiègne. « Je me trouve d'autant mieux, Madame, que ma chambre me rappelle la mansarde où j'ai fait mes débuts artistiques ; » le sac rempli de grenouilles qui se répandent, la nuit, dans la chambre où une dame avait remplacé Pasteur ; la méprise de la comtesse de la Bédoyère qui, causant dans un groupe où se trouvait Rouher, avise soudain une femme petite, brune, et interroge machinalement : « Qui est donc ce petit pruneau ? » Rouher s'incline, et souriant : « Madame, c'est ma femme. » Mme de la Bédoyère, tout effarée, s'approche d'autres amis, leur raconte son impair : « Il vient de m'arriver la chose la plus désobligeante du monde. Je causais avec M. Rouher, et, en voyant entrer cette dame que je ne connaissais pas, je m'écrie : Qui est donc ce petit pruneau ? » Mais la même voix retentit à son oreille : « Et j'ai eu l'honneur, Madame, de vous répondre : C'est ma femme. » Rouher avait suivi la comtesse pour s'amuser de son embarras. « Eh bien, je ne m'en dédis pas, reprit-elle bravement ; les pruneaux ont du bon. » En pareil cas, le comte de Narbonne se contentait de dire : « Elle est charmante, » après avoir demandé au mari quel était le laideron qui faisait tache dans le salon.

Après 1870, on joue la comédie au château d'Arenenberg, où le Prince Impérial passait d'habitude ses mois de congé, et appelait ses compagnons d'enfance. « Les costumes, affirme le baron de Bourgoing, étaient en général ceux qui avaient servi du temps de la reine Hortense. Une année, nous avions représenté *Télémaque* de Verconsin, pièce en vers ! Les rôles de femmes étaient joués par la marquise de X..., dont l'accent étranger augmentait le charme, et par Mlle de Y..., délicieuse en nymphe Eucharis. Le comte Primoli était un excellent Mentor ; Conneau un superbe Télémaque ; moi... j'étais un très bon souffleur. »

La comédie de société devenait un article d'exportation, et nos soldats au Mexique prenaient exemple sur la Cour, ou peut-être encore sur Maurice de Saxe. Pendant la campagne de 1862, après l'échec de Puebla, nos troupes, enfermées à Orizaba, se réconfortent avec le spectacle. « L'autre distraction, dit Imbert de Saint-Amand, était un théâtre d'amateurs où des soldats imberbes remplissaient les rôles de femmes. Les représentations avaient lieu chaque dimanche, dans une petite salle très simple, mais bien éclairée, avec des loges occupées par des familles mexicaines ou étrangères, et un parterre tout resplendissant d'uniformes. Malgré tant de privations, tant de souffrances, tant de dangers, tant d'épreuves de tout genre, l'armée n'avait rien perdu de sa bonne humeur et de son entrain. »

Assister à ces spectacles, interrompus certain jour par une vive attaque de l'ennemi, était un si grand attrait, qu'on obtenait par là de nos soldats un redoublement de zèle.

Cette passion n'étonnera pas le lecteur, après ce que rapporte Brazier. Un sous-officier, Quantin (1), raconte l'aventure des soldats français prisonniers en Espagne, enfermés dans l'île de Cabrera, en proie à la famine, aux épidémies, maltraités par des gardiens brutaux, se

(1) QUANTIN : *Trois années en Espagne, Sur les pontons, à Cadix et dans l'île de Cabrera*, cité par M. Léo CLARETIE, pp. 171 et s. — Sur les *Théâtres au Camp*, voir encore : La BÉDOLLIÈRE : *Malakoff*. — Général CLER : *Souvenirs d'un officier du IIe de Zouaves*. — Général du BARAIL : *Mes Souvenirs*. — Général HERBÉ : *Français et Russes en Crimée*.

consolant en jouant la comédie. Déportés en Angleterre au château de Porchester, ils recommencent, construisent un théâtre pour trois cents personnes, jouent tous les genres, triomphent de toutes les difficultés, recrutent un orchestre, des danseurs, des machinistes, des auteurs, des compositeurs de musique d'opéra, jouent, grâce à eux, des pièces nouvelles. Les représentations où les Anglais étaient admis rapportaient trois cents francs ; mais le gouvernement les interdit, et il fallut se contenter des seuls prisonniers : alors la recette ne dépassait pas cent vingt francs.

Et c'est ainsi partout où nos soldats mettent le pied, comme si la gaieté et le don comique faisaient partie du code militaire au même titre que l'obéissance et le courage. Théâtres militaires de Miliana, de la Chiffa, de Cherchell, d'Isly, où Bugeaud et sa casquette furent parfois chansonnés ; spectacle offert par les matelots du *Gomer* au duc de Montpensier dans la baie de Thérapin en 1845 ; représentation du *Camp du Drap d'Or* en 1853 au camp de Satory avec des costumes superbes de preux chevaliers ; théâtres des zouaves, en 1854, au siège de Sébastopol, en Italie, en Chine ; théâtres du camp de Châlons en 1857, du camp de Sathonay en 1859, soirées dramatiques à bord des vaisseaux de guerre, fête annuelle à Saint-Cyr le jour du Triomphe, spectacles dans les casernes des pompiers. Officiers, généraux, étrangers, accourent à ces fêtes qui constituent un excellent remède contre la débauche et l'alcoolisme.

Dans les sièges, en campagne, il fallait parfois compter avec un machiniste imprévu, imposant une grève spéciale, le canon de l'ennemi. On lisait sur des programmes du théâtre des zouaves d'Inkermann : *Représentation, si les Russes le permettent ;* et encore : *venir en armes, en cas d'appel ou d'attaque.* Et parfois le spectacle s'arrêtait devant cette annonce du régisseur : la représentation est interrompue, le régiment a reçu l'ordre de marcher à l'ennemi. Les cantinières s'improvisaient habilleuses, la fanfare du régiment servait d'orchestre, les imberbes étaient affectés au rôle de soubrettes et d'ingénues. La recette moyenne atteignait cinq cents francs, versés à la caisse des blessés ; on n'oubliait pas les prisonniers internés à Sébastopol. M. Léo Claretie a publié une lettre du peintre Protais, toute vibrante de cette joie de vivre que multiplie la sensation du danger et du plaisir combinés : « Les figures allégoriques ont été faites avec de la toile de tente où l'on avait passé une couche de chaux. Les décors ont été faits de la même façon et très habilement. Les couleurs dont ils se sont servis sont du rouge, du jaune dont ils se servent pour jaunir leurs guêtres, et de la poudre. Le théâtre est en toile, et les décors se composent de lambeaux cousus les uns aux autres..... Les perruques des pères nobles étaient faites avec de vieux houseaux de peau de mouton ; les manches, avec des sacs à terre où, avec de la poudre, on avait imité des queues d'hermine. Les chapeaux de femmes, avec de la toile de ceintures et de turbans. Les manchettes brodées en papier, les faux-cols aussi. Vous parlerai-je d'un superbe habit de marquis dont les broderies d'argent étincelantes étaient faites avec des découpures de fer-blanc. Tout cela très adroitement, très ingénieusement fait. C'est à n'en pas revenir de tant d'adresse. Voici le programme de la représentation : *Les ressources de M. Cocasse*, vaudeville en un acte ; *Intermède comique ; Les Anglaises pour rire ; Intermède comique ;* Première représentation du *Retour de Crimée*, vaudeville en un acte, par deux amateurs. — La représentation a eu lieu avec un succès fou. Les acteurs jouaient très bien, et le canon accompagnait les éclats de rire et les chants. La salle était pleine d'officiers français et anglais de toutes armes. Il faisait un clair de lune magnifique. »

J'ai lu quelque part que Grassot avait une tante qui mourut, lui laissant pour tout héritage une serinette. Grassot essaie de s'en servir, n'en tire qu'un sifflet aigu et prolongé, va consulter un facteur d'instruments, lequel, après un examen approfondi, vaticine : « Je sais ce que votre serinette a dans le ventre ; c'est l'ouverture de *Guillaume Tell*, mais je ne dois pas vous cacher qu'il manque beaucoup de notes. » La comédienne de société, en général, est à Bartet et à Sarah Bernhardt ce qu'était la serinette de Grassot à Rossini ou Meyerbeer : il y a d'ailleurs des exceptions, et elles deviennent de plus en plus nombreuses. Que de cantatrices, que d'actrices mondaines, que de gentlemen, aujourd'hui, jouent, chantent comme des professionnels ! Ils ont reçu l'étincelle, ils fortifient le don par une étude acharnée : Mmes Gaston de Caillavet, Gallet, Marguerite Sulzbach, Trousseau, de Trédern, Albert Gillou, de Maupeou, Cousin, Dumas-Matza, Kinen,

Pierre Girod, Verdé-Delisle, de Mailly-Nesle ; MM. Henri Borel, Jamin, Royer, de Bourboulon, Le Lubez, Henri de Bermingham, Pierre Despatys, Feydeau, de Laflotte, Joanne, Marcel de Germiny, Raquez, Henri Aubépin, Robert de Flers, M. et Mme Tristan Bernard, etc., sont des artistes exquis auxquels le public des salons doit des heures charmantes.

Et ce sont là d'autres bienfaits du monde et de la comédie de société. Ils mettent en valeur des talents qui, sans eux, ne surgiraient pas ; ils permettent de représenter des œuvres inconnues, des revues nées d'une actualité, mille fantaisies d'esprits raffinés qui ne prétendent qu'à amuser un instant leurs amis. Et, parmi ces œuvres inédites, tirées des catacombes littéraires par la volonté d'une aimable maîtresse de maison et de ses amateurs, beaucoup, grâce à eux, ont frappé l'attention d'un véritable directeur de théâtre, ou du moins fourni à leurs auteurs ce fugitif rayon de gloire qui les a montrés au grand public.

X

George Sand et son fils Maurice Sand renouvellent, perfectionnent la comédie improvisée et la comédie de marionnettes ; de 1846 jusqu'à 1872, celles-ci procurent les plus vifs plaisirs à la châtelaine de Nohant, à ses hôtes, à ses voisins : plaisirs de créateurs, d'auteurs, de spectateurs et d'acteurs. Dans *Dernières Pages*,

George Sand; dans *Masques et Bouffons,* Maurice Sand, racontent la genèse, les résultats de cette épopée comique. Pour rompre la monotonie des longues soirées d'hiver, George Sand ressuscite la *Comedia dell' Arte*, comédie de l'art, comédie à l'impromptu, comédie sur canevas, qui avait si longtemps fleuri en Italie. Du dialogue sans règle des premières atellanes, des charades de dix minutes, on s'élève petit à petit aux saynètes, pantomimes et pastorales ; puis, montant toujours, à des comédies d'intrigues et d'aventures, à des drames dont les paroles improvisées suivent plus ou moins un canevas affiché dans la coulisse. Au début, on s'installe dans un grand salon mal éclairé, en face de deux fauteuils, sur l'un desquels un petit chien endormi figure l'assistance : une ligne tracée au crayon blanc sur le parquet figure la rampe. Un des plus chers amis de George Sand, Chopin tient le piano à plusieurs reprises, et sa fantaisie géniale lui inspire des ballets, fait évoluer danseurs et danseuses sur des rythmes rares.

La première année, du 8 au 31 décembre, la troupe de Nohant joue douze canevas, toujours bâclés au dessert, lus avant qu'on ne se costume, relus au moment de commencer la pièce, celle-ci jouée sans répétitions. Les sept acteurs jouent pour jouer, pour l'amour de la chose, sans spectateurs : le 1er janvier, ils abordent un scenario arrangé avec le libretto du *Don Juan* de Mozart et le *Festin de Pierre* de Molière ; ils représentèrent tous les personnages nécessaires, et furent très contents les uns des autres.

« On avait déjà fait de grands progrès pour la mise en scène. Le paravent, coupé en deux, était devenu la coulisse de droite et de gauche. Nous avions peint une toile de fond qui représentait, d'un côté, une rue ; de l'autre, un intérieur, dont la perspective était combinée seulement pour l'illusion des acteurs. Pour la scène du tombeau du Commandeur, on avait poussé le luxe jusqu'à poser un rideau pour isoler la scène de la salle et du public fictif. Les costumes en toile, en papier, en chiffons de toutes sortes, étaient pourtant fidèles quant à la forme et à l'arrangement. Cette représentation nous émut beaucoup, malgré un incident qui faillit tout troubler dès le début. Le Commandeur était chatouilleux, et son cadavre bondit, en éclatant de rire, sous les embrassements de donna Anna. »

Dans cette troupe de Nohant qui, plusieurs fois, renouvela une partie de son personnel, la *Comedia dell' Arte* eut des interprètes mondains remarquables. « Des acteurs de profession, quelques-uns de premier ordre dans leur genre (Bocage, Thiron, Lambert, entre autres), voulurent s'y essayer, et le firent avec succès, mais non sans être forcés de prendre au sérieux une manière pour eux si nouvelle. Ils avouaient n'avoir jamais rien fait de si difficile. Mais, peu à peu, le plaisir de l'improvisation s'emparait d'eux, et il en est qui nous ont montré, par éclairs, des qualités supérieures à celles que nous leur connaissions. »

Avec le temps on eut un théâtre véritable, décors, costumes, accessoires suffisants, salle pouvant contenir soixante personnes : les pièces étaient en partie étudiées, en partie improvisées, quelques-unes répétées cinq, six fois, ces répétitions consistant à se pénétrer du scénario, à bien convenir de la broderie que chacun voulait ajouter *de fait* à son rôle, avec l'agrément des autres, de telle sorte que l'acteur se livrait à toute la chaleur de son jeu sans oublier le moindre détail, et sans cesser de se rendre compte de ce que diraient et feraient ses camarades, afin de provoquer les répliques nécessaires.

Maurice Sand déclare, après Gherardi et Riccoboni, qu'il est plus facile de former dix acteurs pour la comédie régulière qu'un seul pour la comédie improvisée.

En 1849, comme le théâtre vivant chômait faute d'acteurs, on s'avisa de fabriquer et d'installer un théâtre de marionnettes : deux hôtes de Nohant firent parler et agir la troupe dite *des Petits Acteurs*, deux autres furent le public ; on tailla les sept premiers comédiens dans une souche de tilleul. Aux pupazzi classiques, aux types consacrés du vieux répertoire, George Sand et ses collaborateurs ajoutèrent, d'année en année, une foule de personnages, composèrent plus de cent pièces, réalisèrent de tels progrès, qu'ils purent représenter des féeries, des mélodrames, des pièces militaires, des romans en action qui duraient plusieurs soirées : tel type créé sur le théâtre *des Petits Acteurs* passa sur le théâtre *des Grands Acteurs*, et *vice versa ;* de même en Grèce, à Rome, au temps la Renaissance, des espèces d'échanges s'établissaient entre les personnages des atellanes et ceux du théâtre des comédiens de bois. Introduire une foule, une armée, un corps de ballet, sur une scène minuscule, faire surgir ou disparaître des forêts, des palais enchantés, pourfendre des hippogriphes, figurer à distance des joutes et des tournois, simuler une chasse, toutes les voix, tous les bruits, un seul opérant suffisait à exécuter tout cela ! Si Haydn avait vu les comédiens de bois de Nohant, manœuvrés d'une façon géniale par le *maître du jeu*, Maurice Sand, qu'aurait-il fait, lui qui écrivit plusieurs opérettes pour les marionnettes du prince Esterhazy ?

Un célèbre auteur dramatique, ayant assisté à une pièce militaire du répertoire, dit le lendemain à George Sand : « Je n'ai pas dormi de la nuit, et je ne voudrais pas voir souvent ce théâtre. Il m'a bouleversé, il m'a fait douter de l'art ; je me suis demandé ce que valaient nos conventions, à côté de ce dialogue libre, vulgaire, rompu ou renoué comme dans la réalité, de ces expressions spontanées si bien appropriées à la situation, de ce pêle-mêle d'entrées et de sorties, ingénieux résumé de l'agitation et du tumulte... Je me questionne en vain pour savoir ce qui m'a tant ému. Est-ce le résultat de l'absence d'art, ou la vision d'un art nouveau qui essaie d'éclore, ou enfin d'un art consommé que je ne connais pas ? »

George Sand, qui aimait les marionnettes de Nohant comme les petites filles aiment les poupées, consacrait de longues heures aux pièces, aux costumes, déployant les ressources d'un esprit abondant et inventif, aussi fière d'une trouvaille que d'un beau roman. Elle fabriquait d'admirables monstres de féerie, des tarasques lilliputiennes rappelant celles des fêtes populaires du

Midi : celles de Nohant étaient en baleine revêtue d'étoffe ou en acier ; tous les anciens jupons-cages des dames y passèrent.

Et, mieux encore que Charles Magnin, elle a dit le charme, l'utilité, la philosophie de ces pupazzi, qui ne sont pas ce qu'un vain peuple pense, qui satisfont notre éternel besoin de fiction, et peuvent représenter toutes les passions, toutes les rêveries, toutes les réalités :

« Tout le drame est dans le cerveau et sur les lèvres de l'artiste ou du poète qui leur donne la vie. Il n'est donc pas étonnant que certains maîtres en l'art des marionnettes aient passionné beaucoup de lettrés, et que de grands esprits aient ou travaillé pour elles, ou puisé leurs inspirations dans les traditions séculaires de leurs répertoires... Nos petites filles deviennent plus soigneuses et plus maternelles, en voyant ce qu'on peut attribuer et, jusqu'à un certain point, communiquer d'esprit, de grâce et de sentiment à ces êtres fictifs. Le lendemain d'une représentation, elles rejouent la pièce dans tous les coins de la maison et du jardin avec leurs poupées. Elles les costument, les disposent et les font parler avec cette mémoire surprenante des enfants, qui saisit de préférence ce qu'on croyait au-dessus de leur portée. Je me rappelle combien notre ancienne comédie improvisée eut de prompts et de bons effets pour éclaircir les idées de nos enfants d'alors, en débrouillant leur parole, et en les contraignant à suivre le fil d'une logique serrée dans la fièvre de leur divertissement... L'esprit de jadis était trop léger, sans doute, puisque l'art du causeur était d'effleurer sans approfondir ; mais l'esprit d'aujourd'hui est tombé dans l'excès contraire. Il est lourd comme le pas de l'éléphant, ou menaçant comme celui du cheval de bataille. Tout ce que l'on évitait autrefois pour maintenir la bonne harmonie, on se le jette à la tête à présent avec une âpreté grossière. C'est que nous sommes une race d'artistes, et que, quand notre cerveau n'est pas rempli de la recherche d'un idéal, beau ou joli, gai ou dramatique, il s'emballe dans le noir, l'incongru, le bête ou le laid. Voilà pourquoi je prêche le plaisir aux gens de ma race ; oui, le plaisir, tous les hommes y ont droit et tous les hommes en ont besoin : le plaisir honnête, désintéressé, en ce sens qu'il doit être une communion des intelligences ; le plaisir vrai avec son sens naïf et sympathique, son modeste enseignement sous le rire ou la fantaisie... Trouvons pour nos enfants n'importe quoi, des comédies, des charades, des lectures plaisantes et douces, des marionnettes, des récits, des contes, tout ce que vous voudrez, mais quelque chose qui nous enlève à nos passions, à nos intérêts matériels, à nos rancunes... »

Mme Edmond Adam (Juliette Lamber) raconte avec verve ses impressions (1) sur les fameuses marionnettes de Nohant, qu'elle vit pour la première fois en 1869. Comme on l'a dit, Maurice Sand était décorateur, machiniste, directeur ; et avec cela, peintre, écrivain, savant botaniste, géologue, géographe, agriculteur, ce

(1) *Nos sentiments et nos idées avant 1870.*

qui s'accordait à merveille avec ses fonctions d'impresario. « Nous connaissons par leurs noms, avant de les voir : Balandard, Coq-en-Bois, le capitaine Della Spada, Isabelle, Rose, Céleste, Ida, et tous, toutes. Alice rêve du monstre vert, Belzébuth... Nous sommes en costume de grande première, décolletées. Le programme de la soirée est affiché partout. Les marionnettes jouent *Alonzi Alonzo le bâtard, ou le brigand de las Sierras*. Maurice passe vingt nuits pour amuser une heure son adorée mère... Enfin le moment solennel arrive. Nous défilons gravement, selon le rang que Mme Sand nous assigne. Nous entrons dans la salle de théâtre... A gauche, la grande scène où l'on joue la grande comédie ; en face, le théâtre des marionnettes, avec un rideau étonnant peint par Maurice, bien entendu. Le rideau se lève ;... nous sommes prévenus qu'il est permis d'interpeller les acteurs, que l'action et le dénouement lui-même peuvent être influencés par les spectateurs, Maurice n'ayant de respect que « pour ce genre de suffrage universel... »

Oh ! Balandard, directeur de la troupe ! Sa redingote, son gilet blanc impeccable, son immense chapeau qui le couvre, ou qu'il tient à la main avec tant de dignité ! C'est George Sand qui est son tailleur, et il s'en vante à tout propos. « Je compte, ajoute-t-il, que vous m'honorerez de votre indulgence ; je vous la rends. »... La pièce commence. Elle est abracadabrante. Les spectateurs demandent des explications. On dénonce les traîtrises à la victime menacée ! Le public s'impatiente de ses propres interruptions, et s'emporte. Maurice répond à qui interroge, réenchaîne l'action, improvise, fait tête à tous les imprévus.

« Est-ce la merveille des physionomies des marionnettes, taillées et peintes presque toutes par Maurice? Est-ce l'art avec lequel il les fait mouvoir, les met en lumière? Sont-ce leurs gestes stupéfiants de réalité, la promptitude qu'elles mettent à aller, à venir, à entrer, à sortir, à rentrer; — est-ce la merveilleuse réalité avec laquelle elles sont habillées dans le plus petit détail par Mme Sand? Est-ce le tout? Mais ces poupées parlantes, auxquelles on s'adresse, qui vous répondent, prennent à tel point les apparences de la vie, qu'au bout d'un temps très court, on les croit réelles.

« Les « habitués » du théâtre, qui connaissent les personnages pour ainsi dire en dehors de leurs rôles ou dans l'ensemble de leurs rôles, dans leur caractère que Maurice respecte, dans leur genre, — car ils ont chacun leur emploi déterminé, et ne jouent jamais un rôle en désaccord « avec leur talent », avec leur moralité ou leurs vices, — les habitués, dis-je, accordent déjà une part de vie à ces personnages, dès qu'ils apparaissent. Chacun a ses préférences... On sait que Plauchut ne peut voir Mlle Olympia Nantouillet sans un plaisir qu'il manifeste. Lina chérit Balandard. Mme Sand a un goût marqué pour le doge de Venise et Gaspardo, le meilleur pêcheur de l'Adriatique. Planet courtise Mlle Ida.

« Pour moi, un choix s'impose. Coq-en-Bois n'a jamais aimé personne. Il dédaigne le sexe, et lui manque souvent de respect. Nous avons le coup de foudre l'un pour l'autre : je lui fais une déclaration publique, il y répond...

« Comment, toi, Coq-en-Bois, jusqu'ici fidèle à ton nom, toi aussi, malheureux, te voilà pincé! s'écrie Lina. — Qu'est-ce que tu veux? Juillette me dit quelque chose. » Et Coq-en-Bois, après une déclaration brûlante, m'invite à souper « à nous deux! » chez Brébant, en cabinet particulier. Adam proteste et s'écrie : « Ah! non, par exemple! » Nous éclatons de rire...

« Les marionnettes n'ont pas un mètre de hauteur. Edouard Cadol et Eugène Lambert ont seuls aidé Maurice : le premier, à les sculpter; le second, à les peindre. Leur visage, leur buste, leurs bras sont garnis de peau, les femmes peuvent être décolletées, et les hommes lutter à demi-nus. Elles ont des cuirasses en carton... Il y a des traditions pour plusieurs. Ainsi les entrées en scène du facteur sont toujours désopilantes... Et Bassinet, le garde-champêtre! Et Purpurin, et le comte des Andouilliers, et Mlle Eloa! Et Chalumeau, et Friturin! Quelle pléiade de comiques! Et la Comédie Italienne au complet, et Bamboula la négresse, Rosalie la femme de chambre qu'on retrouve sans cesse, le colonel Vertébral, la comtesse de Bombrecoulant! J'en oublie la moitié : qu'elles me pardonnent!... »

En agissant et en parlant ainsi, George Sand restait fidèle au goût de sa famille et de sa jeunesse. Au couvent des Anglaises, elle improvisait, avec l'autorisation des religieuses, des charades, des petites comédies arrangées d'avance par scénarios et débitées d'abondance, choisissant les acteurs, commandant les costumes, imaginant par exemple, le costume Louis XIII qui conciliait la décence et la possibilité de s'habiller en homme. (*Histoire de ma Vie*, t. III, p. 236 et suiv.) Un beau jour, la supérieure réclame un divertissement complet : « Allons, l'auteur, allons, boute-en-train, lui dit-on, à l'œuvre ! Il nous faut un spectacle admirable ; il nous faut six actes en deux ou trois pièces. Il faut tenir notre public en haleine depuis huit heures jusqu'à minuit. C'est ton affaire, nous t'aiderons pour tout le reste ; mais pour la pièce, nous ne comptons que sur toi. » Or, savez-vous ce qu'elle trouva pour contenter la supérieure, les autres dames de la communauté et les élèves ? Personne n'ayant lu Molière, elle leur servit *le Malade imaginaire*, qu'elle savait presque par cœur, en retranchant les amoureux, les crudités médicales, en soufflant à ses actrices les plus importantes parties du dialogue. Et ce fut un énorme succès. « Jamais, de mémoire de nonne, on n'avait ri de si bon cœur. » Ce que voyant, elle commença un intermède préparé en cachette, une scène de matassins avec une poursuite bouffonne, empruntée à *Monsieur de Pourceaugnac*. Cela devint du délire, un délire qui s'accrut encore, lorsque, pour terminer la soirée, la jeune troupe donna la Cérémonie de Réception. Et des compliments sans fin pour l'impresario qui s'évertuait à détromper ses compagnes. « Mais c'est du Molière, et je n'ai fait merveille que de mémoire ! » On ne la crut point ; une seule, qui avait lu Molière pendant ses vacances, lui conseilla sagement de ne pas révéler à ces dames où elle avait pris tout cela. Elle se tut, et le théâtre continua de prospérer le dimanche. « Ce fut une suite de pastiches puisés dans tous les tiroirs de ma mémoire, et arrangés selon les moyens et les convenances de notre théâtre. Cet amusement eut l'excellent résultat d'étendre le cercle des relations et des amitiés entre nous. La camaraderie, le besoin de s'aider les unes les autres pour se divertir en commun, engendrèrent la bienveillance, la condescendance, une indulgence mutuelle, l'absence de toute rivalité... Je puis rappeler sans vanité ce temps où je fus l'objet d'un engouement inouï dans les fastes du couvent, puisque ce fut l'ouvrage de mon confesseur, et le résultat de la dévotion tendre, expansive et riante où il m'avait entraînée. »

Arsène Houssaye, dans sa prime jeunesse, jouait la comédie avec le plus grand succès, chez M. Niguet, notaire à Cœuvres. « C'était, dit-il, l'histoire des contrats de mariage que je rédigeais sans savoir le droit. Nous attirions des spectateurs de Soissons, de Villers-Cotterets, de Vic-sur-Aisne et de Cœuvres. » (*Confessions*, t. Ier, p. 201.) Il paraît même qu'il jouait les amoureux avec trop de naturel, et que cela devint la comédie du *Chandelier*, mais non au figuré. Le mari rentra avec un chandelier, le lui jeta à la tête... et le théâtre fut fermé.

Les Goncourt, enfants, jouent aussi la comédie à Gisors. (*Journal des Goncourt*, t. Ier, p. 108.) « Le théâtre était dans la serre : un théâtre au grand complet, un théâtre qui avait une toile représentant la Ganachière, des décors, une galerie et jusqu'à une loge grillée ! Un théâtre où le tonnerre était très convenablement fait par le bonhomme Ginette, tapant, avec une paire de pincettes, sur une feuille de fer-blanc. Et savez-vous le rouge qu'on nous mettait ? Du rouge à 96 francs le pot, conservé par Mme Péan de Saint-Gilles, et qui venait de Mme Martin, la femme du vernisseur du XVIIIe siècle et la mère du chanteur; et l'on nous recommandait de l'économiser, s'il vous plaît. Ah! les beaux costumes de hussards que nous avions dans *le Châlet!* La magnifique perruque que portait Louis dans M. Pinchon! Que d'incidents, de compétitions, de surexcitations d'amour-propre, à ces répétitions conduites par le père Pourrat, qui nous citait des axiomes dramatiques de Talma! Et les charmants enfantillages au milieu de tout cela, et l'amusante colère de Blanche, le jour où le ténor Léonce lui dévora la pêche qu'elle devait manger en scène!... Et quels soupers joyeux faisait le soir la petite troupe, quand on lui servait deux douzaines de chaussons aux pommes; et quel grand jour la veille de la représentation, le jour que Mme Passy rangeait tous les costumes dans la grande chambre où nous couchons aujourd'hui! »

En 1862, les Goncourt assistent, chez Théophile Gautier, à une représentation de *Pierrot posthume* : « C'est la chambre des filles de Gautier qui est la salle du spectacle, où il y a une toile, une rampe, et tous les fauteuils, et toutes les chaises de la maison... Sur la porte, au-dessus de laquelle se détire, en une pose anacréontique, une femme nue, est collée l'affiche :

THÉATRE DE NEUILLY
Pierrot posthume

« La toile se lève sur la scène où le peintre Puvis de Chavannes a peint d'assez cocasses décors, une scène où il y a juste la place pour un soufflet et un coup de pied dans le derrière. Et la farce commence, une farce qui paraît écrite au pied levé, une nuit de carnaval dans un cabaret de Bergame, avec de jolis vers qui montent s'enrouler ainsi que des fleurs autour d'une batte. Là-dedans, passe et repasse toute la famille, les deux filles de Gautier : Judith dans un costume d'Esmeralda de la comédie italienne, développant des grâces molles ; la jeune Estelle, svelte dans son habit d'Arlequin, et montrant sous son petit museau noir de jolies moues d'enfant ; le fils de Gautier en Pierrot, un peu froid, un peu trop dans son rôle, un peu trop posthume ; puis Théophile Gautier lui-même, faisant le docteur, un Pantalon extraordinaire, grimé, enluminé, peinturluré à faire peur à toutes les maladies énumérées par Diafoirus, l'échine pliée, le geste en bois, la voix transposée, travaillée, tirée on ne sait d'où, des lobes du cerveau, de l'épigastre, du *calcaneum* de ses talons ; une voix enrouée, extravagante, qui semble du Rabelais gloussé. »

Mais il faut compléter et rectifier ce compte-rendu, avec celui de Mme Judith Gautier elle-même, dans le deuxième volume de ses pittoresques souvenirs (1). Mme Favart assiste aux répétitions et dirige la mise en scène ; Belloir dresse le petit théâtre. Plus de deux cents invitations lancées ; l'élite des arts et des lettres ; il n'y eut guère de manquants. On jouait le *Tricorne*

---

(1) Judith Gautier : *Le Collier des jours*, 1 vol. Félix Juven, éditeur; *Le Second rang du Collier*, p. 140 et s.

enchanté et *Pierrot posthume*. Parmi les spectateurs : Flaubert, Paul de Saint-Victor, Gustave Claudin, Baudelaire, les Goncourt, Champfleury, Arsène Houssaye, Meurice, Vacquerie, Adolphe Gaiffe, Xavier Aubryet, Mario Uchard, Baudry, Cabanel, Français, Hébert, Gustave Doré, Arthur Kratz, Charles Garnier, Georges Charpentier, etc...

Acteurs : Gautier, sa femme, ses enfants. Théophile, afin de faire valoir la belle voix de Mme Gautier, ajouta une sérénade à la première scène de Valère, et refit quelques vers pour le raccord ; dans la coulisse un harpiste accompagna la sérénade de Schubert. Puvis de Chavannes avait tenu à faire deux décors, un pour chaque pièce de son ami.

Théodore de Banville, la nuit même de la fête, improvisa une chronique en vers :

Tant de beaux yeux couleur des soirs,
Ou de l'or pur, ou de pervenches,
Faisaient passer les habits noirs
Masqués par des épaules blanches.

D'ailleurs ces habits noirs « serraient presque tous des torses illustres » :

La littérature y comptait,
— La vieille aussi bien que la neuve, —
Si bien que Dumas fils était
Assis auprès de Sainte-Beuve...
Les décors malins et vermeils
Étaient de Puvis de Chavannes.
Pour en rencontrer de pareils,

On irait bien plus loin que Vannes...
Malgré le « chacun son métier, »
La critique ici ne peut mordre,
Puisque Théophile Gautier
Est un acteur de premier ordre...
Quant à Pierrot, blanc comme un lis,
Et sérieux comme un augure,
Il empruntait de Gautier fils
Une très aimable figure.

Et Rodolpho fut épique dans son rôle d'ivrogne :

Il est terrible, il est superbe

s'écriait Banville.

« Il va sans dire que tous les interprètes furent fêtés, et que ce fut une soirée triomphale... Longtemps la cadence des vers chanta dans notre mémoire. Nous avions même pris l'habitude, Théophile Gautier tout le premier, de ne presque plus parler que par citations. La première pièce, spécialement, se prêtait à ce jeu, et nous fournissait nombre de maximes s'appliquant aux petits faits de la vie. Aussi, mon père répétait-il souvent : « Tout est dans *Pierrot posthume.* »

C'est assez, j'espère, pour indiquer un nouveau type de la comédie de société, pour montrer que celle-ci eut ses protagonistes parmi les littérateurs du dix-neuvième siècle, comme elle les avait au dix-huitième siècle, et qu'ils ont ajouté quelques brillants, quelques perles à son charmant écrin.

XI

« Il ne faut jamais voir la femme que l'on aime jouer la comédie de société ; si elle la joue mal, on se désenchante ; si elle la joue bien, on se désabuse. » — Ainsi parle Mme de Girardin, et je doute qu'elle ait convaincu personne : d'abord, parce que la comédie de société est un plaisir et une passion ; quiconque en est féru, s'y adonne ou s'y adonnera, sans se préoccuper des conséquences sentimentales et de ces nuances si ténues ; — et puis parce que cet axiome, comme la plupart des axiomes, a un envers et un endroit, une part de faux et une de vrai. La femme que l'on aime, pourrais-je répondre, fait tout bien, puisque c'est le propre même de l'amour d'idéaliser la personne, ses pensées et ses actions. L'amour n'enlevât-il pas toute clairvoyance, l'admirateur peut encore raisonner ainsi : Si elle joue mal, c'est qu'elle est trop franche et trop loyale pour se dédoubler dans un personnage de convention ; si elle joue bien, quel n'est pas son charme? Quel talent! Quel infini de séduction! Quel précieux supplément à d'autres mérites! — Et, à le bien prendre, on aime parce que l'objet du sentiment réunit en soi une foule de vertus réelles, ou qui n'existent que dans l'imagination de l'amoureux : ce sont des vertus cristallisées. Et l'on aime aussi, un peu à la façon des moutons de Panurge, parce que dix, vingt, trente personnes proclament une femme aimable entre toutes. Or, la comédie de société fournit le moyen de paraître aimable à deux, trois cents spectateurs, qui font ensuite l'opinion publique des salons, cette même opinion publique qui influe tant sur les individus ; car, ici encore, la psychologie des foules entraîne ou fausse celle des particuliers. Et donc, mesdames, jouez la comédie : pour un seul que vous désenchanterez, vous en ravirez cent, et, faute d'un moine, votre abbaye coquette ne chômera pas ! Si le flirt au premier degré est une attention sans intention, la comédie de société semble une variété de flirt, une intention générale sans attention spéciale. Prenons garde seulement : le flirt a mille incarnations ; c'est le Protée de la passionnette.

Une femme du monde, qui est en même temps auteur dramatique, poétesse, excellente comédienne de société, la baronne de la Tombelle, m'a envoyé des réflexions très justes sur le sujet qui m'occupe ; car j'ai fait aussi mon enquête à ce propos, et, chemin faisant, je consignerai quelques réponses.

« La comédie de société, m'écrit-elle, amuse tout le monde : les spectateurs, débineurs ou laudatifs, y trouvent leur compte. Les acteurs s'en divertissent bien plus encore. Les uns se plaisent à ce travail si délicat, où l'on épouse la pensée de l'auteur, où l'on collabore avec lui pour arriver à l'œuvre parfaite. Les autres apprécient les occasions de flirt, prisent fort les « menus suffraiges » mains serrées, coups de coude, baisers rapides, qu'impose la mise en scène entre Frontin et Marton, au grand profit du lieutenant X... et de la vicomtesse Y... mais au grand détriment du vicomte Y... Aussi existe-t-il, de par le monde, un mari qui défend à sa femme toutes les pièces *où l'on se touche* dans le sens matériel du mot. Il n'a pas prévu qu'on peut se toucher autrement.

« Quelques personnes livrent leur scène à des acteurs professionnels. C'est un tort. Ceux-ci n'obtiendront qu'une attention distraite d'un public qui les a vus cent fois chez eux, et qui, d'ailleurs, ne se croit pas tenu d'applaudir des comédiens payés : de plus, ils formeront un ensemble commun, mal vêtu, jouant gros, à moins qu'on n'ait affaire aux premiers sujets de la Comédie Française. Mais ceux-là n'apprennent guère une pièce commandée ; ils vous apportent une berquinade bien rebattue, et la jouent en regardant la pendule : coût, soixante-quinze ou cent louis. Les amateurs coûtent moins cher, ou plutôt avec eux les servitudes sont d'un autre genre. Il faut leur donner à dîner les soirs de répétition, si l'on veut diminuer les chances de *petit bleu* à la dernière heure ; il faut leur offrir une voiture pour les reconduire, envoyer des fleurs aux dames..., et même, dit-on, un jonc à pomme d'or ou cent cigares de luxe au jeune premier. Il faut les inviter à ses chasses, si l'on en a ; les autoriser à amener leurs familles, tantes énormes, cousines grincheuses, beaux-frères véreux, amis de tout poil, qui envahissent votre salon, s'y installent sans vous saluer, posent une carte et ne reviennent pas s'ils sont des gens très chics qu'on reverrait volontiers, vous accablent de visites s'ils font tache parmi vos élégances. N'importe, il vaut mieux subir tout cela, car l'amateur a le charme spécial de quelqu'un qui évolue dans sa sphère ; il joue au naturel l'homme du monde. Prenez donc des amateurs, mais adjoignez-leur un metteur en scène auquel vous donnerez pleins pouvoirs. Les gens du monde se soumettent volontiers à un professionnel expert, que le moindre cabotin braverait en face, comme il nous advint l'an dernier, aux répétitions de *Julie*. Le metteur en scène plaçait à gauche une chaise que « l'amoureux » (élève du Conservatoire), voulait placer à droite ; là-dessus, altercation, et la maîtresse de maison se garda bien de prendre parti. Le metteur en scène avait raison, mais on pouvait jouer sans lui, non sans l'amoureux. La représentation était proche... Nous laissâmes lâchement partir le moins indispensable des deux. Que celles qui n'ont jamais reçu nous jettent la première pierre.

« Du reste, la vanité fleurit chez les amateurs comme chez les professionnels. L'année où nous jouâmes *les Erreurs de Jean*, de Verconsin, l'auteur dirigeait les répétitions avec sa bonhomie souriante, adressait parfois aux interprètes de ces conseils où un gramme de blâme est dilué dans cent grammes d'éloges. M. de B..., qui remplissait le rôle principal, se piqua cependant, et, presque à la veille du grand jour, rendit son tablier. Cette fois encore, la maîtresse de maison fut lâche : elle supplia M. de B..., Verconsin promit de ne plus rien dire, notre premier sujet se ravisa, nous le remerciâmes chaleureusement..., et nous jurâmes tout bas de ne plus jamais avoir recours à lui.

« La question des accessoires est encore un grand souci. Il convient d'en charger un intime de la maison, qui s'assurera de leur fonctionnement, afin d'éviter une catastrophe analogue à celle qui marqua notre représentation du *Trésor*. Le coffret qui contient les bijoux sauveurs ne voulait pas s'ouvrir ; j'y brisai vainement un couteau. Après deux minutes d'angoisse, il fallut se résigner. Par bonheur, mon interlocuteur, excellent acteur doublé d'un fin lettré, improvisa séance tenante deux vers qui sauvèrent la situation. »

« En 1902, je fis jouer *Le Fiancé de la mer,* opéra-comique chanté par Mlle de Bertrand, M. Tartenson, M. Ziegler de Locs entré depuis au théâtre.

« Une soirée fut, chez moi, consacrée aux œuvres d'Edouard Pailleron. On y donna *le Chevalier Trumeau,* précédé d'une aimable conférence de M. Émile Buloz.

« Une autre soirée fut consacrée à *la Vieillesse,* causerie par M. Eddy Lévis, chansons et poésies appropriées, comédie de Michel Provins. »

« En 1909, *Prélude féérique,* de Fernand Gregh, fut donné chez moi. C'est un prologue au conte de *la Belle au Bois Dormant.* La fée Carabosse fut jouée par le baron de Berwick, admirable acteur mondain, aussi beau dans le tragique que dans le comique. Mlle Simone Barbier (petite fille de Jules Barbier), Mmes Morel, Nolte, de Gerson, Mlle Braniano, l'acteur Duquesne et Mme Duquesne représentèrent les fées et les grenouilles ; Mlle Breitner (du théâtre des Arts) tint le rôle du crapaud. M. Martinenche, maître de conférences à la Sorbonne, fit une causerie préliminaire. Le chœur des fées fut chanté par de très jolies femmes, et des flammes de lycopode signalèrent le départ de la méchante fée. »

On a joué chez la baronne de la Tombelle ou chez sa mère Mme de Marivault : *le Dossier secret*, de Michel Provins ; *At Home*, de Louis Legendre ; *l'Etincelle, l'Autre Motif, Pendant le Bal*, de Pailleron ; *le Passant, le Trésor, le Rendez-vous, le Pater*, de Coppée ; *Julie, Circé, les Portraits de la Marquise*, de Feuillet ; *les Rêves de Marguerite, la Matrone d'Ephèse, Adelaïde et Vermouth*, de Verconsin ; *la Dernière Idole, l'Œillet blanc*, de Daudet ; *la Nuit d'octobre, le Caprice*, de Musset, etc... N'oublions pas une fort jolie pantomime japonaise de Gaston Lemaire, jouée en 1898 par Mlles de Sales, de Masquard, Valentine Chauveau, Yvonne du Bled, baronne de Bournat, MM. Albert Sage, de Massougne, Albert Legrand, répétée ensuite avec grand succès chez Mmes Charles Cartier et de Samarine, devant des parterres de grandes duchesses, de diplomates et de lettrés. Parmi les autres acteurs de cette troupe d'élite, au passé ou au présent, je citerai : le comte de Bourboulon, MM. Henri Borel, Charles Alphand, Eddy Lévis, Randouin-Bertier, Alfred de Tarde, Royer, de Bermingham, Houdaille, Étienne Énault, baron du Teil ; Mlles Kirevsky, Falciano-Soltyck, Mme Malançon, baronne Marochetti, baronne de Jouvenel ; Mlles de Saint-Victor et Finaly (1).

La société d'amateurs *Le Masque*, qui joue à la salle Mors, celles de la *Comédie Charitable*, de *l'Inédit*, sont en pleine activité.

---

(1) Plusieurs de ces jeunes filles sont devenues des jeunes femmes.

Un autre salon où la comédie de société règne de la manière la plus aimable, est celui de la duchesse de Bellune, qui eut pour auteur habituel le duc de Bellune lui-même. Sous ce titre : « Comment et pourquoi on a joué la comédie pendant l'automne à la villa Bellune, à Fontainebleau », le duc de Bellune a bien voulu me raconter, par écrit, les débuts de sa troupe en 1885, et l'on me saura gré, j'espère, de reproduire son intéressant récit :

« Les journées se tiraient encore à suivre les chasses en forêt, mais les soirées étaient démesurément longues. Alors, pour tuer le temps, à la suite d'une curée des plus classiques, les jeunes amazones et les jeunes cavaliers décidèrent, en conseil privé, que l'on devait inaugurer une série de représentations dramatiques, dont les unes et les autres feraient les frais.

« Il s'agissait d'abord de trouver une salle. Le hall de la villa Bellune, se développant sur quinze mètres de longueur et cinq et demi de largeur, fournissait un suffisant espace. Le portier du théâtre de la ville, qui était en même temps menuisier, se chargea de monter l'estrade et les portants ; mon peintre-vitrier, doué d'une certaine habileté, fut élevé aux fonctions de décorateur ; il eut promptement brossé un jardin, un salon avec leurs accessoires, et le rideau, avec manteau d'arlequin, par-dessus le marché. Quant aux artistes, tout l'état-major du 11e hussards s'enrôla dans la troupe, ainsi qu'un lot de civils smarts, et la fine fleur de l'Ecole d'Application. Le sexe aimable de la société de Fontainebleau offrit gracieusement son concours.

M. J.-J. Weiss, alors bibliothécaire du palais, était un inestimable régisseur, il en accepta la charge, comme M. le duc de Caraman la haute surveillance de la confection des costumes.

« Cela ne suffisait pas encore. Il fallait trouver les pièces, en tenant compte des convenances. En ce moment, j'étais travaillé par un déplorable accès de goutte qui m'immobilisait sur une chaise longue; cette circonstance parut un motif tout naturel pour me charger d'improviser le répertoire.

« Les préliminaires une fois réglés, il fut décidé que la saison débuterait par la Revue traditionnelle, et que cette Revue serait essentiellement locale, sous cette réserve toutefois qu'on n'y parlerait ni de l'Escalier en fer à cheval, ni de l'historique Cour des Adieux. Et c'est ainsi que *le Jardin de Diane* fut bientôt prêt à affronter les feux de la rampe.

« Entre temps, notre compagnie venait de se renforcer d'une très précieuse recrue. Mon bon ami Gustave Nadaud, qui se trouvait en villégiature chez les Rodier, à Bois-le-Roi, avait tenu à nous encourager, en m'apportant une scène et des chansons qu'il voulut bien interpréter lui-même. D'autre part, un de mes anciens au ministère des Affaires étrangères, Imbert de Saint-Amand, passait également ses vacances à Fontainebleau, et c'était un excellent porte-voix... Il en résulta que, le soir de la représentation, le rideau se levait devant l'élite du reportage parisien, MM. Calmette, Ferrari, Richard O'Monroy. Les interprètes remplirent merveilleusement leurs rôles, et, lorsque la toile se baissa, tout le monde fut content de chaque côté du rideau. Voici les noms des acteurs du *Jardin de Diane* :

Diane de Poitiers ; Un nuage	Mlle DE LA GATINERIE. (Ctes Mniszech).
Marlotte Gabrielle d'Estrées École d'Application	Mme LOYER-CAMBARDI.
La Carpe	Ctes G. DE MONTGOMERY.
La Chasse à courre	Mlle Jeanne DE BELLUNE.
La Dryade	Mlle Berthe COLLARD.
Un Candidat	M. Gustave NADAUD.
Corchevif	M. RODIER.
François Ier ; — un Touriste anglais ; — M. Arthur	Cte DE CUGNAC.
Henri IV ; — un Monsieur	Baron DE VAUX.
Un Écuyer de l'École	Comte DE DIESBACH.
Le Concert populaire	M. MESNIER.
Barbizon ; Le Pharamond	M. LEMIUS.
La Chasse à tir ; — le Rageur	M. BLONDEL.
L'Enragé ; — un Afficheur	Vicomte DE COULANGES.
Premier Artilleur	Cte POILLOUE DE St-MARS.
Deuxième Artilleur	Comte DE BOIGNE.

Le piano était tenu par M. de Montgomery.

« J'allais oublier la plus rare peut-être de nos interprètes du sexe gracieux, à laquelle les bravos furent prodigués, une toute charmante biche qui, au lieu de fuir, obéissait complaisamment aux appels que lui adressait la trompe de *la Chasse à courre*.

« Le théâtre de la villa Bellune était lancé, et désormais, chaque année, il ouvrit avec régularité ses guichets pour deux représentations : l'une d'automne, dont la charade fit les frais ; l'autre d'hiver, consacrée plus spécialement aux revues, à la comédie et même à l'opérette.

« Dans la première saison, on représenta : *Arbuste; Courroie; Soubrette; Brûlot; Parade.* Dans la seconde : *le Neveu de son Oncle; le Paragraphe 295; Dans la Lune; le Chemin de la Gloire; le Mariage au fleuret.*

« La dernière pièce représentée fut : *Phœbé la blonde,* fantaisie mythologique, sur laquelle M. Noël Desjoyaux broda la plus ravissante partition, et qui fut dite et chantée en perfection par Mlles Doleska et Renou (du Conservatoire), MM. Le Lubez, Bourgeois, Chevrier et Rosey.

« Ce fut le bouquet d'adieu de la troupe de la villa Bellune, que les promotions de grade et les mariages éparpillèrent peu à peu aux quatre coins de la France, y compris la Chine, où se trouvaient récemment encore le commandant et Mme Vidal qui, à la suite de la représentation du *Neveu de son Oncle,* jugèrent tout naturel d'unir pour tout de bon Mlle Louise d'Héricy et le colonel marquis de Villiers.

« De ces soirées d'antan, il ne reste plus, hélas ! que le souvenir, un pseudonyme d'auteur, quelques brochurettes oubliées, quelques programmes dus à la plume alerte et spirituelle de MM. les élèves de l'École d'Application de Fontainebleau, dont le soussigné, au nom de M. Victor Leduc, prie M. Victor du Bled de vouloir bien agréer le sympathique hommage.

« DUC DE BELLUNE. »

Paris, le 9 avril 1899.

Les comédies du duc de Bellune méritent de vivre, et les maîtresses de maison y trouveraient de quoi charmer leurs invités. Et le souvenir n'est-il pas une grande chose ? N'est-il pas le cœur qui se survit en quelque sorte, la reconnaissance de l'esprit ou de l'âme, la relique du passé, un diamant du caractère ? Faut-il rappeler que le théâtre de la villa Bellune eut son exode, qu'il émigra à Paris, où, plusieurs fois l'an, M. Victor Leduc nous donnait des fêtes ingénieuses, des comédies de son cru, jouées par une troupe nouvelle qui marchait sur les traces de l'ancienne. Miss Scott Jerrard y fit merveille.

XII

On joue énormément la comédie de société depuis 1870, et, comme au XVIIIe siècle la palme appartint à Mme de Pompadour, Mme Aubernon de Nerville exerça la même royauté à notre époque. Son salon, que j'essaierai d'évoquer dans un autre volume, fut le premier pour la comédie, le premier pour l'originalité, l'éclat des représentations, le choix des pièces, la persévérance, l'intensité de la volonté. Mme Aubernon de Nerville et sa mère, Mme de Nerville, ont reçu pendant cinquante ans et plus : on a joué chez elles beaucoup de pièces de Molière, d'Alexandre Dumas qui fut un des dieux du salon, d'Octave Feuillet, de Sardou ; plusieurs pièces d'Ibsen, entre autres *Maison de Poupée* et

Borkmann, que Mme Aubernon nous a appris à aimer ; pour Borkmann notamment, les répétitions ont duré quinze mois, il y en eut cent seize. On voyait là des amateurs de premier ordre, Mme Raoul Aubernon de Nerville, Mme Trousseau, MM. Henri Borel, Royer, Raquez, Marcel de Germiny ; les femmes les plus élégantes et les plus spirituelles de Paris, des membres de l'Institut, des diplomates, forcés d'écouter par la volonté de fer de l'impresario, et forcés d'écouter de dix heures à une heure du matin. Et sans doute voilà bien de l'esprit perdu, bien du beau perdu ! Tandis que le dialogue se déroule sur la scène, les figures des femmes se composent, les visages des hommes se raidissent, les sourires des uns se figent, les pensées des autres voyagent. On regrette parfois que tant de forces intellectuelles abdiquent, que la politesse enchaîne ces lèvres éloquentes. Patience ! Elles auront leur tour ; les langues enchaînées prendront leur revanche dans un brillant tournoi d'esprit autour du buffet.

Un autre mérite des fêtes de Mme Aubernon : *tous les hommes étaient assis*. Chose capitale : tout le monde y trouve son compte ; eux d'abord qui, au lieu d'être relégués dans une embrasure de fenêtre ou une porte, peuvent pendant les entr'actes déployer leur verve et leur galanterie ; les femmes qui se sentent plus belles, étant plus et mieux admirées ; la maîtresse de maison qui, de la sorte, attire, retient plus facilement les hommes, et les empêche de causer entre eux. Mais aussi, chaque grande pièce était précédée d'une répétition générale et jouée deux fois ; seuls, les très intimes amis étaient conviés aux trois représentations, on invitait les autres par séries. Ainsi procéda Mme Jacques Normand, lorsqu'elle donna, en 1899, *la Princesse Georges*, et elle s'en est fort bien trouvée : d'ailleurs, la conversation de Mme Normand est, à elle seule, une délicieuse comédie de société, une comédie faite de grâce, de sincérité, d'improvisation originale, de gaieté bienveillante, avec des boutades imprévues, impétueuses, qui donnent la sensation d'une galéjade provençale. « Elle a un esprit magique, me disait quelqu'un. — Oui, répondis-je, mais c'est de la magie blanche. »

Dans son ingénieux *Guide pratique du Comédien mondain*, M. André de Lorde nous dit : « Parmi tant d'acteurs mondains, il en est un qu'il faut tirer hors de pair, dont le talent égale celui des meilleurs professionnels, qui montre toujours un zèle infatigable : le comte Marcel de Germiny. »

Rien de plus juste : je sais peu d'existences dramatiques aussi bien remplies, et Marcel de Germiny mérite une mention spéciale dans le livre d'or des amateurs de talent. Avec qui, chez qui, pour qui n'a-t-il pas joué ? Avec Félicia Mallet, pour une centaine d'œuvres de charité; chez la duchesse de Noailles, la princesse Amédée de Broglie, la comtesse Edouard de Dreux-Brézé, la comtesse du Bourg de Bozas, la comtesse Gérard de Gaudy, la comtesse de Beaulaincourt, la baronne Decazes, la marquise de Barbentane, la comtesse de Fayet, la vicomtesse de Trédern, la comtesse de Martel de Janville, Mmes de Saint-Victor, Poirson, Pierre Girod, Alfred de Ferry, Madeleine Lemaire, Alexandre Dumas,

P. Demoüy, etc... André de Lorde a composé des pièces pour lui. Il me rappelle Helvétius et Chaussepierre, ces deux amateurs accomplis au XVIIIe siècle.

Nombre d'hôtels ont aujourd'hui leur théâtre plus ou moins vaste : à Passy, celui de M. Mors permet de monter des opéras de Wagner. La comtesse de Béarn reçoit ses invités dans une fort belle salle byzantine ; et les théâtres des châteaux, moins importants qu'autrefois, ne sont pas rares.

Quatre femmes d'un rare mérite, Mmes de Pierrebourg, Guillaume Beer, Paul Poirson, de Saint-Victor, ont heureusement imité Mme Aubernon, et recueilli la succession spirituelle de leur brillante amie : celle-ci disait du salon de Mme de Saint-Victor : « C'est mon instar. » Avec la fougue et la sincérité qui la caractérisaient, Mme Aubernon contribuait à la réussite des pièces, presque toutes inédites, qu'on y représentait, en assistant à leur ultime répétition à huis-clos, à leur répétition générale, à leur première représentation, en y donnant les marques d'une approbation énergique et autoritaire.

En 1894, Mme A. Trousseau et M. H. Aubépin jouèrent *Entre six et sept*, un acte de M. A. Godfernaux, jeune professeur de philosophie en province, auquel Mme Aubernon reprochait ses silences de beau ténébreux : « Il n'a d'excuses, déclarait-elle, que s'il aime sans espoir la femme de son proviseur. »

En 1895 : *Le Point*, qui fut le brillant début de M. E. Sée, le subtil auteur de *La Brebis*, des *Miettes*, de *l'Honnête Femme*. Interprètes : M. H. Aubépin, dont la voix résonne encore dans les oreilles de beaucoup de spectatrices, H. Mayer, présentement à la Comédie française, Mme A. Trousseau. C'est dans *l'Impasse* que se révéla Marcel de Germiny, donnant la réplique à Mlle Suger. « Mon cher, s'écria Mme Aubernon, je vous engage. Vous serez la comète de ma troupe. »

Et peu de temps après, en effet, il créa chez elle, d'étonnante façon, dans *Jean-Gabriel Borkmann* d'Ibsen, le rôle touchant de *Foldal*, le vieux poète que tout accable, et dont rien ne trouble la sérénité. Lorsque M. Lugné-Poë, alors directeur du théâtre de *l'Œuvre*, monta cette pièce, il pressa M. de Germiny de ne pas se laisser arrêter par les préjugés mondains, et de reprendre le rôle chez lui. Vainement, bien entendu. Et M. Ambroise Janvier lui demanda avec insistance de se charger, à la Bodinière, de celui que M. P. Clerget joua si bien, à l'Athénée, dans *Francine ou le secret de l'Innocence*... Chez Mme P. de Saint-Victor, après *La Philippine* d'Abel Hermant, vinrent les deux pièces de Tristan Bernard : *Je vais m'en aller* et *Le vrai courage*, interprétées par M. et Mme Tristan Bernard, le comte Robert de Flers, MM. Raquez et de Bermingham, qui tous brûlèrent les planches.

Ensuite, une comédie très moderne de MM. Émile Albert Sorel et Paul Acker : *Par amour de Jacques*, avec le baron Pierre Despatys, plein de rondeur et de naturel, et la belle Mlle Dove, si regrettée à Bruxelles. Deux actes désopilants de MM. André de Lorde et Claude Roland : *Hermance a de la vertu*. Acteurs :

Marcel de Germiny, qui abordait les comiques, secondé à merveille par l'auteur, M. A. de Lorde, et Mlle Clary, du théâtre Sarah Bernhardt.

Chez Mme de Saint-Victor, l'art coudoie la science et la politique. On y rencontre, ou l'on y rencontrait : MM. Paul Hervieu, Albert Vandal, Henry Houssaye, Anatole France, Marcel Prévost, Jean Richepin, Francis Charmes, R. Poincaré, Maurice Donnay, Jules Lemaître, Jules Claretie, Henri Lavedan, Primoli, Louis Barthou, Decrais, Pozzi, Henri de Régnier, Pierre Louys, André Beaunier, Abel Bonnard, F. Vandérem, Alfred Capus, Fernand Laudet, Décori, Saisset-Schneider, de Kergariou, Fleury, Henri Robert, Barboux, Robert de la Sizeranne, Abel Hermant, Henri Bernstein, Pierre Wolf, Georges de Porto-Riche, G. de Tarde, Ballot-Beaupré, François de Nion, Abel Faivre, Auguste Vacquerie, G. Rodenbach, Gregh, André Foulon de Vaulx, de Briey, de Maulmin, Gilbert-Boucher, Hélie Robert-Savary, Grou, F. Legrix, etc... Et dans le camp féminin : la princesse Alix de Faucigny-Lucinge, Mmes de Pierrebourg, A. Barratin, Arman de Caillavet, Hochon, de Pomairols, Charles Max, Récopé, de la Tombelle, Jeanniot, Finaly, de Geoffre de Chabrignac, Gérard d'Houville, Maindron, Alfred de Ferry, Lucy Faure Goyau, A. Dorchain, Hélène Vacaresco, Edmond Adam, Robert de Souza, Fritsch-Estrangin, etc...

Je cite des exemples, et ne prétends pas donner une énumération complète. Voici le théâtre du duc de Massa, tantôt à Franconville, tantôt à l'hôtel de la rue La Boëtie; fêtes superbes, où le maître de maison fait jouer sa musique, ses aimables opéras par les premiers artistes, où les orchidées, par leur splendeur étrange, leurs variétés infinies et leur amoncellement, emportent les invités dans des pays de rêve, voisins des pays de l'harmonie. Au château de Brissac et à Paris, la vicomtesse de Trédern triomphe dans l'opéra, dans l'opéra-comique ; elle a abordé Wagner, interprété avec talent *Le Vaisseau Fantôme*. Pour des œuvres de charité, pour leur plaisir, dans les châteaux, et même à la Bodinière, des gens du monde, avec des professionnels, ont joué des pièces de la duchesse d'Uzès, qui signe, comme on sait, *Manuela,* ses œuvres artistiques. On a aussi donné mainte fête dramatique à Bonnelles. Sur le poème de M. Max Marande, *Légende de fées,* M. Gaston Lemaire ayant composé une gracieuse musique, une belle représentation fut organisée. Elle commençait par une scène, *La foire aux fées,* tirée d'une légende bretonne, d'après laquelle, tous les ans, vers la Saint-Jean, les Fées viennent vendre aux mortels leurs philtres et leurs talismans. Deux rapsodes, la duchesse d'Uzès et Mme Royer, placées de chaque côté de la rampe, tour à tour disaient ou chantaient les strophes du poème. Les Fées : Maïa, l'Illusion, la duchesse de Brissac ; Viviane, fée de l'Amour, Mme Walter Waddington ; Urgande, fée protectrice de la France, Mme Louis Brinquant ; Morgane, la Walkyrie, Mme Lambrecht ; Frida, la fée tragique, Mme Guérard ; Mélusine, Mme Barrachin ; Urgèle, Mme Louis de Biré ; Esterelle, baronne H. de Langlade ; Myriane, baronne E. de l'Espée. — Naturellement Maïa, la fée Illusion, finit par séduire et entraîner le Chevalier (Comte A. de Contades-Gizeux).

Princes, princesses, damoiseaux, bourgeoises, gueux

de la foire aux Fées : comtesses du Bourg de Bozas, Chandon de Briailles, de Sesmaisons ; MM. Louis Brinquant, G. Barrachin, L. Périer, de la Baulnère, baron de Langlade, L. de Biré, P. Flury, duc d'Uzès.

La veille du spectacle, dans la journée, suivant une touchante tradition de la maison, une répétition générale avait eu lieu pour les habitants de Bonnelles.

Mme Jane Dieulafoy a mis ici encore la marque de sa forte et originale volonté , une volonté toute parfumée de bonté intelligente : sur son théâtre de la rue Chardin, elle n'accueille que les choses rares, à peu près injouées. Cinq ou six fois l'an, on y voit renaître des idylles de Théocrite ; des comédies d'Aristophane, de Calderon; des mystères du moyen âge, *Farce nouvelle du Pâté et de la Tarte, Farce nouvelle très bonne et fort joyeuse du cuvier ;* un jour, *les Deux billets*, de Florian ; *Défiance et Malice,* de Michel Dieulafoy, que Napoléon Ier fit jouer plusieurs fois aux Tuileries : un autre dimanche la *Sulamite*, tirée du *Cantique des Cantiques* par Mlle Élisabeth Shaller, musique de M. Urbain Le Verrier; ou bien encore une comédie persane, chinoise. Les collaborateurs : des membres de l'Institut qui mettent au point les mystères ; l'un d'eux, avant chaque représentation, fait une conférence sur la pièce qu'on va jouer ; les acteurs : MM. Alphand, Léo Claretie, Joanne, Soulier, Rameau, etc.

M. et Mme Dieulafoy ne s'en tinrent pas là, et, joignant l'enseignement à l'exemple, ils ont publié le *Théâtre dans l'intimité* (in-12 Ollendorff). On y trouve cinq pièces jouées chez eux, avec les causeries qui les ont précédées, des commentaires intéressants sur le costume grec antique et le costume israëlite, puis, ce qui est encore plus précieux pour les amateurs de ce sport littéraire, des conseils pratiques pour installer sans frais un théâtre de salon. Le plus galamment du monde, ils racontent ce qu'ils ont fait et tenté, comment ils ont acquis leur expérience ; ainsi ils aplanissent la voie aux débutants. Ils expliquent les mérites des gens du monde qui jouent la comédie : la personnalité tenant lieu d'acquis, la distinction de méthode, la culture générale de gymnastique et de travail; ils disent la nécessité d'offrir à un public raffiné des mets intellectuels aux saveurs finement originales : plaidoyer fort habile où ces excellents impresarii maximent des pratiques qui ne sont pas à la portée de tout le monde. Je ne saurais trop conseiller aux amateurs de méditer le volume de M. et Mme Dieulafoy, ainsi que ceux de MM. André de Lorde : *Guide pratique du comédien mondain ;* Jean Blaize : *L'art de dire ;* Henry Havard : *La décoration;* Coquelin cadet : *L'art de dire le Monologue* ; Albert Lambert : *Sur les Planches.*

Le comte de Montferrier a eu des succès de salons avec ses tragédies, drames, revues et comédies, joués chez lui et un peu partout. Il ne les a pas publiés, mais peut-être le fera-t-il un jour, et le répertoire de la comédie de paravent en sera agréablement accru. D'ailleurs il a de qui tenir : son arrière grand-père écrivait déjà des comédies, et les jouait chez Cambacérès ; son grand-père Villemain figurait dans des saynètes chez la duchesse de Narbonne et la princesse de Vaudemont. Qui ne sait que beaucoup d'hommes d'État et de littérateurs célèbres ont joué la comédie? M. Émile Ollivier m'a conté qu'à Marseille, âgé de douze et treize ans, il avait recruté une troupe d'adolescents dont il était le Molière, le régisseur, le metteur en scène, et que, sur un petit théâtre installé chez ses parents, la troupe juvénile abordait le drame et le vaudeville. On ne déroge nullement en jouant la comédie ; c'est même un excellent exercice de courtoisie et d'esprit.

A Divonne, le docteur Paul Vidart appelait à son aide le théâtre d'amateurs ; en 1850 il enrôla ses malades névrosés et neurasthéniques dans sa troupe. « C'était, dit M. Léo Claretie, le docteur jovial, qui remplaçait la morgue doctorale et les ordonnances par le sourire et les libretti, les pots d'onguent par les pots de rouge, et les drogues par des vaudevilles. En hiver, il charmait sa solitude en brossant des décors : il y en a encore une dizaine. Depuis on a joué et on joue encore tous les samedis d'été. » Vers 1885, Mlle Chevalier, (Mme de Beaumont), M. et Mme Joanne étaient les étoiles des tréteaux de Divonne... et de maint autre théâtre de société.

Nouvelle incarnation de la comédie de paravent : on l'a donnée souvent dans les asiles d'aliénés. Ceux-ci formaient tout ou partie de la troupe, et maint aliéniste affirme que c'est là pour eux une précieuse distraction, presque un remède. Pourquoi pas ? D'abord beaucoup de comédiens sont devenus fous, quelques-uns même, comme Vertpré, Tousez, sur la scène ; ne voilà-t-il pas des acteurs tout trouvés, puisque la folie n'est, en général, que partielle ? Et les mondains qui entrent dans ces enfers, y apportent parfois leurs dons *d'auparavant*. Rochefort le vaudevilliste, et l'actrice Flore, ont conté leurs impressions devant des pièces jouées par des aliénés à Charenton : en voici le résumé.

Flore vit à Charenton le marquis de Sade « qui, dit-elle, devait se trouver trop heureux de ne pas être dans une autre prison, à laquelle on ne l'avait pas condamné, pour éviter les révélations les plus scandaleuses. » On jouait le *Dépit Amoureux*, la *pièce de bœuf* de toutes les sociétés. Tous les rôles n'étaient pas tenus par des fous, on avait soin de les associer à des personnes de bon sens et à quelques comédiens de profession, pour maintenir l'équilibre. Le rôle d'Eraste était confié à un jeune homme charmant, devenu fou parce qu'il avait subitement perdu sa fiancée; le rôle de Lucile fut rempli par une jolie blonde qui joua en perfection les scènes de dépit et de coquetterie, celui de Mascarille par un troisième fou, fils du chansonnier académicien Laujon. La seconde pièce marcha beaucoup moins bien ; un fou faisant l'office de valet, oublia son rôle et répondit à son maître qui lui donnait une lettre à porter : « Pour qui me prenez-vous? Est-ce que je suis votre domestique? Faites vos commissions vous-même! » Là-dessus, il sortit et ne voulut plus revenir. Un autre fou, père noble, refusait de porter sa perruque, et aussitôt qu'il fut entré en scène, il la jeta dans le trou du souffleur. On dut baisser la toile. Le spectacle se termina par un petit opéra-comique, *Deux petits Savoyards,* où une jeune Espagnole, une folle, ravit les spectateurs dans le rôle de Joset, et chanta fort bien les couplets faits par le marquis de Sade pour le directeur de la maison, dont on célébrait la fête.

Rochefort, après un grand dîner à Charenton, voit représenter par des fous les *Fausses confidences* de Marivaux ; le médecin en chef s'était constitué directeur, metteur en scène de la troupe, et il lui avait fallu six mois de travail pour réussir. La soirée débuta par un joli concert où les fous se distinguèrent. « Une dame L... parut dans le rôle si admirablement joué par Mlle Mars ; la folle le débita avec une aisance, une sûreté de mémoire, qui confondaient d'étonnement tous les spectateurs. Le personnage de l'amoureux était moins bien tenu, mais cependant l'acteur ne se trompait pas en donnant les répliques. Enfin, tout se termina sans erreur, au milieu des applaudissements, de la surprise et de l'étonnement. » Cette impression redoubla, lorsque, cette dame L..., reparaissant après la comédie, vint lire des vers de sa composition, pleins de grâce, de délicatesse, et adressés au cardinal Maury, qui était présent.

Chez Mme Funck-Brentano, c'est Ibsen qui régnait, et j'y ai vu jouer aussi une pièce de Leconte de Lisle. Mme Edmond Adam faisait représenter dans son hôtel de la rue Juliette-Lamber ses propres œuvres, *Coupable; Qui a vécu vivra; Le temps nouveau; Fleurs piquées,* etc., ou des comédies étrangères adaptées par elle-même ; elle avait sa troupe d'amateurs. En 1875, elle reçoit Gambetta et Spuller dans sa villa de Bruyères (au Golfe Juan), et leur donne une comédie dont elle est l'auteur ; acteurs, son gendre et sa fille, Jules Rosati, Marie Plauchut ; titre de la pièce : *Matanzas, roi de Cuba, ou l'Escalier des amours d'une reine.* N'ayant pas de théâtre, elle fait asseoir les spectateurs sur l'escalier, et la pièce se joue sur un des paliers. Jules Rosati, que Mme Rosati, sa mère, la célèbre danseuse, a superbement costumé, joue le rôle d'Isabelle la Catholique. « Parmi les spectateurs, j'ai d'Ennery qui me fait trembler, jusqu'à ce que je l'entende rire de tout son cœur. Succès incontesté pour les interprètes et pour l'auteur. L'amusant, c'est la gaieté de Gambetta, ses exclamations, ses encouragements aux acteurs, et ses applaudissements. Nous lui votons, après la pièce, à lui et à d'Ennery, comme « public », des remerciements. »

Nommons encore : Mme Albert Gillou, qui compose et joue elle-même, avec un rare talent, des pièces d'une verve désopilante ; Mme Arman de Caillavet, qui, très éclectique, donnait des comédies du XVIIIe siècle, des revues fort spirituelles de son fils, devenu un de nos auteurs les plus brillants ; c'est chez elle qu'on a eu les prémices dramatiques d'Anatole France. Le prestigieux écrivain a composé tout exprès un proverbe : *Au petit bonheur*, joué à miracle par Mme Gaston Arman de Caillavet, MM. Feydeau et Robert de Flers.

On joue ou l'on a joué la comédie, l'opéra-comique, chez la comtesse de Kessler, Mmes Menier, Paul Poirson, Ernesta Stern, Charles Cartier, Fitch, Hély d'Oissel, baronne Sipière, duchesse de Rohan, marquise de Brou, baronne Morio de l'Isle, princesse Amédée de Broglie, comtesse de Beaussacq, Mme Gabrielle Fouquier, comtesse de Dreux-Brézé, de Louvencourt, baronne de la Paumelière, Mmes Griset, Leleux, Reynier, Londe, Falconnet, Richtenberger, Diemer, de Tavernier, Bernheim, Peigné-Crémieux, de Resské, Viardot, Lambert, Godillot, Édouard Desfossés, Guimet, Ginisty, de Vaufreland, Jouet, marquise de Tanlay, Mmes Poriquet, Busson-Billault, Halphen-Salvador, Jarre, Gebhardt, Péan, Japy, générale Galinier, comtesse de Chaumont-Quitry, Hochon, prince de Chimay. vicomtesse de Lescure, comtes de la Boutetière et d'Artemare, etc... Et les marionnettes de notre cher Edmond Rostand, dans sa villa Etchegaria à Cambo, sculptées, peintes, habillées par l'auteur, jouant des pièces de son cru ! Et les comédiens de bois de Bouchor, d'H. de Callias ! Et les théâtres de verdure à Bussang, Gérardmer, la Mothe-Saint-Héray, où l'on donne les drames de M. Maurice Pottecher, du docteur Pierre Corneille ! Et ceux de Champigny, du Pré-Catelan, de Saint-Germain, Ploujean, Béziers, Grandson, Payerne, Oberammergau, etc. Le château de Folembray a vu les charmantes fêtes de la baronne de Poilly, et, si les murs étaient poètes, ils eussent adressé force madrigaux à l'impresario et à son excellente troupe, où l'on remarquait la comtesse de Brigode, le comte d'Andigné, MM. du Hallay, Deschanel, Manoel de Gramedo, Mme Renjkiens. *Attendez-moi sous l'orme; Don Pasquale; Histoire du Vieux Temps* de Maupassant; *la Guzla de l'Émir* de Théodore Dubois; *Madame est couchée* de Granger, etc., alternaient avec de beaux concerts. Mais où sont les neiges d'antan ? On raconta un jour chez la baronne de Poilly qu'une dame avait eu la fantaisie (fantaisie de quinquagénaire qui garde la superstition de sa beauté) de jouer derrière un triple rideau de gaze noire. « Oui, observa un ironiste, elle avait l'air d'une pintade dans une cage à poulets. »

Théâtre fermé aussi pour cause de décès, hélas ! celui de la comtesse de Chambrun ; elle jouait *l'Arlésienne, Contes d'Avril,* etc., dans ce bel hôtel de Condé, rue de Monsieur, où s'épanouit une des plus pures figures du XVIIIe siècle, Mlle de Condé, l'idéale amie du marquis de la Gervaisais. Une qualité manquait à Mme de Chambrun : cette volonté équilibrée et pratique qui empêche une âme d'errer à la remorque des choses et des personnes, qui aurait apporté à ses actions, à ses pensées, le lest nécessaire, et lui eût permis de résister à certains envahissements, de faire bonne justice à tous : mais son âme était charmante, du métal le plus fin, avec des vibrations harmonieuses qui s'échappaient parfois en vers exquis ; elle avait le goût de tout ce qui était beau, noble, grand : une imagination romanesque et poétique revêtait de grâce ses discours. Elle est morte depuis dix-sept ans, ses amis la regrettent toujours.

Il serait injuste d'oublier la Société artistique des Amateurs, sa belle devise : *ars et caritas, l'art et la charité*, ses conférences, ses concerts, ses spectacles, le zèle de son excellent président le comte Guy de la Rochefoucauld, de son premier vice-président M. Fournier-Sarlovèze, aussi habiles à organiser une fête rare que jadis l'académicien Malézieu chez la duchesse du

Maine ou le comte de Beust ambassadeur d'Autriche à Paris ; metteur en scène, impresario, communiquant à tous son ingénieuse ardeur, au besoin décorateur, conférencier et poète, M. Fournier-Sarlovèze dessine aussi et peint fort agréablement. La Société a pour objet « de développer le goût des beaux-arts chez les amateurs, en leur fournissant les moyens de soumettre leurs œuvres au jugement du public par des expositions de peinture, sculpture, etc... et par des auditions littéraires et musicales ». Une partie de son budget, six mille francs environ chaque année, vont à ceux qui souffrent ; ses membres, triés sur le volet, se recrutent dans l'élite de la société parisienne. Il y a là des gens de talent, des gens de mérite, beaucoup de gens distingués, et les manifestations variées de l'art y trouvent de nombreux dévots. Les conférences sont faites par des étrangers, ou par des sociétaires tels que MM. Henry Cochin, E. Rodocanachi ; de même pour les comédies, les concerts, chantés, joués souvent par des acteurs mêlés à des membres de la société : l'un de ceux-ci me rappela que, dans plusieurs de ses pièces, Shakespeare mit en scène des comédiens amateurs. Chaque printemps, a lieu une partie de campagne, où accourent deux cents, trois cents, jusqu'à quatre cents personnes, qui savent qu'on aura souci de leur bonheur pendant toute la journée ; Pierrefonds, Compiègne, Sèvres, Trianon, Saint-Germain-en-Laye, Versailles, Fontainebleau, etc..., ont été visités. Voici quelques pièces jouées, applaudies par cette brillante compagnie : *Noël*, mystère de M. Élie Cabrol ; *L'Etoile*, opéra bouffe en trois actes de Chabrier, chanté par la vicomtesse de Trédern, MM. le Lubez, Louis Royer, de Coubertin, de Viennay, Mme Louis Chateau; *La Part du mari*, spirituelle comédie de M. Alfred de Ferry; *Les Naufragés; Chez l'autre; Flic*, revuette du baron de Coubertin; *Velléda;* des actes de *L'Or du Rhin*, de *Joseph; A bon chat bon rat*, de Mme Emmanuel Rodocanachi; *Bien fol est qui s'y fie*, par Alban de Polhès; *Les Bûcherons*, joués par la société d'amateurs *Le Masque; La Rencontre imprévue*, de Glück et Dancourt. Une telle assemblée, qui rappelle les Cours d'Amour du moyen âge, (mais ici elle s'ennoblit par un but plus élevé), fait grand accueil aux aimables impromptus en vers du baron de Jouvenel; elle a singulièrement contribué à mettre à la mode les Théâtres de Verdure des environs de Paris.

Voici la journée de Pierrefonds, 3 juin 1901. Train spécial, déjeuner par tables de vingt couverts, dans la salle des Preuses; toast de M. de la Rochefoucauld, visite du château, et, à deux heures, causerie sur Pierrefonds par M. Fournier-Sarlovèze, suivie de *Noël* et de *La Cour d'Amour* à *Pierrefonds* (1450-1901), par cinq amateurs membres de la société. Personnages de *Noël : Premier rhapsode*, baronne Pierre Le Febvre; *Deuxième rhapsode*, Mlle de la Peyrière; *Marie*, Mme de Guiroye; *Anges*, Mmes Louis de Biré, Waddington, de Coynard, de Croze; *Satan*, M. Charles de Coynard; l'*Archange saint Michel*, vicomte d'Arjuzon; *Joseph*, comte Th. de Nicolay; *Bergers*, marquis Guilhem de Pothuau, comte K. de Louvencourt, vicomte de Périgny, Ch. de Salverte, vicomte de Maugny, L. de Biré; *Mages,* Ch. de Salverte, vicomte de Maugny, L. de Biré.

Pour *La Cour d'Amour à Pierrefonds,* les rôles étaient ainsi distribués : *Marie de Clèves duchesse d'Orléans,* comtesse de la Tour du Pin Verclause; *Marguerite d'Écosse dauphine de France,* Mme de Coynard ; *La Dame de Xaintrailles,* vicomtesse de Trédern ; *La Dame de Pic de la Mirandole,* baronne M. de Croze ; *La Dame Phanette de Pontevès,* vicomtesse Molitor ; *La Vicomtesse de Rohan,* baronne P. Le Febvre ; *Damoiselle Agnès Sorel,* Mme de Guiroye ; *La Dame de Gontaut comtesse de Biron,* Mme Walter Waddington ; *La Dame de la Trémoille,* Mme L. de Biré; *Damoiselle Jacqueline Cœur,* Mlle C. de la Vaulx; *Damoiselle Bertrane Cœur,* Mlle L. de la Vaulx.

Côté des hommes : *Duc d'Orléans,* M. Fernand Outrey; *Thomas de Pisan,* M. Max Marande ; *Hanotin de Clairieux, héraut d'armes du duc,* baron M. de Croze; *Le Sire de Dunois,* comte J. de Reverseaux ; *Le Roy René d'Anjou,* comte K. de Louvencourt; *Le Sire de la Trémoille,* comte Th. de Nicolay; *Le Trouvère Baltazarini* de Beaujoyeux, R. Le Lubez; *Sélim Ménélikos roi d'Ethiopie,* L. de Biré ; *Le Chevalier Hector de Galard,* Ch. de Salverte; *Le Vicomte de Rohan,* comte de Vibraye; *Le Sire de Gontaut,* comte de Gontaut-Biron ; *Le Comte Elzéar de Sabran,* vicomte de Périgny; *Le Vicomte de la Rochefoucauld,* comte Arnold de Contades ; *Le Poète Alain Chartier,* marquis Guilhem de Pothuau ; *Le Poète François Villon,* vicomte de Maugny; *Jacques Cœur, argentier du Roy Charles VII*, M. Francis Waddington.

Tout-Paris dans le Gaulois raconte ceci : « A voir la crânerie confiante, la verve entraînante, avec lesquelles été enlevé le *Noël*, on ne se serait guère douté que, la veille encore, la répétition avait marché cahin-caha; à tel point qu'une partie de la troupe qui était venue répéter à Pierrefonds, mécontente d'elle et désespérant du succès, était allée, pour se consoler, non pas tout à fait se jeter dans le lac voisin, mais y pêcher l'ablette. Un comédien des plus gais a même dit en montrant le lac : « J'ai peur que demain la pièce ne soit dedans. »

Est-ce à cette répétition fantaisiste, terminée par des bravos sans doute un peu complaisants, que faisait allusion M. Fournier-Sarlovèze dans son envoi?

Oh! troupe, ton début fut un vrai coup de maître;
Pour vaincre maintenant tu n'as plus qu'à paraître.
Travaille cependant, car on aurait grand tort
D'oublier Nicolet. Oui, *de plus en plus fort*,
De tous les amateurs doit être la devise.
Vous eûtes un succès, recherchez la maîtrise;
Et La Rochefoucauld vous le dirait tout net
Dans un speach bien tourné dont il a le secret...

La comédie de société règne, en été et en automne, dans les châteaux; elle a trouvé un nouveau moyen d'étendre son domaine. On donne dans les cercles de très belles fêtes, auxquelles accourent les dames, où l'attirance est plus grande encore lorsqu'on représente une revue composée par quelque membre, jouée mi-partie par des amateurs, mi-partie par des professionnels. Le cercle de l'Union artistique (l'Épatant) détient ici le record, grâce aux aimables créations de MM. Georges Rivollet, Gaston Jollivet, Albert de Berthier, trois mondains raffinés, de la même famille intellectuelle que les Ségur, les Boufflers, le chevalier de l'Isle et Chaulieu. J'ai sous les yeux *Sans rimes ni raison*, fantaisie en vers libres en trois tableaux, jouée le 10 juin 1898 sur le théâtre de l'Épatant ; au rebours de beaucoup de revues qu'on écoute avec plaisir, qu'on oublie sans peine, et qui, passé le spectacle, font penser aux carcasses d'un feu d'artifice, celle-ci se relit agréablement. Ce ne sont que piquants propos, allusions drolatiques, apparitions plaisantes, couplets galamment tournés, calembours bien drus, joyeusetés de haute gresse. Et quels interprètes ! Mmes du Minil, Milly-Meyer, Lavigne, MM. Truffier, Noblet, Galipaux, Dehelly, Gatimel, etc., des membres du Cercle ; l'orchestre dirigé par Domergue, décors de Ménessier, costumes de Doucet et Chalain ! Comme je voudrais vous redire *la Féministe candidate à l'Académie, C'est Jules ! le Membre de l'Épatant qui n'est jamais content, le Dernier salon où l'on cause, Ah ! les Maris ! le Spiritisme, la Première nuit de noces !* Pour faire court, voici *le Dernier salon où l'on cause* :

Dans ce Paris qu'on calomnie,
On dit qu'il n'est plus un salon
Où la divine causerie
Prenne son vol de papillon.

Certes nous n'avons plus Voltaire,
Madame Geoffrin n'est plus là...
Qu'importe ? dans notre misère,
Nous gardons encor l'Opéra.

C'est l' dernier salon où l'on cause :
Les bell's dam's et les beaux messieurs
Échangent des propos joyeux...
Ce qu'on chante est la moindre chose :
C'est l' dernier salon où l'on cause.

C'est merveilleux comme acoustique ;
De loge à loge l'on s'entend ;
S'il n'y avait pas de musique,
Ce serait tout à fait charmant.
Aussi, de c' paradis terrestre,
Un abonné dans l'mouvement
Demand' qu'on expulse l'orchestre...
On verrait plus tard pour le chant.

On m'a souvent demandé conseil au sujet de comédies pour des amateurs ; et l'occasion semble favorable de faire une réponse collective. Voici un certain nombre d'auteurs et de pièces, la plupart jouées avec succès, en France ou à l'étranger, par des gens du monde ; ceux-ci s'appliquent de plus en plus à donner les mêmes spectacles que les acteurs de profession.

Théâtre et Parades de Collé (genre léger ou même graveleux), auquel appartiennent nombre de pièces citées par M. Capon dans les *Théâtres Clandestins*. Les *Proverbes* de Carmontelle. — Les *Arlequins* de Florian. — Madame de Genlis : *Théâtre d'éducation*, *Théâtre de société ;* de Moissy : *Les jeux de la Petite Thalie ou nou-*

veaux petits drames dialogués sur des Proverbes, pour former les mœurs des enfants de cinq ans jusqu'à quinze (1769).

Comtesse de Ségur : *Comédies et Proverbes.*

Legouvé : *Théâtre de campagne ; A deux de jeu; Ma fille et mon bien; Un jeune homme qui ne fait rien; L'Agrément d'être laide.*

Comédies de Scribe, Henri Monnier, Alfred de Musset, Octave Feuillet, Labiche, G. Droz, Gondinet, Henri Lavedan, comtesse Lydie Rostopchine.

Méry : *Théâtre de salon.*

George Sand : *Théâtre de Nohant.*

Édouard Pailleron : *Le Théâtre chez Madame; L'Étincelle; Petite pluie; L'autre Motif.*

Tristan Bernard : *L'anglais tel qu'on le parle.*

Eugène Verconsin : *Saynètes et Comédies.*

Edmond About : *Théâtre impossible.*

Henry Buguet : *Le Théâtre des Cercles, Casinos et Châteaux.*

Jules de Marthold : *Théâtre des Dames,* s'adresse en particulier aux jeunes filles.

Mme de Gévrie : *Comédies de salon.*

Lemercier de Neuville : *Comédies de château.*

E. Grenet-Dancourt : *Monologues comiques et dramatiques.*

Gustave Nadaud : *Théâtre de fantaisie.*

Mers : *Théâtre de salon.*

Eugène et Adrien Adenis : *Au rideau.*

Albert Berteaux : *Théâtre de société.*

S. D : *Le Théâtre sans Parterre.*

A. de Besancenet : *Levers de rideau ; Proverbes.*

Victor Vervani : *Comédies sans comédiens.*

Villemin : *Gymnase des salons.*

Félix Galipaux : *Pour casinoter, Monologues et Récits.*

Colias : *Pour quand on est deux; Pour quand on est trois.*

J. Berr de Turrique : *Devant la cheminée.*

A. Godard : *Pour dire dans les soirées.*

J. de Gourel : *Comédies pour Théâtre ou Salon.*

Tom-Bob : *Nouveaux Proverbes.*

A. Cuendet : *Gaîtés en majeur, en mineur.*

Louis Legendre : *Pantins sans ficelles.*

Pontsevrez : *On va commencer !*

Hippolyte Raymond et Paul Burani : *Le Cabinet Piperlin.*

Paul Bilhand : *Gens qui rient.* — (Monologues en vers.)

Mme Edmond Adam (Juliette Lamber) : *Mon petit théâtre.*

Huit volumes de *Saynètes et Monologues* (Tresse, éditeur) signés de noms aimés du public, tels que Monselet, Th. de Banville, Armand Silvestre, Paul Arène, Ernest d'Hervilly, G. de Porto-Riche, Quatrelles, Léon Supersac, Maupassant, Henri de Bornier, Courteline.

Charles Foley : *Saynètes galantes : Bourrasque; L'Émailleuse; Moulard n'est pas heureux; Avec sa mère; La Dame d'Espouillac.*

Auguste Germain : *Le Bonheur qui passe.*

Eugène Billard : *Le Théâtre chez Madame.*

Alfred de Ferry : *Théâtre d'un jour : L'ami des hom-*

mes; La Part du mari; L'Occasion; Comment on aime.

H. Gréville : *Comédies du* XVIIe *siècle.*

P. Bonhomme : *Charades en action pour salons.*

A. Dreyfus : *Jouons la comédie,* avec une causerie sur la Comédie de société.

Mémoires de l'Académie du Gourguillon, in-8°, 1887.

Paul Hugonnet : *Mimes et Pierrots.*

Marquise du Maisniel de Villemont : *Nouveaux Proverbes de châteaux et de salons.*

E. Bergerat : *Ours et Fours, Théâtre en chambre.*

Camille Bruno : *Piécettes, Lectures et Représentations de Salons.*

B. Marcello : *Le Théâtre à la mode au* XVIIIe *siècle.*

P. Célières : *Le Théâtre chez soi. En scène.*

Henri Amic : *Colombine pour deux.*

Théâtre de campagne. 8 volumes, Ollendorff.

Émile de Najac : *Le Théâtre des gens du monde.*

Boquet-Liancourt : *Le Théâtre de Famille.*

Lecoy de la Brière : *Le Théâtre des grands et petits.*

A. de Chavigné : *Le Théâtre des jeunes filles.*

Chefs-d'œuvre des auteurs comiques; 6 vol. ; Firmin-Didot.

R. Palefroy : *Théâtre bizarre.*

Édouard Romberg : *A côté de la Rampe.*

J. Marin : *Théâtre de Madame* (1906).

Jacques Normand : *Paravents et Tréteaux; Théâtre de poche* (1907).

Adolphe Môny : *Entre deux paravents; Théâtre de société.*

Maurice Pottecher : *Le Théâtre du peuple.*

Romain Rolland : *Le Théâtre du peuple.*

Félix Lebrun : *Le Théâtre au salon* (1901).

Abraham Dreyfus : *Un Crâne sous une tempête.*

Eugène Cellier, Gaston Maugras et Lucien Perey : *Le Théâtre à la ville, Comédies de cercles et de salons.*

Louis Dépret : *Théâtre intime.*

Houssot : *Juvénil-théâtre.*

Mme Stanislas Meunier : *Théâtre de salon.*

Henri de Noussanne : *Théâtre blanc.*

A Genevraye : *Petit Théâtre de famille; Théâtre de famille.*

Gaston Chaumont : *Saynètes.*

Hubert Desvignes : *La Comédie dans le monde, Saynètes.*

F. de la Haulle : *Le Théâtre des Dames.*

Lucien Darthenay : *Le Guignol des salons, Théâtre des petits;* et aussi pour la jeunesse : les pièces de Mme A. Perronnet : *Le Château de M. Toulardot; Un coup de tête; Pauv' Zizi; L'âge très ingrat;* de Maurice Hennequin : *Pour un hanneton;* de G. Feydeau : *Fiancés en herbe;* de Chevillard : *Le Paradis.*

Adolphe Carcassonne : *Nouveau Théâtre d'enfants; Théâtre de jeunes filles; Pièces à dire; Scènes à deux.*

Paul Ichinel : *Le Théâtre des Enfants* (1883).

Mme Louise d'Alq : *Saynètes et Monologues, pour fillettes, jeunes filles et jeunes gens.*

Mme Bellier : *Théâtre du jeune âge : Comédies enfantines.*

Abel Vautrin : *Une poignée de saynètes morales, instructives et récréatives.*

E. Vesco : *Comédies et Saynètes pour la jeunesse.*

Mme Fremont : *Le Théâtre de pensionnat pour les jeunes filles* (1900).

Jehan Greech : *Théâtre pour jeunes filles* (1898).

Mme Marylie Markovitch : *Théâtre de jeunes filles* (1901).

Fernand Beissier : *Saynètes pour jeunes filles.*

Gnafron fils : *Théâtre; Saynètes et Récits.*

Louis Leriche : *La Comédie des Enfants sages.* — *Comédies arrangées pour être jouées par des jeunes gens,* Anonyme, 19 volumes in-18, 1867-1885.

Mlle E. Dupuis : *Comédies enfantines.*

Mme J. d'Oppel : *Comédies et Charades.*

Comtesse d'Houdetot : *Le Théâtre en famille; Nouveau Théâtre d'éducation.*

Anonyme : *Les petites Comédies de l'enfance* (1881).

E. de Margerie : *Petites Comédies, Proverbes, Légendes, à l'usage des Collèges et Séminaires.*

Auguste Hervo : *Théâtre choisi des œuvres de jeunesse et des maisons d'éducation,* 7 volumes, 1877-1882.

Charles Maréchal Duplessis : *Répertoire dramatique pour jeunes filles, composé de 24 pièces, la plupart avec musique.*

Mlle Franel : *Le Théâtre en famille : Proverbes et Comédies.*

Berthe Vadier : *Théâtre de famille.*

Alfred Seguin : *Théâtre de jeunes gens.*

Gustave Nadaud, Maurice Ordonneau et Eug. Verconsin : *Théâtre des Familles.*

Les Folies Quatrelles : *Théâtre des Petits Enfants.*

Mme de Gaulle : *Théâtre des familles.*

Gymnase des enfants (4 volumes).

Levêque : *Théâtre moral.*

Henri Lefèvre : *Pour jeunes filles.*

La plupart de ces pièces se trouvent : *Librairie Stock, Librairie Théâtrale, Librairie Joubert, Librairie Ollendorff,* ou *Librairie Molière.* On peut encore les consulter à la Bibliothèque Nationale, rue de Richelieu. Pour le costume et l'histoire du costume, je me permets de renvoyer le lecteur au tome deuxième de cet ouvrage, aux Catalogues généraux de la Bibliothèque Nationale, *Salle des Imprimés;* la *Salle des Estampes* renferme aussi d'incomparables collections.

Pour terminer cette étude, je citerai quelques réflexions et des réponses de gens d'esprit à mon questionnaire :

« La comédie de société me paraît le premier des arts mondains, à condition que ce soit bref, varié, un peu libre, que les assistants puissent s'asseoir où ils veulent, respirer ou même causer. Il n'y a pas de meilleurs acteurs que les gens du monde, et il n'y a pas de ragoût plus délicat, si le théâtre de société n'a pas les défauts du théâtre de ville : la banalité, l'étroitesse du cadre, l'accentuation professionnelle. Les Grecs et les gens de la Renaissance devaient être de bien grands gourmets, eux qui aimaient le théâtre en plein air, dans un site superbe, ou les pantomimes dans un parc. » (René de Maulde).

« La comédie est, comme la société, une pièce qui ne

vaut que par les acteurs. » (Une compagnie de magistrats chasseurs.)

« Ce que je pense de la comédie de société? Qu'elle amuse certainement ceux qui la jouent. » (Jacques Normand.) — « Qu'elle est favorable au développement de la natalité. » (Réponse d'un ami qui préfère garder l'anonyme.)

« C'est très amusant pour ceux qui la jouent, parce qu'il est fort intéressant de s'étudier à dire naturellement les choses qu'on ne pense pas. Pour ceux qui regardent, c'est un régal de voir les gens du monde s'escrimer dans un art auquel ils sont tout à fait étrangers, et où ils réussissent souvent mieux que les gens de métier. » (Comtesse de Beaussacq.)

Une jeune femme me disait : « La comédie de société est un vaste champ de flirt. Je l'ai jouée très souvent, toujours avec mon mari; nous étions un ménage modèle, cela était chose sue et reconnue dans notre entourage; il semblait donc que toute complication dût être écartée de mon chemin : eh bien, presque à chaque pièce il en fut question. Les ennuis vinrent presque toujours par les femmes des acteurs, jalouses de mon succès pendant les répétitions et les représentations, jalouses de ne pas jouer. La femme d'un jeune premier refusa, sans pouvoir trouver une excuse, d'assister à la représentation où son mari m'offrait son cœur. » Il n'est pas douteux qu'une femme s'expose à entendre des aveux lorsqu'elle joue la comédie; l'aveu est presque une forme du succès, comme le bravo, et beaucoup d'hommes le considèrent comme une simple politesse. Que de billets doux glissés, reçus et répondus pendant les répétitions ! Et comme on comprend le compliment d'un gentilhomme d'autrefois à sa femme au moment où elle sortait de scène ! « Vous avez tellement de talent, Madame, que vous ne devriez jamais descendre du théâtre, et tant de vertu, que vous n'auriez jamais dû y monter. » En revanche, la comédie de salon offre mille plaisirs délicats aux acteurs qui se passionnent pour l'esprit du rôle : elle fait réfléchir des gens qui en seraient incapables, elle les incite à améliorer leur langage et leur manière d'écrire ; tout bien pesé, les avantages surpassent beaucoup les inconvénients, et au point de vue social, elle est tout bienfait. » (Madame Charles Cartier.)

Quoi qu'en dise Emile Zola « la Comédie de société n'offre pas tant de dangers ; elle ne favorise nullement les intrigues; je dirai plus, elle les empêche. Les gens du monde qui sont possédés de la passion du théâtre ne pensent plus à autre chose ; ils jouent pour le plaisir de jouer, et non pour faire la cour aux dames. Ils prennent les sentiments des acteurs dont ils occupent la place ; ils ne pensent plus qu'à eux-mêmes, c'est-à-dire à leur rôle, à leur attitude, à leurs *effets*. Les femmes qui jouent à côté d'eux ne sont plus des femmes à leurs yeux, mais des camarades dont ils seront jaloux, comme artistes, si elles ont trop de succès. Voilà la vérité. Je l'ai constaté encore, dernièrement, en surveillant les répétitions d'une pièce interprétée par trois charmantes femmes et deux aimables célibataires. Les célibataires ne songeaient pas à rire. Comme je félicitais l'un d'eux pour une scène d'amour qu'il venait de jouer avec la plus charmante des trois femmes : « Oui, me répondit-il aigrement, c'est très bien ; mais Madame X... a manqué deux répliques ; je ne sais pas comment çà marchera demain. » (Abraham Dreyfus).

Le divertissement de la comédie de salons est un mélange de cabotinage, d'audace et de timidité ; c'est le prurit des planches avec la peur d'y glisser ; c'est le désir d'être admirée, fêtée, louangée par beaucoup, par ceux qui sont là, par ceux qui n'y sont pas, mais qui entendront parler de la soirée. Il s'agit de la conquête du monde ; les amateurs sont les conquistadores de la gloire en chambre. » (Léo Claretie.)

« C'est un charmant passe-temps auquel seuls les maris peuvent trouver parfois à redire. » (Anonyme).

« Je suis pour la comédie de société, opine une amie, pourvu qu'elle ne dure pas trop longtemps. Et puis il faut rester acteur improvisé, ne pas devenir « le monsieur qui joue la comédie » ; sans quoi l'on s'expose à recevoir des invitations de gens qu'on ne connaît pas, et qui s'imaginent qu'on peut vous faire venir comme des chiens savants ou les frères Isola. La comédie est un amusement de gens jeunes, car on y risque le ridicule, maladie terrible pour les gens atteints de maturité... »

« ... Les gestes des amateurs, leur diction, leurs attitudes sont proportionnés avec le cadre même, tandis que l'acteur de profession, introduit dans un salon, y fera moralement l'effet de l'ogre aux bottes de sept lieues ou d'une statue chryséléphantine descendue de son socle, nous offrant une désillusion pareille à celle des décors du théâtre eux-mêmes vus de près... C'est pour cela, qu'à part l'intérêt très réel de voir jouer les gens de son monde, ces derniers gardent une supériorité en ce qui concerne l'harmonie de lieu et d'ensemble; tandis que les autres l'emporteront sans conteste dans les situations outrées, les actions tranchées, les gros effets dramatiques et comiques où M. de X... et Mme A... seraient parfaitement ridicules... Sans le prendre complètement à la lettre, ne sentons-nous pas en nous une dualité, une complexité comprenant plusieurs moi heureux de se manifester chacun à son tour? Entendre soupirer des compliments que jamais sans doute on ne vous fera dans la vie réelle, exprimer des sentiments, en éprouver même dans un moment d'illusion que l'on ne ressentira, que l'on ne traduira plus aussi fortement; rompre avec la banalité et la monotonie de l'existence: voilà donc les principales séductions de la comédie de société. » (Mlle Valentine Chauveau.)

Et enfin, voici un piquant couplet de Mérimée dans les *Lettres à une autre inconnue.*

« Il y a un danger pour les débutantes ; pas pour toutes, mais seulement pour celles qui ont du talent, et c'est pour cela que je vous avertis. On se sent entraîné par son rôle, on éprouve une sorte de petit enivrement, et on abdique en quelque sorte son individualité pour prendre celle de son auteur. Il semble que cela soit très bien. Pas du tout : pour jouer parfaitement, il faut avoir le plus grand sang-froid, pas la moindre illusion, être prêt à souffler ses camarades, à leur donner des conseils, à presser ou à retarder le mouvement, selon les dispositions de l'auditoire. En un mot, il faut se gouverner. Peut-être avez-vous ce talent. Une femme habituée à voir tout le monde à ses pieds, à griffer tous les cœurs, sans que le sien saigne un peu, a toujours plus de sang-froid qu'un homme, et jouera toujours mieux la Comédie... La plupart des femmes du monde qui jouent la comédie, tiennent beaucoup à ne pas paraître des actrices. C'est le contraire qu'il faut chercher quand on monte sur les planches. »

Conclusion. — La comédie d'amateurs, née au XVIe siècle, s'affirmant et grandissant au XVIIe, illuminant la vie sociale au XVIIIe et au XIXe siècles, commence, s'épanouit avec la société française, durera autant que celle-ci, aussi longtemps qu'il y aura parmi nous des gens amoureux de l'esprit, de la grâce, comprenant la douceur de vivre, c'est-à-dire toujours.

LE MONDE DE L'ÉMIGRATION

L'histoire de l'illusion est, ou peu s'en faut, l'histoire de l'humanité : illusions du philosophe, de l'historien, du croyant, de l'ambitieux, de l'homme d'État ; illusions de l'homme d'action et du rêveur ; illusions du cœur, de la logique ; illusions des individus et des peuples ; illusions du sceptique qui s'imagine n'avoir pas d'illusions ; illusions de chaque âge, de chaque sexe, de chaque profession : tout homme arrive jeune au seuil d'une nouvelle saison de sa vie.

Elles sont encore bonnes ou mauvaises, fécondes ou stériles, utiles ou dangereuses. Celles-ci inspirent de hautes actions, font le bonheur des individus, grandissent un pays ; celles-là enfantent des montagnes de discordes, détruisent un parti, une classe, sèment la guerre et la ruine, engendrent mille calamités. Puis, comme les choses humaines ont deux faces, comme le bien et le mal empiètent sans cesse sur le domaine l'un de l'autre, et qu'un génie pervers semble enchevêtrer les problèmes, les illusions nobles se compliquent parfois de motifs mesquins, d'actions misérables qui voilent leur beauté réelle, sirènes morales dont il ne faut pas voir la queue ; et, inversement, les illusions malfaisantes ont pour serviteurs des mobiles admirables, les qualités privées déguisent les défauts publics ; l'héroïsme, la grâce, l'esprit, décorent les plus folles entreprises ; les innocents paient pour les coupables, les coupables eux-mêmes se parent de mille séductions.

Enfin, voici la force des choses, la loi d'ironie, auxquelles il convient de restituer une bonne part de la responsabilité que l'esprit de parti attribue aux hommes. Comment nier la tyrannie des circonstances, l'influence des milieux, de l'hérédité, des habitudes sociales, la collaboration impérieuse de Sa mystérieuse Majesté le Hasard ? Sans aller jusqu'à soutenir avec Carlyle que la Révolution française n'est qu'un conflit de fatalités, ne doit-on pas tenir compte de l'inexorable, de l'inéluctable ? Beaucoup de gentilshommes blâment l'émigration, ils le disent, ils l'écrivent, et cependant ils émigrent, obéissant malgré eux au préjugé de caste, fournissant aux adversaires de la monarchie le plus légitime des griefs. Il était fatal que la noblesse agît ainsi : elle n'avait pas, en général, d'éducation politique, elle ignorait le régime représentatif, les conditions de la liberté qui lui semblait un voile de la malice jacobine ; elle confondait le roi et la patrie ; Louis XVI, presque prisonnier aux Tuileries, captif au Temple, ne lui paraissait plus le roi, la patrie était où se trouvait le roi, pour elle représenté par Monsieur, comte de Provence. Beaucoup de ses membres pensent tout bas ce qu'un des leurs écrivait à Louis XVI : « Vous n'avez pas voulu être mon roi, je ne veux plus être votre sujet. » Beaucoup auraient pu s'approprier la réponse des Cortès espagnoles à un décret royal : « Reçu avec respect et non exécuté pour le service de Sa Majesté. »

Et il était non moins fatal que la Révolution s'exaspérât de cette conduite. Gouverner, en ces temps terribles, se réduisait à combattre, et malheur aux vaincus ! La notion du juste et de l'injuste s'est obscurcie, le difficile ne consiste plus à faire son devoir, mais à le connaître. Le gouvernement de la Terreur confondit l'émigration inoffensive, libérale, constitutionnelle, l'émigration forcée, l'émigration à l'étranger pour ne pas émigrer dans l'autre monde, avec l'émigration volontaire, armée, coupable de rébellion, de coalition avec l'étranger, de résistance aux objurgations de Louis XVI, de Marie-Antoinette ; et, retournant, aggravant contre les émigrés les édits de Louis XIV contre les protestants, il déclara passibles de la peine capitale, eux, leurs femmes, leurs enfants « s'ils ont plus de dix ans », leurs débiteurs, s'ils commettent l'imprudence de payer leurs dettes ; primes accordées aux dénonciateurs, biens confisqués, mariages dissous par l'émigration, la mort civile pèse sur eux dans toute son horreur. — « Les troubles, dit Montaigne, sont mauvais grammairiens. » Oui, car ils détruisent l'harmonie des mots, des choses et des âmes, empêchant celles-ci de voir clair en elles-mêmes et au dehors.

On avait commencé par des plaisanteries : une roulette de bois montant ou redescendant avec un mouvement que la main imprime plus ou moins adroitement à un long cordon. Cela s'appelle Coblentz ou l'émigrette, et le Parisien chante ce refrain :

Quelqu'un qui dit bien s'y connaître
L'appelle jeu des émigrants,
Et sur ce nom chacun s'accorde :
L'on y trouve à la fois et la roue et la corde.

Si bien que, dans le *Mariage de Figaro*, Figaro entre roulant une émigrette, et Beaumarchais intercale une petite scène d'à-propos sur la manie du jour :

« BRID'OISON à FIGARO. — On... on dit que tu fais ici des tiennes.

FIGARO. — Monsieur est bien bon ! Ce n'est là qu'une misère.

BRID'OISON. — On n'est pas plus... us idiot que çà.

FIGARO, *riant*. — Idiot, moi ? Je sais très bien monter et descendre (*il roule*).

BRID'OISON, *étonné*. — A..., à quoi c'est-il bon, l'émigrette ?

BARTHOLO, *brusquement*. — C'est un noble jeu qui dispense de la fatigue de penser.

BRID'OISON. — Ba... ah ! Moi, c'te fatigue-là ne... e me fatigue pas du tout.

FIGARO, *riant*. — Jeu favori d'un peuple libre ! Qu'il mêle à tout avec succès.

BARTHOLO, *brusquement*. — Émigrette et Constitution, le beau mélange qu'ils font là ! »

Plaisanteries, injures, provocations, menaces, violences, tous les pas furent bientôt franchis. On déclara la guerre à la révolution, elle la fit sans merci. Là-dessus,

Mallet du Pan, le royaliste international, conclut avec sa sagacité ordinaire :

« C'est une grande et terrible mesure de prudence, d'avoir su se mettre au-dessus de toutes les formes, et d'avoir employé à l'égard de tout leur sol les mesures qui se pratiquent dans un vaisseau en péril, ou dans une ville assiégée... Individuellement, la Convention est composée de pygmées, mais ces pygmées, toutes les fois qu'ils agissent en masse, ont la force d'Hercule, celle de la fièvre ardente... »

L'histoire de l'émigration est celle d'une gigantesque illusion, illusion faite de millions d'illusions de détail, comme l'Orénoque ou le Saint-Laurent reçoivent une foule d'affluents pendant leur course vers l'Océan, illusion lamentable, désastreuse pour la France, pour la royauté, pour l'aristocratie et les émigrés eux-mêmes, pour Louis XVI et Marie-Antoinette, dont elle causa peut-être la mort, en poussant au délire l'animosité de leurs adversaires, en rendant impossible toute conciliation. Que le roi et la reine aient péri autant par la faute de leurs amis que par la volonté de leurs ennemis, que les émigrés aient, en fait, joué le rôle de complices, que leur incapacité, leur présomption, aient vraiment dépassé la mesure, et ne puissent être rachetées par la résignation, les vertus sociales, l'héroïsme, rien de plus certain, hélas ! Les vertus sociales n'ont pas cours en politique, surtout quand on traverse des crises extraordinaires. Que d'ailleurs la qualification *d'enfants parricides,* hasardée par la duchesse d'Abrantès, semble un mot de parti, que le philosophe les contemple avec indulgence, je le veux. Mais l'historien garde le droit, le devoir de juger l'émigration armée, car elle aussi fut plus qu'un crime, elle fut une faute, et si l'on peut, si l'on doit lui appliquer le bénéfice des circonstances atténuantes, on ne saurait aller jusqu'à l'acquittement.

Les apologistes, les avocats de l'émigration, s'il en existe encore, seront tentés de répondre avec le mot du général Mallet : « Vous, si j'avais réussi ! » Mais justement, elle n'a pas réussi, parce qu'elle ne pouvait réussir, parce qu'elle se mettait hors des conditions normales du succès, comme elle se mettait hors la loi (1). Prétendre démolir les Pyramides avec du plomb

---

(1) Ernest DAUDET : *Histoire de l'Emigration pendant la Révolution Française*, 3 vol., Hachette. — Lage DE VOLUDE : *Souvenirs d'Émigration.* — Comte D'HAUSSONVILLE : *Souvenirs et Mélanges.* — BARRIÈRE, tome XXXIV : *Mémoires sur l'Émigration.* — LESCURE : *Rivarol et la société française.* — FORNERON : *Histoire générale des émigrés*, 3 vol. — CHAMBELAND : *Vie du Prince de Condé.* — DE MONTROL : *Histoire de l'Emigration.* — *Mémoires* de l'abbé BASTON *sur l'Emigration*, 2 vol. (Picard). — *Collectes à travers l'Europe pour les prêtres français déportés en Suisse, 1794-1797*, par l'abbé JÉRÔME, un vol. — *Souvenirs* du comte DE SÉMALLÉ. — *Mémoires de* M. DE SALABERRY. — Comte DE PUYMAIGRE : *Souvenirs sur l'Emigration, l'Empire et la Restauration.* — GUILHERMY : *Papiers d'un Emigré.* — *Mémoires* de la duchesse DE GONTAUT. — *Correspondance du comte de Vaudreuil avec le comte d'Artois*, publiée par L. PINGAUD. — P. DE CROZES : *Le chevalier de Boufflers et la comtesse de Sabran.* — Vicomte DE BROC : *Dix ans de la vie d'une femme pendant l'Emigration.* — DE LA ROCHETERIE : *Correspondance du marquis et de la marquise de Raigecourt avec le marquis et la marquise de Bombelles pendant l'émigration.* — Léonce PINGAUD : *Un agent secret de l'émigration, d'Antraigues; Les Français en Russie; Le duc de Richelieu en Russie ; Le comte Roger de Damas*, Correspondant, mai et juin 1885. — CHATEAUBRIAND : *Mémoires d'Outre*

de lièvre, confondre une saison avec une époque, une petite pluie avec un cyclone, un fétu de paille avec un chêne, ignorer les forces de l'adversaire, compter sur des alliés qui ne pensent qu'à eux-mêmes, ce sont là de mortelles erreurs.

Peut-être n'est-il pas inutile de noter ici quelques témoignages pour et contre l'émigration.

Malesherbes justifiait l'émigration par l'histoire ; il la

Tombe. — *Mémoires de la princesse de la Trémoïlle*, publiés par le duc DE LA TRÉMOILLE. — *Mémoires de d'Allonville, de Talleyrand, de Montlosier, de Meneval, de Tilly, de Mmes de Chastenay, Vigée-Lebrun, Louise Fusil.* — Héléna WILLIAMS : *Souvenirs de la Révolution.* — *Mémoires* de la marquise DE LA ROCHEJACQUELEIN. — DE LA PORTE : *Souvenirs d'un émigré*, 1843. — D'HÉZECQUES : *Souvenirs d'un page de la Cour de Louis XVI.* — Vicomte WALSH ; *Souvenirs de cinquante ans.* — A. DE PONTMARTIN : *Nouveaux samedis*, t. III. *Memorial de Norvins.* — Charles MAUROY : *Les derniers Bourbons.* — Henri CARRÉ : *Les Emigrés français en Amérique*, dans *Revue de Paris*, 15 mai 1898. — ARNAULT : *Souvenirs d'un sexagénaire.* — Ferdinand DREYFUS : *Un Philanthrope d'autrefois, La Rochefoucauld-Liancourt.* — Louis LEGRAND : *Sénac de Meilhan et l'intendance du Hainaut.* — Sénac DE MEILHAN : *L'Emigré, 1797.* — René BITTARD DES PORTES : *Histoire de l'armée de Condé pendant la Révolution française.* — MURET : *Histoire de l'armée de Condé.* — *Mémoires du comte de Moré*, publiés par MM. Geoffroy DE GRANDMAISON et DE PONTGIBAUD. — E. DE GONCOURT : *La Société française pendant la Révolution.* — Edmond BIRÉ : *Causeries historiques.* — Geoffroy DE GRANDMAISON : *L'Ambassade française en Espagne pendant la Révolution.* — A. ANDRY : *Soldats ambassadeurs sous le Directoire*, 2 vol. — Comte DE ROMAIN : *Souvenirs d'un officier royaliste*, 2 vol., 1824. — Marquis D'ECQUEVILLY : *Histoire secrète de Coblentz.* — Louis MADELIN : *Fouché*, 2 vol. — CRÉTINEAU-JOLY : *Histoire de la Vendée militaire.* — *Carnet historique, 1900 : Souvenirs d'une actrice pendant l'émigration.* — D'ECQUEVILLY : *Campagnes du corps de Condé.* — H. TAINE : *Les origines de la France contemporaine*, 6 vol. — SAUZAY : *Histoire de la persécution révolutionnaire dans le département du Doubs.* — Charles BAILLE : *Le livre de raison et la correspondance d'un émigré Franc-Comtois.*

jugeait un droit légitime ou un mal inévitable, il montrait les Guelfes et les Gibelins invoquant l'Empereur et le Pape ; en Angleterre, les barons soulevés contre Jean Sans Terre ; les États-Unis implorant le secours de la France ; les protestants, les catholiques Français alliés les uns contre les autres avec l'Allemagne ou l'Espagne aux XVIe et XVIIe siècles.

Plus tard on vit le parti républicain, Armand Carrel en 1823, porter les armes contre la France, les Polonais, les Italiens solliciter l'appui de l'étranger. Et Chateaubriand observe justement : « Nous avons deux poids et deux mesures ; nous approuvons pour une idée un système, un intérêt, un homme, ce que nous blâmons pour une autre idée, un autre système, un autre intérêt, un autre homme. »

L'idée de patrie n'était pas parfaitement distincte en 1789, et cela semble une nouvelle excuse. On peut même dire que l'émigration la dégage, la met pleinement en lumière dans cette longue démonstration par l'absurde, que l'idée sortit, radieuse cette fois, définitivement fixée, belle de toutes les souffrances endurées pour elle, pur marbre de Paros sculpté par dix siècles de gloire et d'efforts, immortelle incarnation d'un peuple dont l'histoire est « le roman de Dieu ».

Dans le camp des défenseurs de l'émigration, on peut ranger encore l'auteur des *Origines de la France contemporaine*, livre admirable à tant d'égards, trop sévère cependant pour les Assemblées et les hommes de la Révolution. « L'Assemblée, dit Taine, a traité les nobles comme Louis XIV a traité les protestants. Dans les deux cas, les opprimés étaient une élite. Dans les deux cas, on leur a rendu la Franee inhabitable. Dans les deux cas, on les a réduits à l'exil, et on les a punis de s'exiler. Dans les deux cas, on a fini par confisquer leurs biens, et par punir de mort tous ceux qui leur donnaient asile. Dans les deux cas, à force de persécutions on les a précipités dans la révolte. A l'insurrection des Cévennes correspond l'insurrection de la Vendée, et l'on trouvera les émigrés, comme jadis les réfugiés, sous les drapeaux de la Prusse et de l'Angleterre. Cent mille Français chassés à la fin du XVIIe siècle, cent vingt mille Français chassés à la fin du XVIIIe siècle, voilà comment la démocratie intolérante achève l'œuvre de la monarchie intolérante. L'aristocratie morale a été fauchée au nom de l'uniformité. L'aristocratie sociale est fauchée au nom de l'égalité. Pour la seconde fois, et avec le même effet, un principe absolu enfonce son tranchant dans la société vivante... »

Bien avant Taine, Mallet du Pan soutenait la même thèse : « Quiconque considérera impartialement les seules et véritables causes de l'émigration, les trouvera dans l'anarchie. Si la liberté individuelle n'eût pas été formellement menacée, si l'on n'avait pas mis en pratique le dogme insensé, prêché par les factieux, que les crimes de la multitude sont les jugements du ciel, la France eût conservé les trois quarts de ses fugitifs. Exposés depuis deux ans à des dangers ignominieux, à des outrages de tout genre, à des persécutions innombrables, au fer des assassins, au brandon des incendiaires, aux plus infâmes délations de leurs serviteurs corrompus, aux visites domiciliaires, aux emprisonnements arbitraires, abandonnés à la fureur inquiète des clubs, des dénonciateurs, des administrateurs intimidés, ils trouvaient des bourreaux partout... » Certes la situation était terrible, et beaucoup d'aristocrates furent traités comme ceux dont parle le *Moniteur* du 4 août 1789 : M. de Montesson fusillé au Mans après avoir vu fusiller son beau-père; en Languedoc, M. de Barras coupé en morceaux devant sa femme près d'accoucher; en Franche-Comté, la princesse de Listenay contrainte, la fourche au col et ses deux filles évanouies à ses pieds, de faire abandon de ses titres ; M. et Mme de Montessu jetés dans un étang, après avoir eu pendant trois heures le pistolet sur la gorge ; le chevalier d'Ambly traîné nu sur un fumier, tandis qu'autour de lui dansent ceux qui viennent de lui arracher les cheveux et les sourcils. — Un peu plus tard, un Billud est décapité, et l'on fait dégoutter le sang sur les lèvres de son frère; M. de Guillin est rôti sous les yeux de sa femme ; M. de Marbeuf étranglé pour avoir semé de la luzerne au lieu de blé ; M. de Bar brûlé dans son château...

Guilhermy : « Les émigrés combattaient pour tout ce qu'il y a de plus cher au cœur de l'homme : leur foi, leur vie, leurs biens, leurs familles, et la patrie elle-même qu'ils ne séparaient pas de sa plus haute personnification : le roi et le drapeau. »

La révolte gronde au cœur des domestiques en France, hors de France. La comtesse de Tracy est dépouillée de tous ses vêtements par ses servantes qui l'affublent de leurs nippes, et demandent ironiquement : « Que désire Madame pour son dîner? Madame ira-t-elle au bal ce soir? Faut-il faire avancer la voiture?... »

Dans une lettre à Wellington, le duc d'Orléans appelle l'émigration : cette guerre des pygmées contre les géants. « Nous comprenons, dit M. Jules Lemaître, que les nobles aient pu préférer la royauté à la patrie, ou plutôt confondu la patrie avec la royauté, et qu'ils aient cru pouvoir combattre la Révolution sans combattre la France. Mais à une condition expresse : ils devaient se montrer alors d'autant plus scrupuleusement soumis au roi, et d'autant plus étroitement attachés à sa personne. Car, si, rebelles à la France révolutionnaire, ils étaient également rebelles au roi, on ne voit plus de quel droit ou de quel principe supérieur ils pouvaient se réclamer. Or, non seulement ils désobéissent chaque jour au roi, mais ils parlent de lui avec insolence, avec mépris, presque avec outrage... »

Comte Gérard de Contades : « Pour beaucoup, elle fut une nécessité, pour plusieurs elle fut un devoir, mais pour certains, elle était une faute, surtout au début de la Révolution. Parmi ces derniers il faut tout d'abord compter les officiers que l'esprit de discipline devait retenir dans leur régiment, et qui n'étaient, après tout, déliés de leurs serments, ni vis-à-vis de leur pays, ni vis-à-vis du roi...

La plupart des émigrés, ajoute Contades, voulaient condamner à mort, en rentrant en France, tout ce qui y était resté... Je combattais, autant qu'il m'était possible, cette opinion extravagante qui nous a fait tant de mal. Je disais continuellement : « L'on peut vaincre les Français; le difficile est de les persuader, et l'on ne soumet pas sans la persuasion une nation aussi nombreuse. Ne vous créez pas d'ennemis, — vous en avez assez... — Songez que ce sont des Français que vous allez combattre, que c'est en France que vous entrez, et que vous vous ressentirez longtemps des maux que vous allez y faire. Pensez que la France est le pays que vous devez habiter, que vos ennemis de demain sont les hommes avec qui vous devez vivre, et même les soldats qu'un jour vous devrez commander. »

Même langage du comte de Moriolles, du marquis de Montagu qui, la mort dans l'âme, finit par émigrer lui aussi ; avant de partir, il énumérait à son père, fanatique d'émigration, les raisons contraires : le danger d'aigrir les hommes modérés et les masses qui flottaient encore dans l'incertitude et l'attente d'un avenir meilleur ; d'abandonner le pays en se séparant de la nation, en condamnant l'avenir qui se préparait, en prouvant qu'on ne voulait que rétablir le passé ; de laisser sans chefs et sans direction au moment propice, non seulement les fidèles qui ne pouvaient émigrer, mais une foule de braves gens qui, à l'heure du péril, dans un an, dans six mois, demain peut-être, revenus de leurs préventions, chercheraient autour de qui se rallier, et ne trouveraient personne. Le père du marquis répondait honneur, droits de la couronne violés, autorité méconnue. — Il y aurait une monographie curieuse à écrire sur les folies, souvent mortelles, où l'*honneur* entraîna la noblesse française depuis le moyen âge ; il y aurait un livre poignant à composer sur l'histoire des mots et des épithètes, leurs origines et leurs effets.

M. d'Amblimont n'est pas moins défavorable à l'émigration; il refuse de quitter ses ordres, veut rester aux côtés du Roi, le défendre. « Il y avait des choses, dit-il noblement, qu'il ne fallait faire que le dernier. »

Tout prouvait, selon Tilly, « que la Révolution était faite *pour* des gens qui ne la méritaient pas, *contre* des gens qui la méritaient bien. »

Un simple courtisan, Vaudreuil, donne en 1790, des conseils aussi sages qu'inutiles au comte d'Artois. « Servir malgré eux le Roi et la Reine est impossible; car alors vous seriez un rebelle, et responsable de tous les crimes que ces efforts feraient commettre... Soyez prêt à tout, mais ne précipitez rien... » « Le *preux*, disait à son tour Bernis, est toujours prêt à danser; mais où sont les violons d'un orchestre qui doit être nombreux et bien accordé pour que la danse aille bien? Qui est-ce qui les paiera? »

Plus tard, l'abbé Frayssinous eut un mot habile quand il fit l'oraison funèbre du prince de Condé : parlant des deux corps français opposés l'un à l'autre, il dit : « La gloire était partout, le bonheur nulle part. »

Frénilly qui n'émigra pas... avant la révolution de 1830, dit dans le même sens que Bernis : « Dès que le mot d'*honneur* fut appliqué à ceux qui partaient, le mot d'*égoïsme* ou de *peur* à ceux qui restaient, tout le troupeau sauta. On ne courut pas à la gloire, on s'enfuit devant le déshonneur..... Ils arrivèrent à Coblentz; ils trouvèrent un froid accueil, des petites coteries, une étiquette ridicule; ils prirent du service, ils s'entêtèrent, se dévouèrent et se ruinèrent. Voilà ce que fut l'émigration; un douloureux sacrifice suivi d'une loyale duperie. Elle seule, et non des décrets, a détruit la noblesse. »

M. Etienne Lamy écrit finement : « L'Emigration eut sa vaillance, il lui manqua la gravité ; le sérieux est la décence du malheur... Elle fut l'âge ingrat de la légitimité : les partis, comme les femmes, ne sont pas toujours en beauté... »

Ainsi, nombre d'émigrés entrevirent l'abîme caché derrière le décor magique. Tel ce comte Roger de Damas, chevalier errant du XVIIIe siècle, qui regardait l'émigration comme le premier acheminement à la perte du roi et du royaume, comme un mouvement né de la légèreté, de l'imprévoyance et de la peur, dont on fit un procédé politique pour légitimer l'imprudence du début : « Concentrée à l'intérieur, autour du roi, la noblesse eût peut-être sauvé la monarchie ; au delà des frontières, il n'y a plus eu que quelques milliers de braves gens, mauvais soldats, indisciplinés et indisciplinables, et quelques centaines d'oisifs, pleins d'honneur et d'inconvénients, souvent à charge et rarement intéressants. »

Telle madame d'Amblimont qui maudit l'épidémie de l'émigration, « cette folie qui, dit-elle, fera verser bien des larmes et longtemps ».

Telle la marquise de Chambonas, qui concluait en sceptique : « ma patrie, à présent, c'est mon fauteuil. »

Tel le comte d'Haussonville : il émigrait, et il n'avait pas même le plaisir de l'illusion, ne croyant nullement au succès de l'entreprise, la cause qu'il servait lui plaisant plus que la manière dont elle était servie. Il constate d'ailleurs qu'on émigra d'abord par mode, par engouement ; nous dirions aujourd'hui que l'émigration était réputée chic, smart, du dernier cri. Rester en France avec le roi et la reine pour partager leurs dangers, former faisceau autour d'eux, devenait, par une sorte d'aberration du jugement, une faiblesse, presque une trahison. « Ainsi qu'à la deuxième croisade sous Louis VII, les femmes envoyaient des quenouilles, des fuseaux aux gentilshommes qui hésitaient à s'acheminer vers Bruxelles ou Coblentz. On y court, comme on va aux eaux de Spa ou de Marienbad, avec un peu d'argent de poche, son épée, ses toilettes : chacun dépense autant qu'à Paris. Une couronne de roses, attendue pour une fête du comte d'Artois, préoccupe bien autrement qu'un décret de l'Assemblée Constituante. Les dangers et les accidents de la fuite, le pêle-mêle dans les auberges, les privations, les embarras de tout genre qu'il fallait supporter pour la première fois, donnaient lieu à mille joyeuses plaisanteries. Les femmes les plus jeunes et les plus élégantes paraissaient s'arranger le mieux de cette vie errante, fertile en romans, en belles équipées à la Brantôme. » On croyait partir pour trois mois, beaucoup partaient pour dix ans, pour vingt-cinq ans, pour l'émigration de l'au-delà ; c'est le contraire dans la vie morale ordinaire : on part pour le pôle nord, on arrive à peine à la frontière.

« Mes camarades, écrit Norvins, faisaient aussi leurs paquets et leurs adieux pour *aller de l'autre côté faire la contre* (révolution) *et revenir passer l'hiver à Paris*. C'était la foi et l'argot du parti, de sorte qu'il fallait se hâter d'arriver, pour *n'être pas mal vu à Coblentz*. Aussi l'on ne s'abordait jamais sans se dire : « Quand pars-tu? Quand partons-nous? »... Les femmes, celles surtout qui pouvaient être intéressées à ce qu'on ne partît pas, semblaient s'entendre avec les princes et avec les révolutionnaires pour qu'on partît. L'intérêt de ceux-ci était de mettre le séquestre sur les biens des émigrés, et d'avoir autour d'eux moins d'ennemis. L'intérêt des princes était de mettre le séquestre sur les personnes, et d'avoir autour d'eux plus de partisans...

« A Paris, le boulevard de Coblentz était aussi une Bourse véritable, où s'opérait l'agiotage de l'émigration. A celle-ci on jouait gros jeu aussi : il s'agissait exclusivement, de la fortune d'abord, ensuite de la vie. N'importe ! On riait en empruntant à cent pour cent les frais de départ, *payables au retour dans trois mois...* »

Tout ce monde fera gaiement son cours de *mal être,* trouvant plaisant d'être pauvre, réduit à la providence journalière; réunis, ces émigrés s'exaltent les uns les autres, mettent en commun leurs espérances, fournissent de précieux arguments aux historiens de cette psychologie des foules, si différente de la psychologie des individus. Plus tard, ils tireront de leur nombre même leur principale consolation : isolés, ils auraient mieux compris l'insanité de ce vertige d'honneur, l'horreur de cet enfer moral où ils entraient.

En attendant, hurrah pour le plaisir et vive l'insouciance ! A Bruxelles, à Spa, à Coblentz. à Aix-la-Chapelle, les seuls lieux du monde où l'on oublie la révolution, les rues sont pavées de princes, de grands seigneurs. Bals, soupers, jeu d'enfer, assauts de toilette, de légèreté et de beauté, tout se passe en 1789, en 1790, comme si l'on était à Versailles ou à Marly. Et ce délire d'imprévoyance durera jusqu'au grand coup de tonnerre de la campagne de 1792, jusqu'à la défaite de la coalition. Encore en est-il beaucoup que rien ne saurait troubler dans leur sommeil d'Épiménide, ni la pauvreté, ni les échecs multipliés, ni les triomphes inouïs des armées révolutionnaires et de Napoléon. « Ne voyez-vous pas, murmurait l'un d'eux, auquel on montrait les bulletins miraculeux de la Grande Armée, que ce sont de vieilles gazettes du temps de Louis XIV qu'ils font réimprimer ? » — Celui-là ressemblait à « une montre à répétition restée pendant plusieurs lustres sans avoir été montée : de toutes les heures du jour, si on pousse le bouton, elle ne sonne et ne répète que l'heure où elle s'est arrêtée ». Plus clairvoyant, M. d'Haussonville admirait fort Napoléon, surtout après Iéna. « Ah ! Quel homme, s'exclamait-il ! Quel dommage que ce ne soit pas *le roi légitime!* N'importe, cela ne durera pas; le vrai roi reviendra. » Ainsi raisonnaient les Cavaliers sous Cromwell. D'autres, pendant le Consulat, pensaient séduire Bonaparte en lui offrant de le faire connétable. Beaucoup hélas ! sont tout entiers peints par ce mot du chevalier de Panat : « Ils n'ont rien appris, rien oublié ! »

« Nous arrivâmes à Aix-la-Chapelle, écrit une émigrée : j'avais la taille la plus svelte et la plus élégante, des yeux presque bleus, pleins d'expression, un teint d'une grande blancheur, des cheveux du plus beau blond ; j'ajouterai un grand désir de plaire, et un enthousiasme pour tout ce qui est élevé, qui donnaient de l'éclat à ma conversation. Je trouvai à Aix-la-Chapelle le prince Louis-Ferdinand de Prusse; il s'occupa extrêmement de moi; quoique de pareils hommages n'atteignissent point mon cœur, ma vanité les sentit peut-être. Cependant, comme mon mari recevait mes confidences, il me dit que rien ne flétrissait plus une femme que les hommages d'un prince. » Ce mari ne ressemblait qu'à moitié à un époux accommodant du temps de Louis XV, qui ne défendait à sa femme que les princes et les laquais.

A Coblentz, Mme Bertin, la fameuse couturière, vendait fort cher ses chiffons et son génie, car elle se comparait volontiers à Boucher ou à Watteau, demandant fièrement aux clientes qu'effrayaient ses mémoires, si on ne payait à ces artistes que leurs toiles et leurs pinceaux.

Voici le costume d'une émigrée qui devait se contempler dans sa glace avec quelque complaisance: « J'avais dans les cheveux une guirlande de primevères surmontée de grandes plumes blanches, une robe de taffetas couleur de rose, garnie également en primevères, en blonde et en gaze d'argent; une jupe de gaze d'argent garnie en primevères. On nous présenta au roi de Prusse; je l'appelai Achille, Agamemnon. Quatre jours de suite avaient employé les quatre robes que j'avais fait faire. »

N'est-ce pas cette jolie personne pour laquelle on rééditait un compliment de la maréchale de Luxembourg : « Elle a toujours les yeux comme nous avons tant de plaisir à les avoir quelquefois; elle a de la Vénus dans un œil, et de la Sainte Vierge dans l'autre? »

Illusions, morgue, exclusivisme absurde, la plupart tournent dans un éternel cercle vicieux : à toutes les chimères de l'éducation, de l'esprit de parti, se joignent les chimères de l'exil volontaire ou forcé, de l'exil qui déforme les objets comme un verre convexe ou concave. C'est en vain que des rois, des diplomates comme Kaunitz et Mercy Argenteau, essaient de les mettre en garde, et par leurs paroles, et par leur égoïsme. Le baron d'Heumann, dînant à la table du roi de Prusse, s'écrie naïvement : « J'ai apporté dans ma poche les clefs des places fortes de la France. — Général, objecte le chevalier Borghèse, ambassadeur d'Espagne à la cour de Berlin, vous pourriez bien trouver les serrures changées. » Esterhazy, après le manifeste du prince de Condé, prophétisait sagement : « Je crains bien que M. le Prince de Condé n'ait pas l'adresse de Guillaume Tell, et qu'il ne frappe à la tête sans abattre la pomme. » Camps, secrétaire de Bernadotte, après avoir dit la vérité toute crue en 1812 à la Ferronnays, conclut : « Il n'y a de réformes à faire que sur vous-mêmes. »

Prophéties, conseils et preuves glissent sur ces têtes légères comme l'eau sur le marbre. Rivarol finit par appeler le roi de Prusse : « Le Jacobin des têtes couronnées. » Ces Marat à cocarde blanche, ces gascons de la politique, ces bonnets rouges déguisés ont leurs formules, leur régime de terreur, et jusqu'à leur Père Duchesne, ce Peltier, rédacteur de *l'Ambigu* à Londres, en même temps qu'ambassadeur du roi nègre Christophe, «buvant en vin de Champagne les appointements qu'on lui payait en sucre ». Un singulier personnage, qui avait plus d'une corde à son arc ! N'imagina-t-il point de montrer au public une petite guillotine en bois d'acajou, moyennant un schelling pour les dernières places, une couronne pour les premières, avec ces mots à la porte de la baraque : « Aujourd'hui on guillotine une oie, demain un canard. » — On eut toutes les peines du monde à lui faire abandonner ce gagne-pain.

La sottise des hommes va de pair avec la légèreté des femmes, si même elle ne la dépasse. Mme de Lage de Volude confesse naïvement : « J'étais assez ignorante de tout autre monde pour croire qu'il ne pouvait pas se trouver d'esprit et de tact ailleurs. » Ces rêveurs habitent la lune et trouvent mauvais que les autres ne la prennent pas avec les dents. Ils mettent Coppet en interdit, parce que Necker et Mme de Staël ont préconisé la politique des réformes. « Montlosier, écrit d'Antraigues, me trouve impitoyable, il a raison ; je serai le Marat de la contre-révolution ; je ferai tomber cent mille têtes, et la sienne la première. » Le même d'Antraigues avait, au début, écrit une brochure républicaine. Malouet, le dernier qui, selon l'expression de Burke, ait veillé au chevet de la Monarchie expirante, paraît à Ferrand mériter la pendaison « bien qu'il fût un honnête homme ». Laissez passer la giboulée ! ainsi appelle-t-on la Révolution : il n'y a pas plus à s'inquiéter d'elle que d'un mauvais hiver ; le printemps revenait ; il fallait balayer les neiges. Bref, chacun veut recommencer le grand œuvre.

Un pur trouve toujours un plus pur qui l'épure, et le comte de Provence laissait échapper ce mot de bonhomie railleuse : « Il n'y a pas à délibérer, le comte d'Artois est pur, je ne le suis pas. »

Quant à s'encanailler avec ces scélérats de constitutionnels, *renégats, filous envers le roi,* jamais ! *Les bottes du maréchal de Binder suffiraient à tout.* A Bruxelles, à Coblentz, à Londres, Montlosier se voit en butte aux mauvais procédés, aux haines des émigrés de la première heure. Les gentilshommes d'Auvergne délibèrent sur son admission dans leurs rangs, et il se bat avec le chevalier d'Ambly qui avait parlé de lui en termes désobligeants. « Depuis Coblentz, écrit Bardoux, où ceux qui étaient arrivés le lundi se réunissaient à l'Hôtel des Trois-Couronnes pour siffler ceux qui arrivaient le mardi, lesquels sifflaient à leur tour ceux qui n'arrivaient que le mercredi, jusqu'au retour à Paris où ces mêmes émigrés calculaient le dévouement par le plus ou moins de retard qu'ils avaient mis à rentrer, ils s'isolaient dans une pureté rigoureuse. » N'étant qu'une poignée, ils travaillaient à n'être qu'une pincée. Dans un salon, un soir qu'on parlait de Lally-Tollendal, quelqu'un ricane méchamment : *la lie du peuple.* A Trèves, Montlosier reçoit la visite de quelques anciens gardes du corps, et comme il leur semblait assez pessimiste : « F.... monarchien, murmurent-ils en le quittant, ce sont tes deux Chambres qui nous ont perdus ! »

Cazalès, un autre partisan des deux Chambres, a sa part d'outrages irréfléchis. Plusieurs émigrés viennent à l'auberge de Coblentz où il devait débarquer, et fort gravement préviennent l'hôtelier qu'il faut absolument deux chambres à M. de Cazalès. L'hôtelier se méprit comme on l'espérait, et aussitôt que l'orateur royaliste arriva, il lui fit toutes ses excuses de n'avoir qu'une seule chambre à lui offrir, Coblentz étant alors encombré par l'émigration. Cazalès comprit fort bien qu'on cherchait à le mystifier d'une façon peu délicate, il garda le silence et demanda seulement qu'on le plaçât à l'endroit le plus périlleux, aux avant-postes.

Le duc de la Châtre sert cette semonce à Narbonne : « Vous avez tout gâté avec votre constitution, vous êtes la première cause de tous nos malheurs, et maintenant nous allons gaiement mourir de faim tous ensemble. »

Dans le salon de Mme d'Audenard, à Vienne, un émigré, M. de la Vaupillière, en présence de Gouverneur Morris, exprime le vœu que La Fayette soit pendu. Morris, indigné de ces violences, écrit dans son *Mémorial* : « En vérité, le ton tranchant et les prétentions ridicules de ces messieurs, dont le plus grand nombre n'a de titres à l'estime publique que le nom et la gloire de leurs ancêtres, me porteraient presque à oublier les crimes de la Révolution française. Souvent leur caractère intolérant et leurs vœux sanguinaires m'ont fait croire à la vérité de cette assertion, que le succès seul déterminerait de quel côté auraient été les criminels et de quel côté les victimes. »

Lorsque les jeunes de Corbehem, appartenant à la noblesse de robe, veulent faire partie du régiment qu'organise à Tournay le comte de Cauchy, on leur répond que cela ne se peut, attendu qu'ils ne sont pas reconnus gentilshommes par les États d'Artois.

Allez donc demander aux *pointus* d'extrême-droite de goûter les avertissements de Mallet du Pan. Celui-là comprend que la Révolution a pour elle le patriotisme des intérêts, le bourgeois vainqueur de la noblesse, le paysan acheteur de biens nationaux, le soldat devenu officier, et que les victoires des armées au dehors font compensation avec les violences du dedans. « La grande majorité des Français ayant participé à la Révolution par des erreurs de conduite ou par des erreurs d'opinion, il n'est que trop vrai qu'elle ne se rendra jamais à discrétion à l'ancienne autorité ou à ses dépositaires ; il suffit de descendre dans le cœur humain pour se convaincre de cette vérité... Il importe à tout prix de rassurer les intérêts... Il est aussi impossible de refaire l'ancien régime que de bâtir Saint-Pierre de Rome avec la poussière des chemins. »

A Coblentz, on juge la religion monarchique d'un émi gré par la date de son arrivée, et d'après sa noblesse. Norvins, gentilhomme obscur, est déclaré exact et fêté ; mais la veille, le prince de Saint-Mauris aurait été jeté dans le Rhin par les gardes du corps sans l'intervention de Monsieur, qui ne put le garder auprès de lui. Saint-Mauris repassa le Rhin pour rentrer en France où le happa l'échafaud. « La proscription de Coblentz le livra ainsi à la proscription de Robespierre. »

Haines et rivalités éclatent furieusement. Norvins conte que les gardes du corps détestent les aides de camp qui les éclaboussent au grand galop de leurs chevaux : « Pour ceux-là, grondent-ils, leur compte est bon. Ces messieurs de la cour trouveront bientôt à qui parler. Une fois rentrés, il faudra bien qu'on fasse maison nette de tous ces freluquets. » — Un autre répond : « Et qu'est-ce qui a causé la révolte actuelle ? C'est le luxe de la cour... Le Roi et la Reine n'ont pas besoin d'avoir mille à douze cents chevaux dans leurs écuries. Quatre équipages à huit suffisent, et une douzaine pour la selle... » Quand il y avait quelque affaire devant Thionville, on criait : « En avant, les aides de camp ! » comme les patriotes criaient : « En avant, les officiers ! » Ces aides de camp étaient innombrables, ils eussent suffi à une armée de cent mille hommes, ils accaparaient les faveurs : d'où la rage des gentilshommes simples soldats contre eux.

Louis XVI et la reine déplorent amèrement la conduite de ces don Quichotte. Marie-Antoinette écrit à Fersen : « Nous gémissons depuis longtemps du nombre des émigrants ; nous en sentons l'inconvénient, tant pour l'intérieur du royaume que pour les princes mêmes. Ce qui est affreux, c'est la manière dont on trompe et a trompé tous ces honnêtes gens, à qui il ne restera bientôt que la ressource de la rage et du désespoir... » Et, après la mort de Louis XVI, Fersen remarque douloureusement : « La mort du roi n'a pas fait grand effet sur eux, ils se consolent avec la régence de Monsieur. Quelques-uns ont même été au spectacle et au concert. » Les plus modérés constatent, non sans ironie, que sa personne allait bien mal à sa place. Selon le mot de Langeron, parce qu'ils étaient sans peur, les émigrés se croyaient sans reproche.

Le Pape ayant invité les évêques émigrés à réintégrer

leurs sièges vacants, l'obéissance impliquant la reconnaissance du gouvernement consulaire, une scission se produisit entre les évêques installés à Londres. L'évêque de Comminges, Mgr d'Osmond, et l'évêque de Lombez, avaient l'habitude de jouer tous les soirs aux échecs chez la comtesse de Bouillé ; celle-ci proposa aux deux prélats de faire leur partie coutumière ; mais l'évêque de Lombez répondit qu'il ne pouvait plus jouer avec un évêque rentrant. Et cependant ils avaient eu pendant dix ans le même paradis et le même purgatoire en politique ; mais les nuances souvent brouillent plus que les couleurs tranchées.

Voici une conversation entre royalistes de derrière les fagots ; elle en dit long sur les émigrés. En 1797, le prince de la Trémoille, pendant plusieurs heures, essaie d'éclairer Louis XVIII qui, las sans doute d'entendre des paroles un peu raisonnables, le renvoie à d'Avaray et à Saint-Priest. « Ici je voudrais pouvoir te peindre la scène entre moi, fort animé, rempli de ce que j'avais à dire, et cette grande figure d'empereur romain (Saint-Priest) plus froide qu'un marbre; et, une fois qu'après m'avoir fait une couple de révérences les plus ministérielles et les plus compassées que j'aie jamais vues, il se fut rassis sur son canapé, il ne répondit plus aux choses les plus fortes que par un sourire de suffisance... Ayant ramené la conversation sur les ressources qui restaient aux royalistes en France, et sur l'importance des pays organisés ou organisables : « Pour moi, dit-il, je vous avoue que j'ai toujours regardé ces organisations comme des enfantillages. — Si ce sont des enfantillages,

Monsieur le comte, il faut avouer qu'ils sont bien cruels pour ceux qui sont les dupes et les victimes de la part de ceux qui les ordonnent. — Mais, dit-il, qui est-ce qui les ordonne ? Le roi ne les a jamais ordonnés. — Je l'arrêtai court, en lui disant qu'il ne fallait pas me dire cela, à moi qui avais vu les ordres de Monsieur et la lettre de M. d'Avaray au nom du Roi. — Mais, mon prince, reprit-il, est-ce que vous croyez de bonne foi, que tout cela existe ? — Ma foi, Monsieur le comte, il est dur que des gens qui tombent journellement, et en grand nombre, dans les prisons, qui se font fusiller pour vous prouver leur existence, ne puissent pas vous en persuader. »

A côté des antipathies de principe, les antipathies de caractères, les anciennes rancunes qui persistent après la Révolution et donnent parfois aux émigrés l'aspect de naufragés qui, sur un frêle radeau, en pleine mer, se gourmeraient au lieu de s'entr'aider.

Incorrigés, incorrigibles. Je me souviens, « dit Puymaigre, qu'un de mes camarades qui, depuis le licenciement de l'armée de Condé, n'avait pas quitté son château du Vivarais, me dit un jour sérieusement : « Parbleu ! le roi est bien bon de s'inquiéter de sa Charte ! Je n'aurais fait, pour terminer tous nos débats, qu'une loi en deux articles. —Ah ! fis-je, cela est curieux, et quels seraient vos deux articles? — Eh bien, voici le premier : Tout est rétabli en France comme au 13 juillet 1789. — Et le second ? — Le second ? Il est encore plus simple : Mes ministres de la guerre, de l'intérieur, des finances, etc., sont chargés de l'exécution de la présente ordonnance. » — Et cet homme ne manquait pas d'esprit, mais il s'était endormi pendant vingt-cinq ans, et rien n'avait pu le réveiller.

En 1815, une vieille *ci-devant* (c'est le titre que le bourgeois de Paris donnait à l'ancienne noblesse), croyant que tout devait être remis en place comme sous l'ancien régime, écrivit au comte de Pradel, directeur de la Maison du Roi sous le comte de Blacas : « M. le Ministre, je vous prie de réparer le plus promptement possible mes pertes de fortune : je vous donne ma parole d'honneur que je n'ai plus que vingt cinq mille livres de rente. »

Je fais jaillir quelques étincelles du foyer de cette émigration qui se répandit un peu partout, en Russie, en Asie, aux États-Unis, même aux Indes ; elle eut les motifs les plus divers, des odyssées de toute sorte, des variétés à l'infini : émigration de bel air, émigration royaliste, émigration constitutionnelle, volontaire, forcée, riche, pauvre ; émigration de vanité, de résignation, émigration de principe, de sang-froid ; émigration d'enthousiasme, de scepticisme, selon la formule *quoique* et selon la formule *parce que;* celle qui se dévoua pleinement, celle qui fit des réserves ; celle qui vécut d'une manière presque confortable, celle qui connut les affres de la misère, celle qui mourut à la peine ; celle qui se rallia à Napoléon pendant le Consulat et l'Empire, celle qui ne rentra qu'avec les Bourbons en France, et fit dire à quelque ironiste : « Je ne reproche pas aux émigrés d'être partis, mais d'être revenus. »

Au début de la campagne de 1792, Calonne rencontre son parent le jeune Norvins et lui tient ce langage qui n'était pas, tant s'en faut, celui de l'optimisme, et qui atteste un accès de clairvoyance :

« Je ne sais pas ce qui va se passer, ce qui peut arriver de tout ceci. Écoute-moi bien... Peut-être serons-nous bien heureux de pouvoir sortir de cette France où nous rentrons aujourd'hui... Les intentions de ces Autrichiens, de ces Prussiens et de leur généralissime, ne me sont pas, à beaucoup près, assez bien connues pour que je puisse m'abandonner à une véritable espérance... Mais si l'affaire réussit, tu auras à choisir entre deux partis : ou d'être capitaine aux gardes avec rang de colonel, ou d'être assis à côté de moi dans mon cabinet. Leurs Altesses Royales ont pris avec moi l'engagement de me mettre à la tête des affaires ; je serai donc premier ministre. » — Norvins répond qu'il préfère travailler sous les yeux de Calonne. « J'y comptais, continue celui-ci, et tu dois t'attendre alors à la plus grande carrière... Mais souviens-toi qu'à deux lieues de Thionville, investie par cent mille hommes, je t'ai dit que nous serions peut-être bien heureux de repasser bientôt cette frontière; et alors tu viendras me rejoindre. Adieu. Je n'ai pas besoin de te recommander le silence sur tout ceci. »

Calonne, cet écervelé, premier ministre de la royauté! Mais n'avait-il pas dit à Machault, en 1783 : « Les finances de la France sont dans une situation déplorable ; croyez bien que je ne m'en serais jamais chargé sans le mauvais état des miennes. » Machault racontant le mot, ajoutait : « Je n'avais pourtant rien fait pour mériter une confidence aussi extraordinaire. »

« Un joli M. de Quinsonas avait un petit trésor qu'il n'osait exposer aux risques de la guerre. Il cherche autour de lui. Tout lui paraît jeune et léger, quand il rencontre une vieille dame, femme du plus ancien cordon rouge. Rien de mieux, se dit-il, et il confie sa précieuse cassette à ce vénérable ménage. La vieille dame jure de *ne pas la quitter* et de la lui rendre à Paris. Après la déroute, il cherche la vieille dame, la retrouve enfin : elle recule en le voyant. « Eh donc ! lui dit-elle, vous n'êtes point mort ! — Oh ! ma cassette ! s'écrie-t-il avec effroi ! — La voilà, répondit la vieille dame, il en reste *bieng peu !* » Dans les désordres qui suivirent cette époque, j'entendis dire souvent, et en souriant encore : « Il en reste *bieng peu.* »

Au moment où l'armée des Princes se mit en mouvement pour entrer en France par Thionville, il fut permis aux femmes de suivre l'armée. L'empressement fut général. Des équipages encore nombreux couvraient les routes, et ce reste d'élégance parisienne, la confiance que chacun témoignait, rendait ce voyage joyeux. Chacun se séparait gaiement, en se donnant presque rendez-vous à Paris. (1)

---

(1) *Mémoires et Souvenirs* du baron HYDE DE NEUVILLE. — *Souvenirs de la comtesse* DE LA ROSIÈRE. — *Anne-Paule-Dominique de Noailles, marquise de Montagu.* — Duchesse DE DURAS : *Journal des prisons de mon père, de ma mère, et des miennes.* — Alexandrine DES ÉCHEROLLES : *Une famille noble sous la Terreur.* — Dr LAGNEAU : *L'émigration de France.* — *Mémoires* de la comtesse DE BOIGNE, Tome Ier. — Vicomte DE REISET : *Les Reines de l'Émigration ; Louise d'Esparbès, comtesse de Polastron ; Anne de Caumont La Force, comtesse de Balbi,* 2 vol. in-8. — Marquis DE SÉGUR : *La Dernière des*

Surviennent la défaite, la débâcle, la retraite avec ses épisodes tragiques, parfois comiques. « Une grange spacieuse, raconte la duchesse de Gontaut, de la paille fraîche, nous donnaient l'espérance d'une bonne nuit. La duchesse de Guiche, Mmes de Poulpry, de Lage, etc... ma mère et moi, nous couchâmes rangées le long de la muraille. Un chasseur de la duchesse de Guiche, un sabre à la main, avait consigne de nous bien garder. Au milieu de la nuit, nous fûmes réveillées par des coups redoublés, et par une voix de femme demandant asile.

Condé, Marie-Catherine de Brignole, princesse de Monaco. — Étienne LAMY : *Témoins de jours passés.* — Comte DE MORIOLLES : *Mémoires sur l'Emigration...* — Marcel RAGON : *La Législation sur les Émigrés.* — François DESCOTES : *Les Émigrés en Savoie et dans le pays de Vaud.* — *Dix années d'Émigration, Souvenirs du comte de Neuilly*; publiés par Maurice de BARBEREY. — Pierre de VAISSIÈRE : *Gentilshommes campagnards de l'ancienne France.* — *Mémoires du chevalier de Maulort*, publiés par le baron TILLETTE DE CLERMONT-TONNERRE. — Baron de MARICOURT : *Madame de Souza et sa famille.* — *Mémoires* de Mme DE LA FERRONNAYS ; du duc DES CARS ; du marquis DE BOUILLÉ. — Comte Gérard DE CONTADES : *Emigrés et Chouans ; Journal d'un fourrier de l'armée de Condé.* — *Souvenirs du comte de Contades, pair de France.* — Lucien PEREY : *Histoire d'une grande dame.* — Gaston MAUGRAS : *La marquise de Boufflers*, p. 525 et s. — Marquis C. DE BEAUREGARD : *Souvenirs tirés des papiers du comte de la Ferronnays.* — André LEBON : *L'Angleterre et l'Emigration française de 1794 à 1801.* — *Chronique* de la duchesse DE DINO, I, p. 367. — *Souvenirs* du chevalier DE CUSSY, p. 159, 166, 266, 321, 377. — *Souvenirs* de la princesse DE TARENTE. — Gilbert STENGER : *La Société française pendant le Consulat*, t. II. — Jules SANDEAU : *Mlle de la Seiglière.* — CUVILLIER-FLEURY : *Portraits politiques.* — Charles BAILLE : *Le Livre de raison et la Correspondance d'un émigré franc-comtois.* — BARDOUX : *La jeunesse de La Fayette, Les dernières années de La Fayette.* 2 vol. — Comte d'Espinchal : *Les débuts de l'Emigration, Revue de Paris*, 1er novembre 1895. — Paul GAULOT : *Un ami de la Reine.* — A. CHUQUET : *Les Guerres de la Révolution.* — Mme de STAEL : *Considé-*

« Ouvrez c'est moi ! » On ouvrit. Madame de Calonne, femme du ministre, entra, parée, crêpée, fardée, poudrée, belle robe à queue, panier, souliers à talons. « Où sont les appartements ? dit-elle. » Elle regarde avec terreur. « Mais que vois-je ? Un hôpital ! Des femmes sur la paille ! Un homme armé ! Holà ! Où sont mes laquais ? De la lumière ? Des flambeaux ! » Les laquais accoururent : la grange une fois illuminée, ses cris redoublent. « Où suis-je ? Que vois-je ? Des pendus à la muraille ! » Alors nous vîmes aussi vingt-quatre moutons écorchés, accrochés, prêts à être livrés le lendemain au marché. Chacun

---

rations sur la Révolution française. — *Vie de Mme de la Rochefoucauld, duchesse de Doudeauville.* — Marquis DE GABRIAC : *Voyages de la duchesse de Guiche en France, en 1801*, dans *Revue des Deux Mondes*, 15 avril 1899. — *Mémoires du général d'Andigné*, publiés par Edmond BIRÉ. — Comte Erasme GASPARD DE CONTADES : *Coblentz et Quiberon.* — P. HÉBERT : *La Noblesse de Normandie en émigration.* — Victor PIERRE : *L'abbé de Montrichard et l'émigration française à Fribourg ; Les émigrés et les commissions militaires après Fructidor.* — E. LASSAUGUE : *Gens de cour en exil.* — Abbet ALEXIS : *Les prêtres francais émigrsé à Saint-Maurice en Valais.* — DE BÉLIZAL : *Journal et Lettres d'un émigré.* — Bernard DE LA FRÉGEOLIÈRE : *Emigration et Chouannerie.* — DE BONALD : *Considérations sur la Révolution française.* — BRÉMOND D'ARS : *Dix années d'exil* (1791-1801). — GIBON-KÉRISOUËT : *Souvenirs d'un émigré.* — MARTINANT DE PRÉNEUF : *Huit années d'émigration.* — Paul BOURGET : *L'Emigré.* — BITTARD DES PORTES : *L'exil et la guerre.* — CLOSMADEUC : *Emigrés et Chouans.* — Félix MAGNETTE : *Les Emigrés français aux Pays-Bas.* (1789-1794). — Louis-Auguste DE MONDION : *G. Loquet ; Cahiers de route d'un émigré.* — C. DE SAINT-MARC : *Les Émigrés du Poitou.* — Antoine (DE SAINT-GERVAIS) : *Histoire des Émigrés.* — DE SYBEL : *Histoire de l'Europe pendant la Révolution française.* — Lord STANHOPE : *William Pitt et son temps.* — Albert SOREL : *L'Europe et la Révolution française*, 8. vol. in-8°, Plon. — Ferdinand BRUNETIÈRE : *Histoire et Littérature*, 3 vol.

se reconnut, et nous de rire. La pauvre dame était à sa première journée de désastre ; elle apprit par notre position ce à quoi il fallait se résigner, et, comme nous, elle parvint à le faire avec courage. »

Exilés, chassés de partout, traités comme des pestiférés, les émigrés qui se présentent à pied, sac au dos, aux portes des villes rhénanes, y sont reçus par des soldats qui, séance tenante, les conduisent aux portes opposées, avec défense de les franchir de nouveau. « Le moyen âge accordait aux lépreux au moins l'asile d'une nuit ; aux émigrés, c'était le passage sous escorte. » Le marquis de Galliffet, ayant reçu l'ordre de traverser Fribourg-en-Brisgau sans s'arrêter, même pour dîner, alors qu'il mourait de faim, dit au commandant de la porte nord de la ville : « Ce n'est pas ma faute, Monsieur l'officier, si votre ville se trouve sur mon chemin, et je m'attendais peu à l'honneur d'y faire votre connaissance. » Dans certains États, on voyait de grands poteaux sur la frontière avec ces mots : « Défense aux mendiants, aux vagabonds, aux émigrés de pénétrer sur ce territoire. » Entrés en France comme les otages des armées coalisées, les émigrés en sortent comme des condamnés : ils vendent tout à vil prix pour s'assurer le pain de la fuite, les soldats étrangers les pillent, les Hollandais les livrent partout. Quelle expiation pour ces « *courtisans à talons dérougis !* »

Mirabeau trouve le moyen d'attendrir les cœurs des pasteurs et des curés pendant la retraite de 1792 : il commence par leur débiter un beau discours en latin, et finit par solliciter pour lui et son ami Moriolles une hospitalité accordée avec empressement. Chez un riche fermier, il use d'un autre procédé. On leur avait octroyé de mauvaise grâce une miche de pain noir et une place dans l'écurie. Mirebeau se mit à couper des tranches de mie dont il fit des muscades avec lesquelles il ouvrit une séance de prestidigitation : voilà nos gens émerveillés, il va chercher dans sa gibecière ses gobelets, ses appareils, déploie ses talents d'amateur devant les spectateurs de plus en plus ravis : si bien qu'on leur offrit un plantureux souper et deux bons lits.

Une caricature, due au crayon d'un émigré, et qui fit beaucoup rire à cette époque, représentait un gascon pataugeant dans les boues de la Hollande, accablé sous le poids de son bagage et traînant une longue rapière. L'exergue portait : « Jé mé souis émigré pour rémettre le roi sur son trône, et jé l'y rémettrai ! mais qu'il s'y tienne bien, car si jamais jé mé rémigre !... « Ne nous étonnons pas trop, après cela, du mot d'un émigré déçu et mécontent : « Deux êtres que je ne puis m'expliquer, c'est la Providence et le roi de Prusse. »

Ce qu'on apprend avec plus de surprise, c'est que l'un d'eux, le 21 janvier 1794, donne un bal à Londres. C'est seulement quand la fête est commencée, que quelqu'un fait remarquer que c'est l'anniversaire de la mort du roi. Consolons-nous de cette fâcheuse méprise avec un trait de courtoisie exquise, conté par le vicomte de Launay. Danton prétendait qu'on n'emporte point sa patrie avec la semelle de ses souliers ; les émigrés emportaient avec eux les vertus de société, un bien mince bagage pour la politique, un bien précieux viatique pour la douceur de la vie. Et la princesse Dolgorowki parlait à la légère, quand elle affirmait que le bon goût avait sauté à pieds joints de Paris à Pétersbourg : le bon goût était là où se trouvait la société émigrée, et il n'avait même pas entièrement émigré ; il en restait des épaves à Paris.

« C'était en Angleterre, à l'époque de la Révolution française. Le duc de Bedford avait offert au duc de G... émigré, un splendide repas, une de ces fêtes quasi royales que les grands seigneurs anglais mettent leur orgueil à donner à des souverains, leur bon goût à offrir à des exilés. Au dessert, on apporta une certaine bouteille d'un vin de Constance merveilleux, sans pareil, sans âge, sans prix. C'était de l'or liquide dans un cristal sacré, un trésor fondu qu'on vous admettait à déguster, un rayon de soleil qu'on faisait descendre dans votre verre; c'était le nectar suprême, le dernier mot de Bacchus. Le duc de Bedford voulut verser lui-même à son hôte cette liqueur des dieux. Le duc de G... prit le verre, goûta le prétendu vin et le déclara excellent. Le duc de Bedford, pour lui faire raison, voulut en boire à son tour; mais à peine a-t-il porté le verre à ses lèvres qu'il s'écrie, avec un horrible dégoût : « Ah ! Qu'est-ce que c'est que çà ? » On accourt vers lui, on examine la bouteille, on interroge le parfum; c'était de l'huile de castor !... Le duc de G... avait avalé cette détestable drogue sans sourciller. Ce trait sublime fit grand honneur à la noblesse de France ; on conçut une haute idée d'un pays où la politesse allait jusqu'à l'héroïsme. »

Et puis, ce qui vaut mieux, cette noblesse, « par ses

goûts, sinon par ses opinions, demeurait française encore à force d'inconséquences. L'esprit, le ton, les modes de Paris ne cessèrent pas un instant de régner exclusivement parmi ce monde qui n'avait pas craint de se liguer avec l'étranger, mais qui redoutait plus que tout de devenir provincial. Les chansons nouvelles, que chaque jour voyait éclore dans la capitale de la Révolution, étaient aussitôt répétées dans le camp des émigrés. On commençait par mettre des paroles royalistes sur les airs des Jacobins. C'est ainsi qu'il y eut successivement un *Chant du Départ*, une *Marseillaise*, une *Carmagnole* des émigrés; mais les couplets primitifs avaient plus de verve; les premiers moments passés, on les chantait entre soi tout uniment; on les apprenait aux officiers allemands ébahis de tant de liberté d'esprit ».

Les émigrés, alors même qu'ils faisaient la guerre à la France, ont souvent été fiers de ses victoires. « Plus d'un émigré, battant en retraite, la mort dans l'âme, s'arrêtait sur le champ de bataille, et regardait, avec un certain sourire, les Autrichiens et les Prussiens fuyant aussi devant les baïonnettes françaises. C'est qu'on reste toujours Français. Il s'admirait vainqueur, en se sentant vaincu. » Après une victoire remportée par les Anglais sur la marine française, le prince de Galles donna un grand déjeuner; comme on lui soumettait la liste des invités, il fit rayer le nom de Monsieur, disant : « Il est trop Français pour venir, et moi je suis trop homme de bonne compagnie pour l'engager. » La reine Marie-Antoinette racontait à Mme Campan que l'empereur François II, faisant admirer la belle tenue de ses troupes à un officier général français, alors émigré, lui dit : « Voilà de quoi bien battre vos sans-culottes. — C'est ce qu'il faudra voir, Sire, riposta aussitôt l'émigré ». La reine ajouta : « Je ne sais pas le nom de ce brave Français ; mais je m'en informerai ; le roi ne doit pas l'ignorer. »

Souvent aussi, les Français républicains traitent les émigrés avec une générosité qui corrige la politique prêchée par le conventionnel Chabot : « Il faut, disait celui-ci, qu'un enfant puisse envoyer un émigré à la guillotine » (1). A la bataille de Zurich, les Français cherchent à obliger à la retraite les émigrés, non par la force, mais par le nombre, ils tirent en l'air, s'écrient qu'ils ne veulent pas leur faire de mal, les avertissent quand ils sont dépassés sur leurs flancs. Tout autrement procèdent-ils vis-à-vis des Autrichiens : à peine arrivés, les

---

(1) A propos du livre de Forneron, Ferdinand Brunetière a écrit une substantielle étude dont on pourrait discuter certaines conclusions ; mais elle pose nettement et aborde avec vigueur une des grandes questions que soulève l'émigration, celle du droit nouveau et du droit monarchique : « ...On affecte quelquefois, dit-il, pour les frondeurs eux-mêmes, et surtout pour les protestants, une justice que l'on refuse aux émigrés. C'est le contraire qu'il faudrait faire, et si l'on était juste, on accorderait aux émigrés une indulgence à laquelle ni frondeurs ni protestants n'ont droit. Car c'était pour la ruine de la France que frondeurs et protestants combattaient sous le drapeau de l'Espagne ou de l'Angleterre ; mais c'était pour le rétablissement du roi dans sa prérogative inaliénable, et la restitution de la France dans son ancien état, lequel, pour eux, était le légitime, que les émigrés combattaient. La passion peut confondre les temps ; l'histoire doit les distinguer... Nous sommes en présence d'un état d'esprit, d'une conception du droit et de la loi qui diffère de la nôtre ; et *l'émigration ne peut pas être jugée sur une autre loi que la sienne* (?)... Contre la

Français sonnent l'attaque, et moins d'une heure après, plus de dix-huit cents Autrichiens jonchent le champ de bataille ; tandis qu'au contraire ils suivent de loin les régiments d'émigrés sans les inquiéter, s'arrêtent quand ceux-ci font halte, semblent régler leur marche sur la leur.

Parmi les émigrés qui avaient déjà fait ou devaient faire figure, je nommerai Chateaubriand. L'ex-lieutenant au régiment de Navarre rapportait d'Amérique *Atala*, les *Natchez*, d'admirables paysages parmi lesquels un bon nombre démarqués d'autres auteurs ; il s'était marié à la fin de 1791, afin de se procurer le moyen de s'aller faire tuer pour cette émigration qu'il considérait comme une sottise et une folie. « Peladé à toutes mains, dit Montaigne, aux Gibelins j'étais

---

Révolution qui représentait le droit nouveau, les émigrés représentaient le droit monarchique... C'est ce qui explique la violence de la lutte et la férocité des moyens ; il y allait pour les uns de n'être plus, et pour les autres de ne pas être : on ne regarde guère aux lois de l'équité quand on combat pour l'existence... Pourquoi les émigrés n'ont-ils pas réussi ? C'est que, sans le savoir, ils avaient été touchés eux-mêmes de l'esprit nouveau, et que, si leurs traditions étaient toujours sous l'empire du droit monarchique, elles n'étaient déjà plus animées de ce principe intérieur qui seul soutient, vivifie et continue les traditions. Les émigrés ressemblaient à ces dévots qui se croient sincères, qui le sont mêm par un effet de la longue accoutumance, et qui s'aperçoivent un jour qu'au fond la foi leur manque, en sentant bien qu'elle ne répond pas à l'effort qu'ils lui demandent.

(1) Sur quelques personnages de l'Émigration, Montlosier, Delille, Sénac de Meilhan, la marquise de Coigny, etc... voir mes volumes : *Les Causeurs de la Révolution; La Société en France avant et après 1789*, et les ouvrages que j'ai déjà cités.

Guelfe; aux Guelfes Gibelin. » Chateaubriand a tracé de l'émigration qu'il entrevit à Bruxelles un portrait sévère, et fort ressemblant : « Bruxelles était le quartier général de la haute émigration. Les femmes les plus élégantes de Paris, et les hommes les plus à la mode, ceux qui ne pouvaient marcher que comme aides de camp, attendaient dans les plaisirs le moment de la victoire ; ils avaient de beaux uniformes tout neufs ; ils paradaient de toute la vigueur de leur légèreté. Des sommes considérables qui les auraient pu faire vivre pendant quelques années, ils les mangèrent en quelques jours. Ce n'était pas la peine d'économiser, puisqu'on serait incessamment à Paris... Ces brillants chevaliers... nous regardaient dédaigneusement cheminer à pied, le sac sur le dos, petits gentilshommes de province ou pauvres officiers devenus soldats.

« Je fus invité à dîner avec mon frère chez le baron de Breteuil ; j'y rencontrai la baronne de Montmorency, alors jeune et belle, et qui meurt en ce moment... de jeunes magistrats transformés en colonels hongrois, et Rivarol, que je ne vis que cette fois dans ma vie. On ne l'avait point nommé ; je fus frappé du langage d'un homme qui pérorait seul, et se faisait écouter avec quelque droit comme un oracle. L'esprit de Rivarol nuisait à son talent, sa parole à sa plume... J'avais repris l'habit mesquin d'un sous-lieutenant d'infanterie ; je devais partir en sortant du dîner, et mon havresac était derrière la porte ; j'étais encore bronzé par le soleil d'Amérique et l'air de la mer ; je portais les cheveux plats et noirs. Ma figure et mon silence gênaient Rivarol. Le baron de Breteuil, s'apercevant de sa curiosité inquiète, la satisfit : « D'où vient votre frère le chevalier? » dit-il à mon frère. Je répondis : « De Niagara. » Rivarol s'écria : « De la cataracte! » Je me tus. Il hasarda un commencement de question : « Monsieur va?... — Où l'on se bat », interrompis-je. On se leva de table.

« Cette émigration fate m'était odieuse : j'avais hâte de voir mes pairs, des émigrés comme moi, à six cents livres de rente. Nous étions bien stupides, sans doute, mais du moins, nous avions notre rapière au vent, et si nous eussions obtenu des succès, ce n'est pas nous qui aurions profité de la victoire... »

Chateaubriand, qui fut sur le point de périr de misère et de maladie pendant la retraite de 1792, après la campagne de France, faillit mourir de faim à Londres en 1793, parce qu'il écrivait de beaux livres qui restaient sans prôneurs, sans libraires, tandis que ses amis s'étaient mis dans le commerce, ou enseignaient le français qu'ils ne savaient pas. Notre défaut national, la légèreté, s'était, dans ce moment, mué en vertu. On riait au nez de la fortune. « Cette voleuse était toute penaude d'emporter ce qu'on ne lui demandait pas. »

Cependant, les fonds s'épuisaient, Chateaubriand et son ami Hingaut diminuent la ration de vivres, comme sur un vaisseau lorsque la traversée se prolonge. Arrivés à leur dernier schelling, ils conviennent de le garder pour faire semblant de déjeuner : on achètera un pain de deux sous, on se laissera servir comme de coutume l'eau chaude et la théière, on n'y mettra point de thé, on ne mangera pas de pain; on boira l'eau chaude avec quelques petites miettes de sucre restées au fond du sucrier.

Cinq jours s'écoulent de la sorte. Chateaubriand suce des morceaux de linge qu'il trempe dans de l'eau, mâche de l'herbe et du papier; une fois, il reste deux heures planté devant un magasin de fruits secs et de viandes fumées, avalant des yeux tout ce qu'il voyait. Son lit consistait en un matelas et une couverture; point de draps : quand il faisait froid, son habit et une chaise, ajoutés à sa couverture, lui tenaient chaud.

Le onzième jour, tombant d'inanition, il se traîne chez Hingaut, voit du sang à sa chemise; Hingaut s'est donné un coup de canif profond de deux pouces au bout du sein gauche. Conseiller au parlement de Bretagne, il n'avait pas voulu, par faux point d'honneur, recevoir le traitement que le gouvernement anglais accordait aux magistrats français, de même que Chateaubriand n'avait pas voulu accepter le schelling aumôné par jour aux émigrés. Il écrivit à M. de Barentin, et en même temps, son oncle de Bédée lui envoyait quarante écus. C'était le Pérou. Le voilà *l'homme aux quarante écus.*

Que vous semble encore de ce croquis d'émigration? « Mon cousin de la Bouëtardais, chassé faute de paiement d'un taudis irlandais... vint chez moi chercher un abri... Il était, ainsi que Hingaut, conseiller au parlement de Bretagne; il ne possédait pas un mouchoir pour s'envelopper la tête, mais il avait déserté avec armes et bagages, c'est-à-dire qu'il avait emporté son bonnet carré et sa robe rouge, et il couchait sous la pourpre à mes côtés. Facétieux, bon musicien, ayant la voix belle, quand nous ne dormions pas, il s'asseyait tout nu sur ses sangles, mettait son bonnet carré, et chantait des romances en s'accompagnant d'une guitare qui n'avait que trois cordes. Une nuit que le pauvre garçon fredonnait ainsi l'*Hymne à Vénus* de Métastase, il fut frappé d'un vent coulis ; la bouche lui tourna, et il en mourut, mais pas tout de suite, car je lui frottai cordialement la joue. Nous tenions des conseils dans notre chambre haute, nous raisonnions sur la politique, nous nous occupions des cancans de l'émigration. Le soir, nous allions chez nos tantes et nos cousines danser, après les modes enrubannées et les chapeaux faits. »

Le journaliste Peltier vient en aide à Chateaubriand, lui procure du travail, l'emmène avec son cousin apoplectique, et deux émigrés en guenilles, dîner à London-Tavern : « Il leur fit boire du vin de Porto, manger du roastbeef et du plumpudding à en crever. « Comment, Monsieur le comte, disait-il à mon cousin, avez-vous ainsi la gueule de travers ? » La Bouëtardais, moitié choqué, moitié content, expliquait la chose de son mieux... Mon pauvre paralysé avait un air si mort, si transi, si râpé, en barbouillant sa *Bella Venere*, que Peltier se renversa d'un fou rire, et pensa culbuter la table, en la frappant du dessus de ses deux pieds... »

Comme on voit, il ne s'agit nullement de présenter ici une histoire, même très succincte, de l'émigration civile ou armée, pas même un résumé du résumé, non plus une histoire de la société française émigrée. Remarquons en effet que l'émigration a abordé tous les pays, traversé des vicissitudes de toute sorte, duré vingt-cinq ans, tenté force historiens, dramaturges et conteurs, que mémoires et relations ne se comptent plus, qu'il en paraît de nouveaux chaque année en France et à l'étranger. Maint personnage de l'émigration a obtenu les honneurs d'une ou plusieurs monographies; cette royauté errante du comte de Provence et du comte d'Artois, ces douloureux calvaires en Italie, en Autriche, en Russie, en Angleterre, ont fait l'objet d'études approfondies. J'essaie surtout de mettre en relief l'énormité de l'illusion émigrée, cette illusion, alimentée par des milliers de chimères, par une complète absence de sens politique, par la superstition de l'étiquette, les rivalités, les rancunes survivant aux catastrophes les plus effroyables ; je cherche à distinguer entre les variétés de l'émigration, celle qui a quitté la France par mode, forfanterie, vanité, esprit de corps, d'avec celle qui est partie pour éviter *la mécanique sépulcrale,* très haute, puissante et expéditive dame guillotine. Et, laissant de côté vingt questions intéressantes, je me suis proposé de montrer cette société aux prises avec le terrible problème du boire et du manger, l'infinie plasticité du caractère français, ses merveilleuses aptitudes aux métamorphoses les plus inattendues, sa gaîté héroïque, son entrain et son endurance. Peinture à fresque où manque la synthèse, mais où l'anecdote, cette histoire en raccourci, et l'esquisse sommaire de quelques figures, peuvent cependant aider à donner l'impression, la vision de l'ensemble par l'accumulation des détails.

On a fait des livres sur l'utilité, la nécessité, le droit divin de la guerre. Ne pourrait-on en écrire un sur la beauté sociale de la souffrance, son rôle moral, économique? Créatrice et éducatrice d'énergies, réveillant celles qui sont en sommeil, expiatrice, elle fait apprécier la grâce du bonheur, par l'effet de l'antithèse et la loi des contrastes. C'est la maîtresse d'école par excellence, quand ses croix tombent sur des épaules capables de les porter. Et en vérité, elle a été tout cela pour les émigrés : elle leur a *tout appris* ou inspiré, sauf les talents politiques (1). Convenons d'ailleurs que l'éducation chevaleresque, le culte de l'honneur, facilitèrent aux émigrés le devoir. La plupart raisonnent comme cette charmante princesse de Poix qui estime que les regrets donnés au matériel ne se montrent vivement que chez les parvenus. Se lamenter sur la perte du bien-être, la confiscation des châteaux, des hôtels et des terres, eût paru bourgeois, mesquin. Rire au nez du malheur, le traiter comme un homme mal élevé, indiscret, auquel on refuse de donner asile, ne point abdiquer son prestige devant l'Europe, voilà la seule conduite pour des gens qui ont des aïeux, dont la noblesse se perd dans la nuit des temps, comme on disait. Un tel stoïcisme décore leur fidé-

(1) Encore cette affirmation n'est-elle pas tout à fait juste : le duc de Richelieu, bien d'autres, qui de 1814 à 1830, devinrent les serviteurs intelligents de la royauté et de la France nouvelle, avaient été des émigrés. Louis XVIII, si insuffisant pendant l'émigration, se révèle, après 1814, un vrai roi, égal à sa tâche.

lité à la royauté, à cette royauté qui semblait si oubliée, si irrémédiablement condamnée sous Napoléon Ier. Touchante, même dans ses exagérations, même aux heures désespérées, quand elle semble ne s'appliquer qu'à une abstraction, à un fantôme chimérique, la fidélité a son prix, elle part d'une âme élevée, et les cœurs généreux mettent en quelque sorte une nation sur le pavois, lui servent de réserve dans les crises redoutables, de capital d'honneur, de gloire, portent témoignage pour elle devant la postérité.

Observons d'ailleurs que l'émigration est un fait vieux comme le monde, qu'on a toujours connu la chose sinon le mot. De tout temps, il y eut des partis, des individus émigrés, des races, des croyants condamnés par le pouvoir ou se condamnant eux-mêmes à quitter la terre des aïeux. De tout temps il y eut un état d'âme émigrée, et celui-ci se caractérise par ces traits généraux : l'esprit d'utopie qui méconnaît les conditions du succès ; la passion qui emporte son héros dans le domaine de l'infini, ignore la limite entre le bon sens et l'absurde, ne tient compte ni du milieu, ni des circonstances, ni de la conjuration des choses; la vanité qui ne voit que des pygmées dans ses adversaires et s'attribue la force du géant. De tout temps, il y eut des individus chez qui l'émigration est continue : tantôt leur esprit, tantôt leur intelligence, tantôt leur volonté, émigrent ; ces gens-là fournissent les gros contingents des vaincus, des malheureux ; mais, bien entendu, ils n'avouent jamais leurs fautes, et rejettent la responsabilité de la défaite sur le destin, sur tout le monde, sauf sur eux-mêmes. Une histoire universelle de l'émigration serait, en somme, l'histoire des exilés volontaires ou forcés, l'histoire de la présomption, du rêve, une étude des moyens que les hommes ont employés pour ne pas réussir.

Un certain nombre d'émigrés ont la chance de plaire à des souverains qui leur accordent des pensions, des emplois importants. Moreau, émigré sous le Consulat, est en 1813 nommé feld-maréchal dans l'armée russe, le duc de Richelieu gouverneur d'Odessa. La plupart doivent se contenter d'aubaines infiniment plus modestes. Faut-il rappeler que le duc d'Orléans donna des leçons de mathématiques dans un collège suisse sous un nom d'emprunt ? Et plus tard, en 1843, il disait philosophiquement à la reine Victoria, tout en pelant pour elle une pêche dans les jardins du château d'Eu : « Quand on a été un pauvre diable à quarante sous par jour, on a toujours un couteau dans sa poche. » Rien de tel que d'avoir connu la mauvaise fortune pour se rendre digne de la plus haute, que de pratiquer l'obéissance pour apprendre à commander.

Quant aux rois de l'Europe, au destin ou à la Providence, ils mesurent en harpagons ces occasions trop rares, où, dit Roger de Damas, « l'armée émigrée achetait, non au poids de l'or, mais des boulets, les faibles secours qu'elle obtenait ». Il affirme aussi qu'il régnait à cette époque une véritable épizootie sur les dynasties régnantes.

De l'argent, des cadeaux, des offres de lointaine colonisation, quelques places à la cour, des conseils, des compliments, voilà tout ce que Catherine II accorde : au lieu de fournir des soldats à l'émigration, c'est celle-ci qui donne des officiers à la tsarine; elle en donnera plus encore à Paul Ier, lorsqu'il aura pris à sa solde l'armée de Condé. Monsieur était-il sincère lorsqu'il comparait Catherine II à Prométhée? Elle n'a que des paroles dédaigneuses pour Louis XVI, et s'indigne à la pensée que le comte d'Artois ne débarque pas en Vendée avec l'épée qu'elle lui a offerte devant toute sa cour. « N'eût-il à sa disposition qu'une barque de pêcheur, il devrait s'en servir et rejoindre ceux qui versent leur sang pour lui. » Hélas! Rostopchine traduisait l'opinion générale en Russie, lorsqu'il drapait ainsi les émigrés : « Je m'étonne comment ces gens peuvent inspirer un intérêt réel. Je ne leur en aurais jamais accordé d'autre que celui qu'on a à la représentation d'une pièce touchante; car cette nation n'existe que par la comédie et pour la comédie. » Quant à Paul Ier, après avoir protégé les émigrés, il les abandonne durement, chasse Louis XVIII de Mittau, répond aux doléances de M. de Caraman que l'hospitalité est « une vertu et non un devoir ».

« Que fera le frère (l'empereur Léopold) si l'on assassine sa sœur? » — A cette question, le prince de Condé réplique : « Peut-être osera-t-il prendre le deuil. » Les pauvres émigrés finissent par comprendre le jeu des puissances européennes, leur égoïsme machiavélique, celles-ci ne cherchant qu'à exploiter leur zèle, et s'empressant de les renier lorsqu'ils gênaient leurs ambitions : les défauts mêmes des proscrits devenaient des prétextes pour se débarrasser des devoirs de tutelle, d'hospitalité et de protection.

La cour d'Espagne, en 1796, montre une telle résignation aux exigences du Directoire contre les émigrés, que le mot de Burke devient presque une réalité : l'Espagne n'est plus que le *fief du régicide.*

« Les émigrés, écrit Joseph de Maistre, ennuient parce qu'on est faible. On se plaît à leur créer des fautes pour se mettre bien avec soi-même ». La conduite des rois de l'Europe excite l'indignation de Mallet du Pan, qui proclame : « *L'Europe est finie* et elle l'a voulu. » Il ne reste que « cent États pourris, divisés, hébétés, gouvernés par des marionnettes de papier mâché ! » Dès le mois de janvier 1792, il s'écrie : « Il n'y a plus d'Europe ! » Et encore : « La routine et la nécessité gouvernent ordinairement le monde, et la vieille Europe renferme malheureusement plus d'ouvriers que d'architectes. » Mallet du Pan voulait entraîner les dynastes dans une croisade contre la Révolution : cette fois il se trompait, mais, étant Suisse de naissance, rien ne l'obligeait à nous ménager.

En général, le sort des émigrés est assez misérable : les premières ressources épuisées, il faut bien s'ingénier, apprendre ce qu'on ne sait pas, utiliser ce qu'on sait. Il faut vivre d'abord, ne pas mourir de faim, puis ensuite danser, conspirer au moins en paroles, causer surtout, la conversation, cette grâce suprême du caractère français, paraissant plus indispensable que jamais. On voit les plus grandes dames devenir mercières, parfumeuses, marchandes de modes, limonadières, institutrices, gardes-malades, quelques-unes se faire comédiennes, chanteuses de café concert (pis encore) ;

Mlle de Montmorency porter des seaux d'eau pour procurer des secours à sa mère mourante, un la Vieuville commissionnaire, un Mailly typographe, une foule d'émigrés teneurs de livres, écrivains publics, allumeurs de quinquets, libraires, professeurs de français, maîtres d'escrime, d'échecs, de dessin, de danse. Le vicomte Walsh rapporte, dans ses *Souvenirs*, qu'il fabriquait à Londres des chapeaux de paille, les vendant lui-même 25 schellings, et arrivant à faire son chapeau en trois jours. A Londres, on va entendre des comédiens dont les aïeux ont été aux croisades. Ne craignons pas de montrer les ombres au tableau : quelques émigrés, poussés par la faim, se mettent, comme espions, au service du Comité de Salut Public, du Directoire, de Napoléon ; d'autres fabriquent de faux assignats pour écraser les vrais, et ils se justifient en alléguant que Calonne et l'Angleterre en font autant ; d'aucuns se suicident, estimant sans doute que l'espérance est une esclave et le désespoir un homme libre : « Les suicides ont été communs cette année, écrit la comtesse de Neuilly ». Beaucoup plus reçoivent, sans l'avoir désirée, sans avoir revu la terre de France, la visite de celle qui ne s'annonce point, la mort. Dans une heure de désespérance, le prince de Condé lui-même laisse échapper cette réflexion : « Nous ne valons pas l'honneur de l'assassinat. »

Mme de Flahaut a peint dans *Eugénie et Mathilde* les illusions et les tristesses des émigrés, quelques unes du moins. L'héroïne présente à deux négociants des broderies, son premier travail : « L'homme ainsi que la femme étaient d'honnêtes gens, ayant une bonne réputation, et secourant volontiers les malheureux selon leurs moyens. Mais, dès qu'il s'agissait de mettre un prix à la main-d'œuvre, ils auraient craint de passer pour dupes s'ils n'avaient pas marchandé strictement avec l'ouvrier. Eugénie leur était inconnue, et, d'ailleurs, il faut être habitué à un état élevé pour bien savoir ce que souffre le riche devenu pauvre et forcé de gagner sa vie. Ces gens ne considéraient dans l'ouvrage que le travail. Eugénie vit donc le sien tourné et retourné, d'un air qui semblait dire qu'on ne le trouvait ni bien ni mal. Le mari et la femme se le passaient tour à tour, calculant ce qu'ils pourraient perdre ou gagner. Ils jetaient chaque morceau l'un après l'autre sur le comptoir, en se communiquant devant elle leur opinion. Eugénie se sentait rougir et pâlir. Debout, en silence, elle ne pouvait parler, et de grosses larmes coulaient sur son visage... O premier salaire d'un premier travail, que vous êtes pesant à recevoir ! La satisfaction de se suffire à soi-même ne console pas d'abord, on ne sent que le besoin !... »

La princesse de Vaudemont, née Montmorency et veuve d'un prince de Lorraine, vend des livres à Hambourg sous un nom supposé, et reçoit le soir cinq ou six personnes qui, toutes, gagnaient à peine de quoi vivre au jour le jour. Rien n'était plus aimable que ces soirées, auxquelles on peut comparer celles de Mme de Flahaut. « A Londres, dit l'avocat Christin, je trouvai une marquise de Chabannes tenant une école de petites filles, une comtesse de Boisgelin donnant des leçons de piano, à pied, sa robe retroussée dans ses poches et un parapluie à la main; mais le soir, ces deux dames se réunissaient chez leur vieil oncle septuagénaire l'archevêque d'Aix qui, soutenu par ses nièces, cédait à de pauvres curés la pension que le gouvernement anglais lui accordait. Ces soirées chez l'archevêque étaient encore une des réunions les plus charmantes que j'aie vues. » On s'assemblait aussi pour jouer la comédie, représenter les petites pièces de M. de la Galaisière, ancien intendant de Strasbourg, ou bien le *Pygmalion* de Rousseau, dans lequel la comtesse d'Oultremont, parvenue à l'âge estival, consent cependant à accepter le rôle de Galatée, « parce qu'elle est très blanche ». « La société française de Londres n'était pas méchante, affirme Walsh;... les deux épines de la conversation, la médisance et la calomnie, ne se trouvaient pas dans nos salons. »

Brillat-Savarin rapporte que le capitaine Collet gagna beaucoup d'argent à New-York en 1794 et 1795, en faisant pour les habitants de cette ville des glaces et des sorbets. De même un Français s'enrichit à Londres par son habileté à apprêter la salade. Quelques jeunes gens de l'aristocratie ayant eu l'idée de lui en demander une au restaurant, il reçoit peu après une lettre qui le prie fort honnêtement d'en venir accommoder une autre chez le duc de... D'Albignac arrive, muni de ses assaisonnements, touche une forte gratification. La mode vient de le demander pour chaque grand dîner, et notre homme de profiter de l'engouement : il a bientôt une voiture pour le transporter plus vite (car on le réclame partout), un domestique portant dans un nécessaire d'acajou tous ses ingrédients, vinaigres à différents parfums, huiles, caviar, truffes, anchois, jus de viandes, jaunes d'œufs. Plus tard, il fait fabriquer des nécessaires de ce genre, les vend à merveille, réalise une petite fortune de 80,000 francs, rentre en France, place 60,000 francs dans les fonds publics, alors très bas, achète avec le reste, en Limousin, une petite gentilhommière où il vécut heureux.

Un bout de conversation entre deux émigrés : « Qu'est devenu le chevalier ? — Garçon de café ! — Très bien ! je lui ai toujours prédit qu'il mourrait garçon. »

Henri Heine, dans *Lutèce*, parle d'un marquis français qui, au temps de l'émigration, s'était établi comme cordonnier, à Dusseldorf où il faisait les meilleurs souliers de dames, des bottines de maroquin et des mules de satin, tout en sifflant et chantant du matin au soir. Quand les Français passèrent le Rhin, le marquis dut se réfugier à Cassel, où il devint le meilleur tailleur; sans apprentissage, il émigrait d'un métier à un autre, et s'y révélait un maître. Après la chute de Napoléon, il rentra dans son château, où il reprit ses grands airs d'avant 1789, tout comme s'il n'avait jamais manié l'alène ou l'aiguille. « On peut tout faire d'un Français, observe Heine, et chacun d'eux se croit habile à tout. Le plus joyeux poète dramatique se métamorphose soudain, comme par un coup de théâtre, en ministre, en général, en fondateur de religion. » C'est pourquoi les Français sont les comédiens ordinaires du bon Dieu et les tragédiens de la fatalité.

Rousseau, dans son *Émile*, avait préparé au malheur

la noblesse émigrée en faisant de son gentilhomme un menuisier : et cette même émigration confirmait avec éclat l'éducation pratique donnée par Mme de Genlis aux princes d'Orléans.

M. de la Ferronnays confessait en souriant dans quelle tenue il allait faire sa cour à Mlle Albertine de Montsoreau, dont le père était général dans l'armée de Condé, et lui simple soldat. Faute de linge, boutonnant son uniforme, il se parait d'un faux-col. Il est vrai que Mlle de Montsoreau et sa sœur étaient bel et bien inscrites sur le rôle des cavaliers nobles, et faisaient campagne avec leur père. La mère de M. de la Ferronnays était une créole de Saint-Domingue qui envoyait son linge à blanchir dans cette colonie, jugeant qu'en France on ne le faisait pas d'une manière digne d'elle.

Au temps où le beau-père de Mme de la Ferronnays servait à l'armée de Condé, un prince régnant d'Allemagne l'appela à sa cour, et lui fit cette singulière confidence : « Je n'ai pas d'enfants et je ne peux pas en avoir. Un intérêt puissant est attaché à ce que j'aie un héritier. Vous passerez la nuit chez ma femme, vous la quitterez le lendemain, et vous ne la reverrez jamais. » M. de la Ferronnays s'inclina, obéit, et... le vœu de l'Altesse fut exaucé.

En arrivant à Hambourg (1798) après quatre ans de séjour en Amérique, le duc de la Rochefoucauld-Liancourt n'avait pas de matelas : il se procure de bon coton, le carde, le nettoie, le recouvre lui-même, obtient ainsi de beaux matelas, en garde deux pour son usage personnel et vend les autres.

Mme de Flahaut fabrique des chapeaux à Hambourg ; mais elle a d'autres cordes à son arc, elle collabore au *Spectateur du Nord*, compose des romans, et l'aristocratie anglaise souscrit 40.000 francs pour *Adèle de Senange*. Elle émet cette pensée qui fait tableau : « Ne possédant rien à eux, les émigrés apprirent, comme le pauvre, à faire leur délassement d'une promenade, leur récompense d'un beau jour, enfin à jouir des biens accordés à tous... Avec le travail on apprend à connaître la valeur des jours de repos. »

Un ancien garde du corps achète un éléphant, le fait assurer, et gagne largement sa vie à le montrer de ville en ville aux Etats-Unis, comme le géant à exhiber Gulliver dans le conte de Swift. Un autre, à Hambourg, fait travailler une somme de cent louis, tout son avoir, spécule sur le change. et, à force de changer du matin au soir sequins, piastres, ducats, écus, récolte en moyenne dix francs par jour.

D'autres, comme Talleyrand, Noailles, Omer Talon, Volney, réfugiés en Amérique, spéculent sur les fonds publics, agiotent, en général avec succès. Enfin, les émigrés, à force de se ruer dans tous les métiers, finirent par exciter la jalousie des professionnels, et l'un d'eux s'avisa de peindre un grand seigneur, tout seul dans le bassin d'une balance, tandis que vingt israélites assis dans l'autre ne pouvaient pas le soulever. Une telle caricature aurait été plus piquante et plus juste au temps du système de Law.

A Londres, Mme de Saisseval se crée des ressources, grâce à la sympathie de lady Jerningham qui, connaissant son talent pour la lecture et la déclamation, convie l'élite de l'aristocratie à l'entendre; chaque personne payait une guinée. Beaucoup d'émigrés venaient le soir causer dans son salon : un singulier salon qui, le matin, était une chapelle où des prêtres amis disaient la messe, puis devenait salle de travail, salle à manger; le soir c'était la *chambre bleue, le rond* des émigrés. « Bien que manquant souvent du nécessaire, dit Mme de Saisseval, nous avons toujours pu fournir la chandelle pour le Saint Sacrifice. Une seule fois, il nous fallut accepter les deux sous offerts par l'évêque de Quimper; car, n'ayant plus rien du tout, sans ce petit acompte qui laissa croire au boulanger que les grosses pièces avaient pu être oubliées au logis, je ne sais si nous aurions eu du pain pour cette journée. »

« Ma mère, dit le comte de Neuilly, qui était douée d'une raison aussi juste que son courage était ferme, envisagea, dès son arrivée à Hambourg, la destinée qui nous attendait. Elle ne se flatta pas d'espérances chimériques, et ne se berça d'aucune illusion qui l'eût empêchée de chercher à se créer des ressources par elle-même pour l'avenir. Avec la somme dont elle était munie, elle fit les premiers frais d'établissement d'un petit commerce de modes, d'objets de lingerie et de parfumerie, qu'elle s'employa de tout son cœur à faire prospérer; et elle y réussit. En peu de temps, elle eut une clientèle brillante dans tout ce qu'il y avait de noblesse et d'honnêtes gens à Hambourg, sans parler des émigrés français des deux sexes. Ma sœur, de son côté, se mit à entreprendre une foule de petits ouvrages où elle excella. Elle fit d'abord des bagues en crin avec des lettres entrelacées, des noms, une devise ; puis elle broda des fleurs sur des rubans pour faire des ceintures nuancées avec de la soie de diverses couleurs et des fils d'argent ou d'or. Elle faisait aussi des bourses en perles et en filet qui étaient de véritables petits chefs-d'œuvre... Aucun des émigrés n'était oisif à cette époque, et lorsqu'on avait passé toute la journée à s'occuper de ses affaires, souvent avec bien de la fatigue et de l'ennui, on se trouvait trop heureux, le soir, d'oublier ensemble, pendant quelques heures, des soucis qui revenaient toujours assez vite. Quand ma mère s'apprêtait pour aller aux assemblées ou à la comédie, elle nous disait quelquefois, en riant, à ma sœur et à moi : « Je m'en vais faire un peu la dame ; j'ai assez fait la marchande toute la journée. »

Le comte d'Haussonville racontait à son fils, qu'un jour, les habitants d'une ville anglaise, voisine du littoral, furent avertis que la tempête venait de faire échouer à la côte un navire portant des émigrés français. Les douaniers et les agents du service sanitaire n'avaient pas cru pouvoir leur permettre de gagner la ville avant l'accomplissement des formalités en usage. A cette nouvelle, grande émotion dans la petite ville ; on organise une quête dans toutes les maisons, on rassemble à la hâte des vivres et des vêtements ; puis hommes et femmes arrivent les mains pleines sur le lieu du désastre, persuadés qu'ils vont assister au plus lamentable spectacle. Cependant un peu de temps s'était écoulé, juste assez pour que le soleil succédât à l'orage. La scène qui attendait les premiers arrivés ne fut pas tout à fait celle qu'ils avaient imaginée. Afin de s'aider à prendre patience, et pour se réchauffer un peu, nos compatriotes, après avoir déposé en tas leurs habits mouillés que gardaient les dames, se livraient avec ardeur, en manches de chemise, et comme de véritables écoliers, à une joyeuse partie de barres. Les Anglais n'en pouvaient croire leurs yeux.

Les traits de ce genre ne sont pas rares en ce temps-là.

Une fois par semaine, écrit Walsh, « Monsieur, comte d'Artois, recevait à son hôtel de Baker-Street, et je vous assure que les Tuileries d'aujourd'hui voudraient avoir les gens de cœur, de mérite et de haute naissance que j'ai vus à ces levers de l'émigration. » Parmi ceux-ci, les ducs d'Uzès, de Maillé, de Fitz-James, de Lorges, de Duras, de Choiseul, MM. des Cars, de Puységur, de Civrac, de Bruges, de Montalembert, de Bouillé, de la Châtre, de Boisgelin, de la Charse, de Segouzac, de Blangy, de Sainte-Suzanne, de Montreuil, Malouet, Mallet du Pan, de la Chapelle, de la Gondi... « Rien ne parvient à *désoler* la patience des émigrés; d'ailleur ils tirent de leur nombre même une grande consolation; puis ils sentent que leur malheur est honoré à Londres, et ce malheur les a plus *moulus que ployés*. Ils font songer au mot de Voltaire : « Les Français persécutés et chargés de chaînes dansent très joliment avec leurs chaînes quand le geôlier n'est pas là. »

« Les Anglais, qui dépensent tant d'argent pour vivre de spleen et de thé, regardaient souvent avec envie notre société française, où nous trouvions le moyen d'égayer nos journées et nos soirées. Plusieurs des premières familles de Londres, pour s'ennuyer moins, vinrent dans nos salons et nous reçurent dans les leurs. De cette réunion des deux sociétés, il résulta quelques mariages *mixtes*, sous le rapport national. » Au jeu du Secrétaire et aux Bouts rimés, alors fort à la mode, de Panat, Rivarol, Delille étaient fort recherchés et peut-être un peu redoutés ; les salons de Mmes de Mornay, de Digneron, de Bouillé, se les disputaient.

M. d'Haussonville peint agréablement, d'après les souvenirs de son père, un coin de la société française à Londres :

« Les Harcourt, les Beauvau, les Vérac, les Fitz-James et les Mortemart formaient le fond de cette société. Toutes les personnes que je viens de nommer étaient, dans les premiers temps, réduites à une extrême pénurie; elles la supportaient avec beaucoup de résignation et de bonne grâce, les femmes surtout. Les hommes qui savaient quelque chose (c'était le petit nombre) donnaient des leçons; les femmes vendaient les ouvrages de leurs mains, car il était de mode à Londres de payer fort cher les mille colifichets que faisaient, en se jouant, ces nobles exilées. Malgré toute cette gêne, on se voyait beaucoup entre soi; on employait mille moyens ingénieux pour continuer, dans la misère où on était tombé, la même vie de distractions à laquelle on avait été habitué. Les ménages les plus aisés prenaient des convives en pension. On donnait des dîners où chacun devait apporter son plat ; on convenait d'aller le soir prendre le thé alternativement les uns chez les autres. Dans certains cercles, il était entendu que chacun devait fournir son sucre. C'était une galanterie qu'on faisait à la maîtresse de la maison de tirer une bougie de sa poche et de la poser tout allumée sur la cheminée... »

La chapelle de King-Street à Londres avait une très noble clientèle, huit princes du sang, douze ou quinze évêques, de nombreux confesseurs de la foi et prédicateurs : parmi ceux-ci, le P. Maudard qui répétait en toute vérité à ses ouailles : « *Mes frères, je ne vous apporte que le pain sec de la foi.* »

Les pauvres font la charité aux plus pauvres ; le vicomte de Marin, harpiste distingué, offre d'organiser un concert pour les œuvres de l'abbé Caron ; Français et Anglais, chacun s'empresse et le concert produit 16,000 guinées pour les émigrés. M. de Marin est récompensé par ce distique de l'abbbé Delille :

On le vit tour à tour, vouer à nos malheurs
Sa lyre et son épée, et son nom et ses pleurs.

En fait, beaucoup alors sont dignes du compliment adressé à Mme de Flahaut par un de ses amis : « Vous avez un caractère qui tuera plus de malheurs que la fortune ne vous en peut donner. »

Parfois on reçoit de France quelques subsides presque réduits de moitié par l'agio et le courtage des banquiers, bientôt gaspillés, au début surtout, par l'ignorance, le défaut de sens pratique et la fureur du jeu. Les communications avec la France deviennent rares ;

elles sont transmises par des voyageurs, par le commerce qui, sous ce rapport, fut le bienfaiteur de l'émigration. Une lettre surprise, égarée ou dénoncée, devenait un double arrêt de mort.

Le comte de Pontgibaud, frère du comte de Moré, créa et fit prospérer un atelier de broderies à Lausanne, sous le nom de Joseph Labrosse ; il inventait des dessins de broderie que sa femme et des amis exécutaient, ou qu'il vendait un écu le modèle. Son commerce prit une énorme extension à Trieste, lui permit de secourir efficacement beaucoup d'émigrés, de recevoir sous son toit hospitalier les étrangers de marque, les blessés ou les triomphateurs de la politique, Junot, le général Bertrand, Fouché, le comte de Gottorp, ex-roi de Suède, Jérôme, roi de Westphalie et sa femme, etc... « La conduite de mon noble frère à Trieste, me rappelle, dit Moré, la vie de ce riche et pieux citoyen d'Agrigente qui, assis à la porte de la ville, attendait les voyageurs pour leur offrir le premier l'hospitalité... Joseph Labrosse, de Trieste, ressemblait exactement à ce saint Christophe sculpté colossalement à la porte des églises, afin qu'on le vît de plus loin, et pour rendre hommage à cette croyance populaire exprimée par ce dicton latin : *Christophorum videas, postea tutus eas.* » Le fils du comte de Pontgibaud fut nommé, en 1827, pair de France.

Quelques-uns cependant refusent de travailler, vivent de rêveries, de chimères : tel cet émigré auquel un brave négociant de Lausanne avait ouvert un crédit pour dîner deux fois par semaine chez le traiteur. Notre homme arrivait au jour dit, officiait à faire trembler, emportait un gros morceau de pain, et attendait le dimanche ou le mercredi suivant.

Le contraste entre la pauvreté momentanée et la naissance s'accuse dans de piquants épisodes. En 1800, le comte d'Haussonville excursionne à travers l'Angleterre avec ses amis Vérac, d'Aramon et Fitz-James. L'un après l'autre chacun fait le service. Un jour on envoie d'Aramon, dont c'était le tour de jouer les valets, demander à visiter le château de Blenheim. A peine sont-ils introduits, la duchesse de Marlborough se fait annoncer comme une dame désireuse de visiter aussi. Fitz-James et d'Haussonville la reconnurent parfaitement, mais se gardèrent bien d'en rien laisser voir. Afin de les mieux dérouter, la duchesse affectait de tout dénigrer, de trouver les ameublements de mauvais goût et les tableaux médiocres. Fitz-James et son compagnon évitaient de répondre, mais admiraient à qui mieux mieux. Quand la visite fut terminée : « Quoi, vraiment, dit leur compagne, vous allez vous en aller en trouvant tout cela beau, sans vous soucier de voir la maîtresse de céans, sans vous inquiéter de savoir si elle est jolie ! — Milady, répondit d'Haussonville en riant, la demeure est très belle, et la maîtresse digne de la demeure. C'est même un lieu enchanté, car la fée qui le possède s'amuse parfois à s'y montrer sous la forme d'une simple visiteuse. Cependant, nous qui sommes aussi des génies déguisés, nous savons parfaitement que les honneurs de Blenheim nous ont été faits par la duchesse de Marlborough. »

Souvent aussi, des étrangères sentimentales voulurent corriger les injustices du destin. « Épousez-moi, disait une Allemande à un noble émigré ! — Je suis trop vieux, — et je n'ai rien, reprenait-il. — Mais moi, je suis riche. — Je suis podagre. — Je vous soignerai. — Je n'ai que ma figure. — Je vous regarderai. » — D'autres se laissaient faire une douce violence, et croyaient sans doute que leurs amoureuses devaient se tenir pour très honorées.

La comtesse de Boigne ne ménage pas les sarcasmes à ceux qu'elle a en déplaisance :

« Le mélange d'anciennes prétentions et de récentes petitesses était dégoûtant. J'ai vu la duchesse de Fitz-James, établie dans une maison aux environs de Londres, et conservant ses grandes manières, y prier à diner tout ce qu'elle connaissait. Il était convenu qu'on mettrait trois schellings sous une tasse placée sur la cheminée en sortant de table. Non seulement, quand la société était partie, on faisait l'appel des trois schellings, mais encore, lorsque, parmi les convives, il y avait eu quelqu'un à qui on croyait plus d'aisance, on trouvait fort mauvais qu'il n'eût pas déposé sa demi-guinée au lieu de trois schellings, et la duchesse s'en expliquait avec beaucoup d'aigreur... M. le comte Louis de Bouillé, arrivant ivre dans un salon, s'asseyait auprès de la duchesse de Montmorency, attirait Mme la duchesse de Châtillon de l'autre côté, et disait à une personne qui l'engageait à se retirer : « Hé bien, quoi ! Qu'a-t-on à dire ? Ne suis-je pas sur mes terres ? » Et il posait ses deux mains sur ces dames. »

Mme de Boigne, dont les très amusants *Mémoires* contiennent bien des inexactitudes, des méchancetés, force vérités tronquées, grossies ou dénaturées, confesse d'ailleurs que la masse des émigrés menait une vie irréprochable ; ce qui ne l'empêche pas de déclarer quelques lignes plus haut, que « presque tout le monde vivait en ménage »... « mais pourvu qu'on pensât bien, tout était pardonné. »

« Vers cette époque, dit-elle encore, j'étais un jour chez Mme du Dresnay. M. de Damas (connu sous le nom de Damas jeune), attaché à M. le prince de Condé, y fit un discours de la dernière violence sur les émigrés qui rentraient en France. Mme du Dresnay, qui pourtant n'est revenue qu'en 1814, mais qui avait trop d'esprit pour approuver ces impertinences, lui dit fort sèchement. « M. de Damas, quand on est comme vous élégamment vêtu, qu'on a un cabriolet qui vous attend à la porte, qu'on est logé, nourri, soigné comme vous à Wanstead, on n'a pas le droit de crier *tolle* contre des pauvres gens qui vont chercher ailleurs le pain dont ils manquent ici. — Mais, Madame, c'est bien leur faute. Ne savez-vous pas ce que le Roi a fait pour eux ? — Non, en vérité. — Mais, Madame, il leur a permis de travailler sans déroger. » Je l'ai entendu, de mes oreilles entendu. » Mme de Boigne était, à Londres, une des beautés de l'émigration, avec la duchesse de Guiche, Mmes de Bouillé, de la Belinaye, de Vaudreuil, de Sommery, de Rouault, Mlles Dillon, O'Rourk, de Pontcarré, de Mesnard et du Chatel.

Après la dislocation de l'armée des princes, Norvins

passe quatre années très douces au château de Greng (Suisse) chez un oncle prévoyant, M. de Garville : il retrouve à Fribourg des amis chers, René de Brosses, les Juigné, les Saint-Mesme, les Rougé, les Tholosan; ils entrent en relations avec la société de cette ville, alors assez brillante. « Nous n'avions conservé, de nos habitudes de l'ancien régime et du grand monde de Paris, que la politesse, le bon goût, et le savoir-vivre. » Un Rougé gagne sa vie en confectionnant des brioches et des échaudés qu'il vient manger avec la bonne compagnie de céans. Norvins fait défiler sous nos yeux nombre de personnages et d'originaux intéressants : un marquis de Montesquiou, grand seigneur patriote et philosophe, dont la conversation pleine de charme attestait une âme élevée, une rare culture et une profonde expérience; — un abbé Rousseau, jadis le protégé de Mlle de Lespinasse, grâce à laquelle il avait obtenu l'autorisation de prêcher devant le Roi, ce qui faisait dire à M. de Garville : « L'abbé, vous reniez votre baptême; vous êtes l'enfant des philosophes. » L'abbé remettait constamment sur le métier une oraison funèbre de Louis XVI, et Norvins l'avait surnommé : l'abbé Pénélope. Parmi les hôtes du château de Lowenberg : les Tessé, la comtesse de Tott, le marquis de Mun, M. de Sarlabous et le vicomte d'Agout. Mme de Tessé, avant d'émigrer, avait prié son mari d'emporter ses livres préférés; M. de Tessé, qui ne voulait rien laisser d'entier aux Jacobins, imagina de dépareiller tous les ouvrages de sa bibliothèque, de telle sorte que pas un n'était complet. Voici encore un vieux magistrat, M. de

Chamblanc, grand collectionneur dijonnais, qui contait avec une colère comique que Guyton de Morveau, passé à la Révolution, avait ameuté ses amis, si bien que lui, Chamblanc, avait eu tout juste le temps de se sauver avec les cinq médailles les plus précieuses de sa collection : « Croiriez-vous, ajoutait-il avec indignation, que cet homme a osé m'écrire pour me réclamer ces cinq médailles au nom de la nation qui s'est emparée de toute ma fortune ? La nation et le citoyen Guyton se plaignent que j'aie laissé mon médaillier incomplet ! » Chamblanc sacrifiait tout à la science, ne portait plus de chemises depuis nombre d'années, appelait l'air, l'eau et la chemise, les ennemis de l'homme. Aussi n'était-il supportable qu'en plein air.

L'Émigration, presque autant que la Révolution, a eu ses parvenus, ses aventuriers et ses charlatans. D'Allonville, qui affirme que la Russie fut leur terre promise, cite des exemples curieux de ce qu'il appelle : les bévues de la fortune. A côté des émigrés de vanité, il y eut les geais parés des plumes du paon, les Jodelet et les Mascarille qui jouèrent, devant les naïves Cathos et Madelon de l'étranger, la comédie de l'aristocratie.

Tilly, émigré lui-même, après avoir confessé que l'Émigration est plus encore une faute qu'un crime, ajoute : « Le dévouement, l'abnégation, le courage, tout fut décrié. Des aventuriers, des imposteurs achevèrent de désorienter les hautes classes dans les pays étrangers... Autrefois, les autres nations ne couraient aucun risque de se méprendre, puisqu'on n'était admis dans les maisons considérables qu'après avoir été mené à la Cour par son propre ambassadeur. Mais les vagues de la Révolution ont inondé tous les pays de Français, et souvent d'une classe à qui rien n'aurait dû nuire : je veux dire de cette classe qui a profité des infortunes de notre patrie pour aller mentir sur une terre étrangère, et à qui les malheurs publics n'ont semblé qu'une occasion d'y aller chercher une fortune privée, — en usurpant, de mémoire, des places et des emplois qui, souvent même n'avaient jamais existé, en se présentant comme la tête d'une nation dont elle était l'autre extrémité. J'ai vu une *dame pour accompagner Madame la comtesse d'Artois,* qui avait été toute sa vie marchande de modes dans une ville de Flandre.

« Une princesse d'Allemagne a eu pendant dix-huit mois à sa table l'ancien colonel de la gendarmerie. Le comte de Fleury reconnut en lui son valet de chambre, il voulut le raisonner et le faire partir sans le perdre ; celui-ci, sûr de son ascendant dans cette petite cour, contesta à son maître de l'avoir été, le menaça à son tour de le faire expulser, et faillit réussir. » Cussy conte, lui aussi, des traits pareils.

Le comte de Moré reproduit dans ses *Mémoires* une conversation de Talleyrand avec un émigré gascon : le diable boiteux lui-même, comme il l'appelle, la lui avait mimée de façon fort plaisante. Talleyrand ouvrit, et le Gascon, après force révérences : « M. de Talleyrand, on m'a toujours dit que vous étiez l'homme qui avait le plus d'esprit de tout le monde connu. » Et de croire que le *quidam* venait lui emprunter de l'argent, et de se tenir prêt à répondre : « J'allais vous en demander ». Point du tout; le Gascon ne sollicitait qu'u bon avis. « Le fait est, que tel que vous me voyez, j'ai quitté le manoir pour aller à Coblentz, que je suis donc ce qu'on appelle un émigré; et maintenant je voudrais savoir le meilleur moyen de rentrer. Vous qui avez tant d'esprit, ayez la complaisance de me donner un bon conseil. — Quelle figure faisiez-vous dans votre province? — Petite figure — Quelle existence, quelle fortune avait votre famille? — Nous sommes quatre frères, et il y a dans la maison cinq mille livres de rente qui sont au papa. — Allons, cela n'offusque personne... Il vous reste sûrement quelques écus; allez jusqu'à Huningue, Neufchâtel ou Saint-Claude; vous trouverez quelque guide, quelque bonne âme qui vous fera passer la frontière. Vous éviterez les villages, vous n'irez que de nuit; et, ignoré comme vous avez le bonheur de l'être, vous arriverez inaperçu jusque chez le papa. Là, vous vous tiendrez coi, sage, discret; vous ne parlerez ni d'émigration ni de Coblentz, et vous attendrez les événements. — Oui, M. de Talleyrand; que de reconnaissance! On m'avait bien dit que vous aviez plus d'esprit que tout le monde ensemble. Je m'en vais retourner chez le papa; mais s'il arrive une seconde révolution, je vous réponds que je prendrai le parti du peuple. — Gardez-vous en bien, Monsieur! Cette fois-là vous pourriez bien manquer votre coup! »

Garçon de bains à six ans, soldat à douze ans et trois mois dans un régiment d'émigrés à cocarde blanche, accueilli comme un enfant et protégé par le duc de Richelieu, fait colonel à vingt-six ans par l'empereur de Russie après Leipsick, le comte de Rochechouart eut aussi maille à partir avec la destinée. Sa mère dessinait parfaitement, composait des petits sujets pour éventails, sacs à ouvrage appelés *ridicules*, et boîtes de toutes grandeurs. Rochechouart et son frère se chargeaient du collage, du cartonnage, et le premier, en sa qualité de cadet, avait la mission de présenter tous ces objets dans les magasins d'Altona et de Hambourg. Souvent hélas ! le pauvre petit n'attrapait que des rebuffades. Certain jour, il n'avait rien pu placer : point de crédit, pas un liard en poche ; pour tromper la faim, il fallut se promener, attendre l'heure de la soirée chez la marquise de Bouillé qui, tous les soirs, faisait servir un souper. Ce soir-là, on fut émerveillé de l'appétit du trio.

Parmi les nations qui firent le meilleur accueil aux émigrés, il faut, au premier rang, nommer la Suisse et l'Angleterre. En Suisse, une jeune veuve, Mme de Soucis recueille cinq cents prêtres ; des parents placent leurs filles comme servantes pour pouvoir loger et entretenir des prêtres. A Fribourg, une bourgeoise se montre joyeuse et fière d'en avoir un, elle l'exhibe, le promène au marché, disant naïvement : « Voilà le mien, il est mieux portant, plus gras que le vôtre. »

A côté des secours officiels du gouvernement anglais, les particuliers organisent des sociétés charitables avec cette volonté réfléchie, cette passion méthodique qui commandent le succès et caractérisent cette race ; ils font eux-mêmes des enquêtes, et, d'horribles misères leur ayant été révélées, hommes et femmes se mettent aussitôt à l'œuvre. Lady Sheffield fonde un hôpital pour les émigrés, soigne elle-même les malades, meurt victime de son dévouement. L'université protestante d'Oxford fait imprimer à ses frais un texte catholique de la Bible pour les prêtres français qui sont au nombre de 8,000. Dans un sermon prononcé devant le Parlement, le célèbre Horsley laisse tomber ces belles paroles : « Ceux qui ont le plus de titres à nos devoirs d'amour en ce moment, sont ces hommes tellement séparés de nous par la doctrine, la discipline, les rites, ces vénérables proscrits que nous rendent chers les édifiants exemples de leur patience à souffrir pour les droits de la conscience. » L'abbé Caron, le saint Vincent de Paul de l'émigration, va, en soutane, dans les églises anglicanes quêter pour ses compatriotes. Un fanatique l'ayant souffleté : « Le soufflet est pour moi, observe-t-il, mais que donnerez-vous à mes pauvres ? » S'il a la folie de la croix, il a aussi le génie de l'organisation : hospice de prêtres, école de filles, pharmacies, cabinets de consultations, bibliothèques s'élèvent à la voix de cet apôtre. « La religion était devenue, elle aussi, une émigrée vers laquelle tous les cœurs heureux ou malheureux se sentaient entraînés par admiration, par pitié, par intérêt et par amour ».

Lord Bridgewater se signala par sa magnificence, non moins que par l'originalité de ses procédés. Et toutefois, il y manque une certaine fleur de délicatesse, la grâce de l'absolu dans l'exquis. Les membres du clergé français, particulièrement ceux qui appartiennent aux ordres monastiques, étaient, dit d'Haussonville, « assurés de trouver dans sa résidence de campagne un refuge toujours prêt. Il avait élevé sur les pelouses de son parc, faisant perspective pour les fenêtres de son château, de jolies chapelles et des habitations élégantes rappelant le style des couvents de France. Capucins, chartreux, bénédictins, dominicains, camaldules aux longues robes blanches, franciscains, carmes déchaussés y étaient hébergés à ses frais. Il y avait toutefois une condition mise à cette hospitalité, condition bien facile à remplir : quand lord Bridgewater avait du monde au château, le son de la cloche avertissait, à l'heure du repas, tous ces religieux qu'ils devaient sortir de chez eux pour se promener sur les gazons, leur bréviaire à la main, et chacun dans le costume de son ordre. Ils faisaient ainsi point de vue dans le paysage, et lord Bridgewater ne manquait pas de faire remarquer que cela était bien plus pittoresque que des troupeaux de moutons ou de daims ». Heureusement ou malheureusement, la photographie n'existait pas encore.

Rivarol, le grand causeur de l'émigration, marque peu de penchant pour l'Angleterre. Il ne peut sentir ce pays de brouillards, « où l'on fume, où les apothicaires sont plus nombreux que les boulangers, où l'on né trouve de fruits mûrs que les pommes cuites. » Les Anglaises sont belles, il le concède, *mais elles ont deux bras gauches*. « Vous me dites, écrivait-il à l'abbé de Villefort, que votre pinceau vous fait vivre, il ne faut que cela pour un émigré. *Faites donc des croûtes pour avoir du pain*. Ma plume me rend le même service. » —

Et comme l'émigration de Hambourg réunissait dans une même infortune des proscrits qui n'étaient pas également innocents ni intéressants, ce même Rivarol appliquait à la cité hospitalière le mot connu : *consolatrix afflictorum et refugium peccatorum :* consolatrice des affligés et refuge des pécheurs.

Les idées générales condensent les faits, et les faits commentent les idées. Fantômes brillants, un peu nuageux et spéculatifs, celles-ci ont besoin d'une parure colorée, de noms, de portraits. Descendre des hauteurs de la philosophie, faire appel aux exemples, à la poésie, au drame, à la passion, puis remonter si l'on peut dans l'empyrée, voilà le meilleur moyen d'ébranler l'imagination du public en le captivant. Une idée pour la foule, cette foule fût-elle une élite, se fera toujours chair dans un homme. Le génie militaire, c'est Alexandre, Annibal, Condé, Turenne, Frédéric II, Napoléon ; — la philosophie, c'est Platon, Aristote, Bacon, Descartes, Kant, Hegel; — le roman, c'est Balzac, George Sand, Alphonse Daudet, Maupassant, Loti, Ruydard Kypling ; — l'histoire, c'est Augustin Thierry, Guizot, Macaulay, Fustel de Coulanges, Taine; — la poésie, c'est Victor Hugo, Lamartine, Musset, Vigny, Leconte de Lisle, Sully-Prudhomme. — Et il y a là un sentiment vrai de l'humanité. Les idées ne sont pas des abstractions, elles n'arrivent à nous que portées par le verbe des héros de la pensée ou de l'action : ceux-ci représentent les grandeurs morales des générations qui se sont succédé sur la terre.

Et c'est pourquoi, dans un ordre bien plus modeste, je voudrais citer encore quelques émigrées : elles méritent qu'on retienne leurs noms, parce qu'elles représentent alors la grâce, l'esprit, le dévouement, parce que, tout compte fait, elles ont contribué pour leur part à soutenir notre réputation vis-à-vis de l'étranger, qui s'émerveillait de les trouver aussi exquises dans un taudis que dans un palais.

Je ne puis guère que les énumérer : Louise de Polastron, Mme de Balbi, la princesse de Vaudemont, Mme de Matignon, fille du baron de Brignoles, Mme de Flahaut qui « faisait, quand elle le voulait, ses yeux de velours », qui disait plus tard à Bonaparte : « Les biens et les personnes de nous (émigrés) sont en rente viagère sur votre tête » ; — et à Mme d'Albany : « Vous savez si j'ai jamais eu des opinions, moi qui ne vis que par mes sentiments ; » — la princesse de Léon, la marquise de Verthamy, la duchesse de Gontaut, la princesse de Monaco, la duchesse des Cars dont j'ai eu entre les mains les mémoires inédits, la marquise de Coigny, etc.

Louise d'Esparbès de Lussan, assez mal mariée au vicomte de Polastron, frère de la duchesse de Polignac, crut trouver l'amour consolateur en acceptant les hommages de ce comte d'Artois, qui ne sut faire ni son métier de prince, ni son métier de roi. Généreuse, désintéressée, romanesque, bien plus La Vallière qu'Agnès Sorel, Mme de Polastron sacrifiait sa fortune et sa vie à son ami, se mourait de consomption à ses côtés, sans qu'il y prît garde, sans qu'il cessât de faire son whist quotidien. Eloigné d'elle par Mgr de Latil, il accourut à son lit de mort. Quand elle le vit, elle lui adressa cette prière : « Une grâce, Monsieur, une grâce! Soyez à Dieu, tout à Dieu! — Je le jure, s'écria le prince en tombant à genoux. » Et il tint à peu près son serment; il le tint même au point de donner, ou peu s'en faut, son royaume pour une messe, à l'exemple de Jacques II.

« Mme de Polastron, dit Mme de Gontaut, était très agréable sans être jolie, de taille souple et svelte, l'expression de ses traits touchante et triste. Trop craintive pour parler haut, sa voix avait un charme extrême, elle s'exprimait avec grâce et simplicité; elle n'était ni humble, ni arrogante, mais se mettait en arrière; il fallait la chercher. »

D'après Contades, Mme de Polastron avait pour amies intimes à Coblentz, Mmes de Poulpry et de Lage. « Toutes les deux, l'œil étincelant, ardentes au jeu, mais plus encore à l'intrigue, en étaient passionnées comme un Cosaque de rapine. Le soir, M. de Calonne, fatigué, en apparence de ses travaux ministériels, mais le plus souvent d'autre chose, venait s'étendre nonchalamment entre elles deux et mentir à plaisir. Là, tous les secrets étaient divulgués; là, il assurait que les deux tiers de la France étaient pour les princes et qu'il avait des intelligences partout; là, on entrait sans consulter ni le roi ni Monsieur, en vrais chevaliers français l'on envoyait un trompette sommer les villes de se rendre, les portes s'ouvraient et les murailles tombaient. On arrivait à Paris au milieu des acclamations et des hommages... et l'on courait à Versailles. L'on rétablissait Mme de Polignac dans son salon, tous les freluquets aux pieds de ces dames, et M. de Calonne à la tête des affaires. Il refusait d'abord modestement, puis finissait par accepter. L'on ne songeait plus alors à notre émigration, nos malheurs étaient oubliés, et tout se terminait, dans ce rêve, par une fête au Petit Trianon. »

Mme de Balbi, fille du marquis de Caumont la Force, est la favorite de Monsieur, comte de Provence, qu'elle supporte platoniquement, tandis qu'elle aime tout autrement le beau Jaucourt, signalé à l'attention des dames par le courage avec lequel il se coupa deux doigts pris dans une porte pour sauver l'honneur de la comtesse de la Châtre. Mme de Balbi se montre intrigante, ambitieuse, hautaine, bravant l'opinion publique, se faisant de fête, exerçant une réelle influence. Le comte de Provence vient chez elle à Coblentz, après avoir laissé son frère à la porte de Mme de Polastron : lorsqu'on a soupé, le prince s'assied au coin de la cheminée, le bout de sa canne fiché dans son soulier, se prodigue en bons mots, en railleries sur les hommes et les choses. Mme de Balbi ne manque pas non plus d'esprit. On lui attribue cette riposte à une dame qui se plaignait qu'elle l'eût déchirée à belles dents : « Eh bien ! sommes-nous quittes ? » « La femme de César ne doit pas être soupçonnée », observait le comte de Provence, à la suite de quelque incartade : « Vous n'êtes pas César, repart-elle, et vous savez bien que je n'ai jamais été votre femme. » Une autre fois, elle remarque gaillardement que l'épée de Monsieur est aussi vierge que sa personne. Elle fit tant d'imprudences, qu'elle finit par perdre la faveur du prince et de la princesse ; car elle plaisait à celle-ci autant qu'à celui-là. Monsieur la remplaça par le comte d'Avaray : on sait qu'il eut toujours des favoris ; Mme de Balbi, d'Avaray, Decazes, Mme du Cayla, se succédèrent dans son cœur ou dans son imagination.

En 1802, Mme de Balbi revint en France ; mais, à la suite d'un déjeuner où les langues se délièrent plus que la prudence ne le permettait, elle fut envoyée en surveillance à Chauday (Orne). Après 1814, Louis XVIII lui accorda une pension de douze mille francs, maintenue par Louis-Philippe ; elle eut un salon politique assez fréquenté sous la Restauration. « Jamais, dit Contades, femme n'a été généralement plus détestée, sans que j'aie pu découvrir un fait justifiant cette haine universelle... Je la défendrai toujours, car je ne regarde pas comme un tort de ne pas plaire à un public malintentionné, et je voulais d'ailleurs mettre dans le cas de prouver les faits que l'on avançait contre elle. Ils n'étaient jamais appuyés que sur des on-dit et des propos des Trois-Couronnes. L'on ne doit, au reste, bien souvent l'aversion ou la bienveillance générale qu'à quatre ou cinq personnes. Le bon ton à Coblentz était de dire du mal de Mme de Balbi, qui ne faisait point de frais pour faire changer cela. Haute et fière, sûre de l'attachement de Monsieur, elle bravait l'opinion publique, et souriait de voir, le soir, tout ce Coblentz malveillant à ses pieds... On y jouait gros jeu, mais toujours entre les mêmes personnes. »

Parmi les principaux salons d'émigrées à Londres et

à Bruxelles, je citerai ceux de Mmes de Belzunce, de Breteuil, de Fitz-James, de Crussol, de Vaudreuil, de Barentin, de Bouillé, de Mackau, de Talleyrand-Périgord, des Cars, de la Bélinaye, de Mornay, de Serrant, de Viguier, de Montalembert, de Marrans. Il y avait là, comme en France avant 1789, le monde de cour, le grand monde de l'exil et le monde de province, le faubourg Saint-Germain et le Marais, établis dans des quartiers très différents.

Fatigues, misères, périls, honneurs, la princesse de Monaco partage tout avec Condé pendant l'émigration ; à Worms, le prince tient une sorte de cour, dont elle fait les honneurs ; au bivouac, elle mange à sa table trop frugale, remplit au besoin l'office de secrétaire, veille sur la santé de son ami, démasque les intrigants et les fripons, sacrifie sa fortune, vend diamants, argenterie, souvenirs de famille, si bien qu'après quelques années, ses dix-neuf cent mille livres de rente se sont évaporées : d'ailleurs ses biens ont été confisqués en France. Elle conserve longtemps sa radieuse beauté ; Gœthe, qui la voit chez le baron de Stein en 1790, écrit ces lignes : « Elle se montrait éveillée et charmante. On ne pouvait rien voir de plus gracieux que cette svelte blondine, jeune, gaie, folâtre ; pas un homme qui eût résisté à ses agaceries. » Elle avait alors cinquante-trois ans. Enfin, après mille épreuves, le couple fidèle trouve, en 1801, un asile en Angleterre (*parva domus, magna quies*) : le prince de Condé l'épouse avec l'autorisation du roi, qui lui accorde les prérogatives attachées au rang de princesse du sang. Le mariage est célébré sans pompe, béni par l'évêque d'Uzès, le jour de Noël 1808; quatre témoins seulement assistent à la cérémonie. Ainsi, selon l'expression de Pierre de Ségur, « le triomphe de la morale fut discret, simple et silencieux ».

Mme de Tessé, fille du maréchal de Noailles « était un grand caractère; elle avait l'esprit élevé jusqu'à être chimérique, mais sa fermeté imposait, et on avait toujours près d'elle le sentiment de sa supériorité. J'étais souvent frappée du contraste de sa conduite avec ses discours, dit la vicomtesse de Noailles. Dès qu'elle agissait, c'était avec une sagesse positive, un jugement sain, et une complète absence de préjugés; mais dans la conversation, elle me semblait souvent hors du vrai, sophistique et paradoxale. Au demeurant, une forte tête et une grande âme. C'était une sorte de sibylle parlant d'un ton imposant et doctoral, avec des grimaces et un tic fort singuliers : au milieu de tout cela, une noblesse incomparable de sentiments et de manières; enfin un mélange de raison sévère et d'exaltation chimérique aussi extraordinaire que piquant. » Philosophe et libérale, admiratrice de Voltaire et de La Fayette, se croyant incrédule et ne manquant pas de faire un grand signe de croix chaque fois qu'elle prenait médecine; n'aimant pas le clergé, et nourrissant du produit de son potager des prêtres émigrés, s'occupant aussi volontiers de l'administration de ses fermes que du gouvernement de son salon, où elle brillait d'un tel éclat, qu'après un voyage à Naples où elle vit une éruption du Vésuve, quelqu'un dit : « C'est une politesse de volcan à volcan; » et qu'elle-même s'étonnait, si par hasard, on la négligeait un peu : « Et mon esprit, jadis tant vanté, a-t-il eu la petite vérole comme mon visage ? » — ayant prévu les conséquences de la Révolution, placé une partie de sa fortune à l'étranger, ce qui lui permit de s'établir assez confortablement, d'abord dans les environs de Fribourg, puis à Ploen, et enfin à Witmold, duché d'Oldenbourg, près d'Altona, où elle demeura quatre ans, et put recevoir ses parents, entre autres sa pieuse nièce, cette idéale marquise de Montagu qui fonda l'*Œuvre des émigrés.* Celle-ci rayonna bientôt dans le monde entier; la marquise centralisait les souscriptions, les ressources, les répartissait entre les plus dignes, écrivait vingt lettres par jour. Mme de Tessé avait 120 vaches à Witmold, vendait son beurre à Hambourg, faisait travailler, lire, causer, jouer ses invités, ses hôtes, se montrait un merveilleux professeur de santé morale et d'énergie. D'ailleurs ces dames emploient trop bien leur temps pour n'en être pas avares; leur esprit, leur cœur et leurs mains ne se reposent jamais ; or des existences *bourrées d'occupations* ne permettent ni l'ennui ni la mélancolie coutumiers aux désœuvrés. « Ma chère nièce, dit un jour Mme de Tessé à Mme de Montagu, vous n'êtes pas ici à votre place; vous devriez être, ou sœur grise dans un hôpital, ou impératrice de Russie. Vous auriez alors un champ assez vaste pour exercer votre besoin d'agir et de faire le bien. » Elle l'accusait aussi de *familiomanie,* de pratiquer à l'excès le culte des anniversaires : de fait, Mme de Montagu, savait, pour nourrir son âme, tirer parti de la seule lecture du calendrier.

« Ma nièce, disait encore Mme de Tessé, donne toujours aux gens douze sous de moins qu'il ne faudrait pour les rendre heureux. » Mais ces douze sous qu'elle épargnait, c'était pour quelque autre le pain de la journée. Elle eût voulu embrasser toutes les misères pour les soulager toutes. Elle fouillait sans cesse au fond de ses coffres et de ses armoires, pour voir si elle n'y découvrirait pas quelque chose à vendre ou à donner. Elle finit par se défaire de l'habillement de drap noir qu'elle avait porté dans le deuil de sa mère, et qu'elle conservait pieusement comme une sorte de relique. Elle donna une autre fois son livre d'heures. Elle donnait tout : son argent, son travail, son temps, son sommeil. Plus tard, à Lyon, son coiffeur, admirant ses magnifiques cheveux noirs, s'avise d'observer qu'on les payerait bien cher : « Combien ? dit elle. — Au moins 80 francs. — Et bien! coupez-les sur-le-champ. » Et elle envoya aussitôt les 80 francs à l'hôpital d'où elle sortait.

Faut-il s'étonner si elle était adorée de tous ? Un de ses domestiques, se sentant fort malade, s'inquiétait : il tenait peu à la vie, mais il eût voulu ne mourir qu'après sa maîtresse, pour pouvoir s'accrocher au pan de sa robe et monter avec elle en Paradis.

Au château de Fontenay, sa charité trouvait un précieux collaborateur dans l'abbé Cartier, curé de sa paroisse. Il n'avait quitté son église qu'une seule fois, pendant la Terreur, à l'approche d'une bande révolutionnaire. Et savez-vous ce qu'il imagina pour empêcher la mutilation des statues de son église? Lorsque la bande y pénétra, il n'y avait plus de chandeliers, de croix, de vases sacrés, de saints ni de saintes en pierre : mais, dans chaque chapelle, un garde national tout habillé de neuf et le sabre au côté. L'abbé lui-même avait peint ses chères statues, ce qui les sauva : plus tard on n'eut qu'à les débarbouiller pour faire revivre les vieux patrons de la paroisse.

Un postillon disait à un voyageur qui passait par Fontenay : « Vous ne connaissez pas Mme de Montagu? Eh bien! c'est la plus honnête femme que deux yeux aient pu voir; elle est pour nous pire qu'une mère. » Et Louis XVIII, à Saint-Ouen, lui avait adressé ce compliment : « Je vous connais, Madame, je sais parfaitement tout ce que vous avez fait; vous êtes la Charité personnifiée. »

Mmes de Tessé, de Gramont, de Montagu et leurs familles rentrèrent en France de 1800 à 1801.

Le nombre des personnes émigrées, ou portées comme émigrées, flotte entre 124,000 et 200,000 ; mais beaucoup furent inscrites sans avoir jamais quitté la France, pour satisfaire des haines, des cupidités d'ordre général ou privé. On porte sur la liste des riches dont la succession va s'ouvrir, parfois même des morts : le comte de Lauraguais est inscrit huit mois après son décès.

Le duc de Brissac, massacré à Versailles, est inscrit, et sa succession ainsi enlevée à sa famille. On trouve, sur la liste, des colporteurs, des commerçants ambulants, des soldats retenus sous les drapeaux, des prisonniers auxquels on ôte en même temps la fortune et la liberté, l'hôpital de Nantes qui possède à Ancenis des propriétés que convoite un jacobin.

Après le Dix-huit Brumaire, la mode est de rentrer en France comme jadis d'en sortir. Et fut-il jamais mode plus raisonnable? Boufflers traduit l'opinion générale quand il écrit : « J'aime mieux mourir de faim en France, que de vivre en Prusse. »

La rentrée des émigrés donna lieu à des abus de tout genre : certains employés allèrent jusqu'à délivrer, moyennant finances, de faux actes de radiation ; ceux qui étaient bien recommandés obtenaient gain de cause, les autres se voyaient ajournés. Mme du Camper paye cinq mille francs deux certificats de résidence ; on lui demande quarante-huit mille francs pour la radiation de son beau-frère, le marquis de Falaiseau.

De guerre lasse, pressés par le mal du pays et par l'horreur de la vie à l'étranger, des milliers d'émigrés rentraient sans autorisation, ni régulière, ni irrégulière : il fallut créer des catégories, et l'on procéda par voie d'amnistie partielle. « L'amnistie, disait Fouché dans un rapport du 16 brumaire an X, a un triple avantage : elle termine rapidement l'affaire de l'émigration ; elle conserve au gouvernement le mérite de la clémence et de la générosité ; elle donne à la République une garantie de plus des dispositions ultérieures des émigrés. » Ce fut l'objet du sénatus-consulte du 10 floréal an X. Les femmes jouèrent un rôle considérable dans cette affaire des radiations ; ce furent elles qui les obtinrent des hommes de la Révolution tenant encore le pouvoir, ou de quelques-uns, comme David, qui se montraient sensibles aux suffrages de la bonne compagnie. Étienne Delécluze fut très étonné d'entendre un jour l'ancien ami de

Robespierre complimenter, en employant les formes les plus polies, Mme de Noailles sur le retour de son frère.

Mme de Lage de Volude vend des bijoux afin d'offrir à Mme Tallien un antique dont celle-ci a envie, et d'obtenir un simple passeport pour quitter Bordeaux en 1794. Elle va trouver Mme Tallien qui la reçoit à merveille, et lui raconte une partie de son odyssée sentimentale son horreur des gens que voit Tallien; elle finit par confesser : « Il n'a tenu à rien que je n'aie été royaliste : si j'avais aimé un homme qui eût été du bon parti, j'en aurais été. » Mme de Lage eut son passeport, et partit avec un pain de quatre livres que le maire de Bordeaux avait donné à son hôte : c'était alors un très grand présent.

On a dit, qu'en fait, Dieu fut le premier émigré qui rentra, que la religion était une émigrée rappelée et mise en surveillance par le moyen du Concordat. Ni Dieu ni la religion n'avaient émigré, mais Bonaparte rendait au vieux culte le domicile dont il avait été chassé. Quant aux émigrés eux-mêmes, le premier Consul leur rouvrit les portes de la patrie, et ils accoururent; il leur rendit les biens confisqués non vendus, et ils reconstituèrent, tant bien que mal, leur situation avec les bribes de l'opulence d'autrefois; mais, comptant peu sur leur gratitude, Bonaparte prit ses précautions pour les dompter et les faire tenir tranquilles. Beaucoup d'ailleurs ne demandaient qu'à servir; confondant un peu les mobiles, Napoléon remarquera ironiquement : « Je leur ai ouvert mon antichambre, et ils s'y sont précipités. »

Au reste, les gentilshommes campagnards avaient émigré très peu dans certaines provinces, comme le Velay, le Vivarais. Là où il y eut des violences commises contre les seigneurs, il s'agit, neuf fois sur dix, d'actes suggérés, encouragés, exécutés même par les autorités des villes voisines. Assez souvent, les paysans interviennent en faveur d'un noble sympathique et obtiennent sa mise en liberté. Une foule de gentilshommes reviennent après le XVIII Brumaire, trouvent leurs biens confisqués, leur foyer détruit, s'engagent dans les armées de Napoléon, ou font valoir les terres dont ils ont obtenu la restitution. Une minorité paresseuse, ignorante, immorale, ne saurait effacer les mérites d'une majorité qui contribue à maintenir les fortes traditions rurales, à protester contre ce déracinement universel peint par M. René Bazin dans son beau roman : *La Terre qui meurt.*

Radiations, rentrées en France, abondent en épisodes mi-pathétiques, mi-comiques. Mme d'Arenberg fut embrassée par le premier commis du Ministère de la police qui lui annonçait sa radiation, mais il avait confondu avec une d'Alembert ; le premier Consul, ayant appris cette histoire le lendemain, fit aussitôt rayer la duchessse.

Le marquis de Saint-M., en émigrant, avait confié à un fermier fidèle des portraits de famille auxquels il tenait infiniment. Lorsqu'il revint et réclama son dépôt, celui-ci répondit qu'il avait couru force dangers pour les conserver, qu'afin de ne pas être traité comme un aristocrate, il avait coupé la tête aux portraits et brûlé les corps : et il remit une boîte contenant les pauvres figures. Voilà le marquis désolé ; mais, après réflexion, il se mit à courir les quais et les boutiques de revendeurs, essayant les têtes de ses ancêtres sur tous les vieux portraits ; et quand il en avait déniché un sur lequel il pouvait ajuster quelque parent, il lui coupait la tête et y plaçait son aïeul : c'est ainsi qu'il reconstitua sa précieuse galerie.

Telle nous apparaît l'émigration : une grâce héroïque et absurde, une faute contre la royauté, contre la noblesse, contre la France, faute qui porte avec elle son expiation, ses circonstances atténuantes, sa leçon pour la postérité, sinon pour ses auteurs, née de la fatalité, de l'ignorance et de la frivolité, conséquence presque inévitable de la politique des catastrophes, de la politique de l'excès du mal inaugurée par l'extrême-droite à la Constituante. On sait cette pièce de Térence, intitulée : *Heautontimorumenos :* le bourreau de soi-même ; les émigrés furent leurs propres bourreaux de 1789 à 1814.

A travers le drame des prisons de la Terreur, l'histoire des assemblées révolutionnaires, la prodigieuse épopée des armées républicaines luttant contre la coalition, à travers le panorama si varié de l'émigration, on entrevoit la fin d'un monde politique et social, l'avènement d'un autre monde qui d'ailleurs emprunte une partie de sa force à l'ancien. Mais la société polie ne s'écroule pas avec le reste : elle semble bien fragilement assise, et cependant elle repose sur une base inébranlable ; le besoin de plaire, de fuir l'ennui en recherchant ses semblables, de créer du bonheur collectif ou des images de bonheur. Métamorphoses plus ou moins profondes, éclipses, renaissances, modes charmantes ou fâcheuses, invasion d'éléments nouveaux, elle nous a offert tous les spectacles. Elle est immortelle, comme le génie français.

ADDITIONS

La Comédie de Société au château de Gurcy.

Dans son *Courrier de Paris* du 16 juin 1844, Mme de Girardin raconte les fêtes littéraires de Gurcy :

« Depuis huit jours, les plaisirs parisiens ne sont plus dans Paris ; on joue la comédie tout autour de la capitale. A Gurcy, on a joué lundi le *Misanthrope* et les *Caprices de Marianne*, d'Alfred de Musset. Un ancien ministre du 1er Mars a représenté Alceste avec un rare talent ; il est facile de comprendre un rôle de misanthrope quand on a été quelque temps ministre. M. de R... (Rémusat) a su donner à cette noble amertume un caractère nouveau, un accent de mélancolie plein de dignité ; on devinait que l'honnête grondeur sentait déjà l'inutilité de sa colère, et qu'il ne l'exhalait que par acquit de conscience, comme un homme supérieur qui accomplit un devoir de loyauté, en disant au monde des vérités sévères, sans illusion et sans espoir. La belle Mme d'Hauss... (d'Haussonville) était une Célimène charmante. Les *Caprices de Marianne* ont été joués admirablement par Mme F... et M. A... ; c'était dans toute cette troupe une vivacité d'esprit, une élégance de manières, une grâce, une gaieté, un entrain dont tout le monde était stupéfait. Bref, ils étaient tous séduisants ; on ne reconnaissait plus du tout les doctrinaires. On a joué jeudi encore le *Misanthrope* et le *Philosophe sans le savoir;* c'était un peu long, dix actes de haute comédie. Eh bien ! les spectateurs ont supporté ce grave plaisir très joyeusement ; il y avait là plus d'un philosophe sans le savoir. »

II

M. Clément Simon, dans son volume : *La Comtesse de Valon,* parle de plusieurs maisons où l'on jouait la comédie aux XVIIIe et XIXe siècles : ainsi chez le président de Fleurance, le comte de Thévalles, à Meslay, à Sablé, à Craon, au château d'Aubigné. A la prière de la princesse Albert de Prusse, Mme de la Rochelambert joue la comédie à Berlin, en 1833; sa fille Apollonie, en 1842, fait ses débuts au théâtre de Thévalles, fermé depuis 1790 : chaque dame eut l'honneur d'un madrigal récité sur la scène, et la maîtresse de maison s'entendit célébrer dans une ode.

III

Mme Jules Griset, qui fait jouer par une troupe d'élite l'opéra comique et l'opéra bouffe, veut bien m'envoyer une liste de pièces qui peuvent être représentées dans les salons :

Histoire de brigands, 2 actes, paroles et musique de G. Villain. 2 femmes, 6 hommes, chœurs.

Les fourberies du vicomte, un acte, paroles et musique de G. Villain. Une femme, un homme.

Les deux philosophes, 1 acte, paroles et musique de G. Villain. Une femme, 3 hommes.

L'Entresol, un acte, paroles et musique de G. Villain. 5 femmes, un homme.

Rêve de Noël, un acte, de Nouguès. 6 femmes, 6 hommes, chœurs.

Tromb-Al-Ca-Zar, d'Offenbach. 3 hommes, une femme.

Le Légataire universel, un acte, d'Adenis et Bonnemère, musique de Pfeiffer.

Colombine pour deux, d'Henri Amic, pantomime : 2 hommes, une femme, musique de Pierre Joret.

Trop de femmes, un acte, de Tourguéneff, musique de Mme Viardot. 3 femmes, 2 hommes, chœurs de femmes.

Le Trésor, de Coppée et Ch. Lefebvre. Une femme, 2 hommes.

Au Japon, pantomime de S. Mancel, musique de Mme Viardot. 2 femmes, 3 hommes.

Le docteur Miracle, de L. Halévy, musique de Ch. Lecocq. 2 femmes, 2 hommes.

Gabriella di Vergi, de Saint-Saëns. 2 hommes, 2 femmes.

Flore et Zéphir, de Leuven, musique d'Eugène Gauthier. 2 hommes, 2 femmes.

Sylvie, paroles d'Adenis, musique d'Ernest Guiraud; 2 hommes, une femme, un acte.

La Permission de 10 heures, musique d'Offenbach. 3 hommes, 2 femmes.

Monsieur Griffard, musique de Delibes. 2 hommes, 2 femmes.

Gilles Ravisseur, musique de Grisar. 2 femmes, 6 hommes.

La princesse Fauvette, de Louis Artus, 2 actes, musique d'Alexandre Georges. 4 femmes, 7 hommes.

Maître Gille, d'Alban de Polhes, musique de scène de Michiels. 2 femmes, 5 hommes.

L'Ile de Tulipatan, d'Offenbach. 4 hommes, 2 femmes.

Deux vieilles gardes, de Delibes. 3 hommes.

Sans décors, paroles et musique de Georges Villain. 5 hommes, 3 femmes.

Le joueur de flûte, de J. Moinaux, musique d'Hervé, 2 hommes, 3 femmes.

Le dernier sorcier, 2 actes, d'Ivan Tourguéneff et Pauline Viardot. 2 hommes, 4 femmes, chœurs de femmes.

Les Charbonniers, de Philippe Gille et Coste.

Le Toréador, 2 actes d'Adam. 2 hommes, une femme.

Le Sicilien, de Molière, musique de Sauzay.

Le Printemps, de Montjoyeux, musique d'Alexandre Georges. 2 femmes, 3 hommes, chœurs.

Djamileh, de Louis Gallet et Georges Bizet. Une femme, 3 hommes, chœurs d'hommes.

Myrrha, de Sylvestre et Alex. Georges. 2 femmes.

Pierrot qui pleure, Pierrot qui rit, paroles d'E. Rostand, musique d'A. Rostand, un acte. Une femme, 2 hommes.

La fée aux oiseaux, d'A. de Polhes et Philippe Bellenot. 3 femmes, 4 hommes.

L'Étoile, opéra bouffe en 3 actes, paroles de Leterrier et Vanloo, musique de E. Chabrier. 2 femmes, 5 hommes, chœurs mixtes.

IV

Norvins, dans son *Mémorial*, signale l'arrivée au château de Greng, en fort petit équipage, du duc d'Ayen, fils du maréchal de Noailles, grand sceptique, voire même athée déterminé, ce qui ne l'empêche pas de déclarer qu'il vit du Saint-Esprit : en effet, il gardait, cousu dans sa veste, son Saint-Esprit de diamants, et quand il n'avait plus ni pain ni chausses, il cassait un rayon pour le vendre à quelque luthérien. Avec cela, plein de grâce, d'indulgence, mais ironiste au point de manquer parfois de goût. « Je pardonne tout, disait-il, tout, excepté la Révolution ; j'excuse tout, même la dévotion. » La Révolution, en un seul jour, avait envoyé à l'échafaud sa mère, sa femme et sa fille, la vicomtesse de Noailles. Elle devenait un argument pour son athéisme. « C'était, soutenait-il, une belle occasion pour le bon Dieu de sauver les innocents et d'accabler les coupables. Tenez, dans ma bien grande jeunesse, j'ai voulu avoir une affaire avec la Providence, et j'ai eu le dessus... C'était le jour de la bataille de Fontenoy (1).

---

(1) Il y a ici quelque confusion de bataille ; car, en 1745, le duc d'Ayen n'avait que six ans. J'ai rapporté cette singulière anecdote, afin de faire ressortir, apres tant d'autres exemples, jusqu'où l'incrédulité pouvait conduire alors une partie de l'aristocratie française.

La colonne anglaise, serrée en masse, nous foudroyait. Richelieu eut l'heureuse idée d'y faire une trouée avec du canon, et celle, plus heureuse encore, de lancer contre elle la maison du Roi. J'avais l'honneur d'en être, et même de commander une compagnie, bien que je n'eusse que quatorze ans ; mais c'était le temps des privilèges, et la noblesse avait celui de se faire tuer avant les autres. L'ordre étant donné de se préparer à l'attaque, je me mis à courir sur le front de la troupe dorée, au moment où mes camarades étaient à leurs postes. Les trouvant tous plus ou moins sérieux au moment du danger, il me vint à l'esprit de faire l'épreuve de leur courage, et je leur dis à haute voix : « Messieurs, nous allons probablement tous être tués d'ici à un quart d'heure ; mais voyons, quels sont ceux qui oseront dire avec moi, avant de nous jeter dans les rangs ennemis, que la Sainte Vierge est une..., que Jésus-Christ est un..., et saint Joseph un... ? Eh bien ! ils firent tous des signes de croix. Moi je criai : « En avant ! Vive le Roi ! » Et j'entrai avec mon monde dans la phalange anglaise d'où seul, je crois, de tous mes camarades, je revins sain et sauf, malgré mes blasphèmes. Que dites-vous de l'anecdote ? C'était pourtant bien à moi d'être tué le premier, si Dieu m'avait entendu. »

V

La Marquise de Montagu elle-même ressentait par instants l'amère tyrannie de l'exil. Ainsi, elle écrit au duc de la Rochefoucauld-Doudeauville : « On est ici bien isolé, et notre cercle est bien étroit. Loin des événements, loin des hommes, rien ne vient modifier notre état de la veille, et renouveler un peu l'air. Il n'est pas bon pour tout le monde de se voir tous les jours et de trop près. A force de se concentrer et de vivre les uns sur les autres, on risque de devenir, à son insu, égoïste, critique, dominant ou subjugué... On finit par traiter les petites choses comme on devrait traiter seulement les grands intérêts. Un rien acquiert de l'importance. On s'use et on se lasse à rouler sur un si petit axe. Nous ne faisons ici que tourner sur nous-mêmes, comme les ours de Berne dans leur fosse. »

VI

La duchesse de Duras, arrivée à Londres en 1795, note ses impressions, ses souvenirs dans les *Mémoires de Sophie*, où l'on rencontre des pages comme celle-ci :

« Je vis là ce que j'ai souvent remarqué depuis, c'est qu'on s'entend bien mieux par ses craintes que par ses désirs. On est tout prêt à blâmer ensemble, mais on se sépare dès qu'il est question d'approuver. Chacun était du même avis pour détester les crimes de la Terreur et pour désirer le renversement du gouvernement actuel ; mais si l'on mettait la conversation sur les causes de la Révolution, personne ne s'entendait plus... Alors, on retrouvait ses vieilles erreurs ; les membres de l'Assemblée Constituante se séparaient de nouveau.

Il y avait le côté droit et le côté gauche, et les *modérés qui, suivant l'usage, étaient détestés de tout le monde.* Là, se retrouvaient les opinions à la source même qui les avait produites, car, il n'y a que les malheurs de cœur qui changent les caractères, et c'est du caractère que découlent les opinions. Il est peut-être aussi rare de voir une opinion fondée sur l'étude des intérêts politiques, que de voir la foi religieuse établie sur l'étude de la théologie. Chacun raisonne et s'enivre pour ses passions, ses goûts, ses vanités, et les opinions doivent être d'autant plus variées dans un pays où le caractère national présente plus de nuances. L'émigration les rassemblait toutes ; mais on y avait un grand avantage, c'était de pouvoir se disputer sans se haïr ; on se pardonnait en se retrouvant le lendemain, sous la même loi de malheur, car ce qui sépare dans les divisions d'opinions, c'est le succès, et alors, il n'y en avait pour personne... »

A la bibliographie de l'Émigration que j'ai donnée plus haut (pp. 219 et 241) je dois ajouter les *Souvenirs* de la comtesse Golovine, publiés par K. Waliszewski, et *Les Émigrés à cocarde noire,* de Bittard des Portes.

ERRATA

Page 6, avant-dernière ligne, *lisez :* Talon au lieu de Talou.

Page 118, neuvième ligne de la note : Le Perron de Tortoni.

Page 125, sixième avant-dernière ligne, *lisez :* Le comte de Falloux joue la comédie à Rome, au lieu de : à Venise.

Pages 184, 185, 186, au lieu de Mme de Saint-Victor, *lisez :* Mme Paul de Saint-Victor.

Page 219, neuvième ligne de la note : — Mémorial de Norvins.

Page 235, première ligne, second paragraphe, un trait d'union.

Page 270, neuvième ligne, *lisez :* Mandard au lieu de Maudard.

Page 282, dixième avant-dernière ligne, *lisez :* Kipling au lieu de Kypling.

Page 283, deuxième paragraphe, troisième ligne, *lisez :* Brignole au lieu de Brignoles.

TABLE DES MATIÈRES

I. — La Comédie de société.

II. — Le Monde de l'Émigration.

LA CHAPELLE-MONTLIGEON (ORNE). — IMP. DE MONTLIGEON. — 1410-2-11.

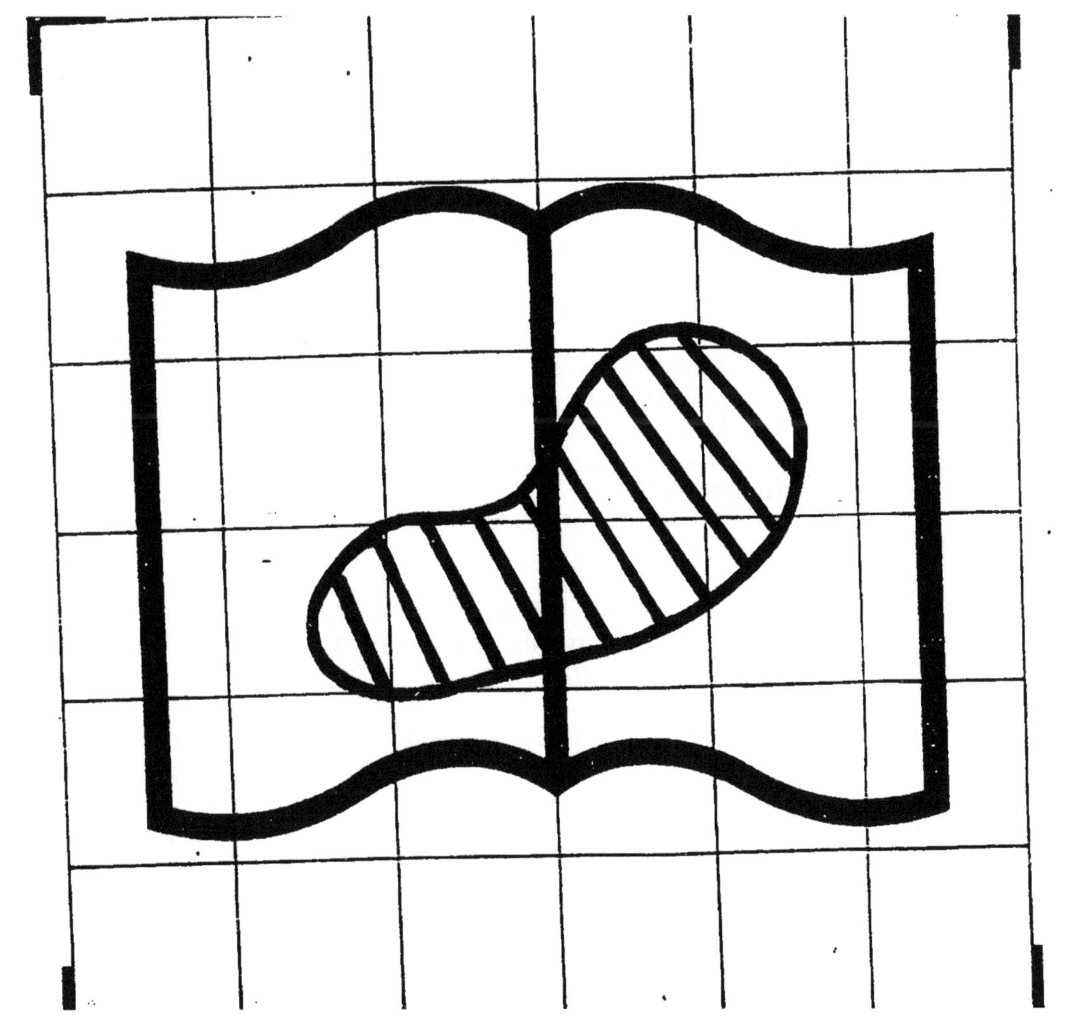

ANGOT (E.). — *Un neveu du Prince de Bénévent.* **Louis de Talleyrand-Périgord (1784-1808),** d'après de nouveaux documents. 1 vol. in-16. . . . . . . **3 fr. 50**

ARNAUD (RAOUL). — **La princesse de Lamballe (1749-1792)** d'après des documents inédits. 1 vol. in-8° écu, orné de sept gravures . . . . **5 fr. »**

BILLARD (Dr MAX). — **Les femmes enceintes devant le tribunal révolutionnaire,** d'après des documents inédits. 1 vol. in-8° écu orné de six gravures . . . **3 fr. 50**

BOUTIÉ (LOUIS). — **Paris au temps de Saint-Louis,** d'après les documents contemporains et les travaux les plus récents. 1 vol. in-8° écu orné de huit gravures. **5 fr. »**

CRADOCK (Mme). — **La vie française à la veille de la Révolution (1783-1786),** journal inédit de Mme Cradock, traduit de l'anglais par Mme Delphin Balleyguier, 1 vol. in-16. . . . . **3 fr. 50**

FAUCHIER-MAGNAN (A.). — **Lady Hamilton (1763-1815)** d'après de nouveaux documents, 1 vol. in-8° écu, orné de portraits . . . . **5 fr. »**

HERPIN (E.). — **Armand de Chateaubriand,** correspondant des Princes entre la France et l'Angleterre (1768-1809) d'après des documents inédits. 1 vol. in-8° écu, orné de gravures . . . . **5 fr. »**

LAMENNAIS. — **Lettres inédites à la baronne Cottu (1818-1854).** — *Le Prêtre et l'Ami,* publiées avec une introduction et des notes par le comte d'Haussonville, de l'Académie française. 1 vol. in-8° écu, orné de portraits. **5 fr. »**

PAILHÈS (G.). — **La Duchesse de Duras et Chateaubriand,** d'après des documents inédits. 1 vol. in-8° avec gravures. **7 fr. 50**

STENGER (GILBERT). — **Grandes Dames du XIXe siècle,** chronique du temps de la Restauration. 1 vol. in-8° écu orné de neuf portraits . . . . **5 fr. »**

VAISSIÈRE (PIERRE DE). — **La mort du roi (21 janvier 1793),** 1 vol. in-8° écu orné de 21 gravures . . . . . **3 fr. 50**

VIALAY (AMÉDÉE.) — **Les cahiers de doléances du Tiers-Etat aux Etats-Généraux de 1789.** Étude historique, économique et sociale. Préface de M. René Stourm, membre de l'Institut. 1 vol. in-8° . . . . . . **5 fr. »**

WYZEWA (T. DE). — **Quelques figures de femmes aimantes et malheureuses,** 2e édition, 1 vol. in-8° écu avec portraits . . . . **5 fr. »**

— **Excentriques et aventuriers de divers pays,** 1 vol. in-8° écu, orné de gravures . . . . **5 fr. »**